모로코 홀리데이

모로코 홀리데이

2023년 8월 25일 개정1판 1쇄 펴냄

지은이 이수호
발행인 김산환
책임편집 윤소영
편집 박해영
디자인 윤지영
지도 글터
펴낸 곳 꿈의지도
인쇄 두성 P&L
종이 월드페이퍼

주소 경기도 파주시 경의로 1100, 604호
전화 070-7535-9416
팩스 031-947-1530
출판등록 2009년 10월 12일 제82호

ISBN 979-11-6762-070-5
ISBN 979-11-86581-33-9-14980(세트)

지은이와 꿈의지도 허락 없이는 어떠한 형태로도 이 책의 전부, 또는 일부를 이용할 수 없습니다.
※ 잘못된 책은 구입한 곳에서 바꿀 수 있습니다.

MOROCCO
모로코 홀리데이

글·사진 이수호

prologue

정든 해외여행 잡지사를 떠나 혼자가 되었습니다. 여행 기자 경력 10년, 마치 아나운서가 프리랜서를 선언하듯 그렇게 저도 세상으로 나왔습니다. 100개국 1000여 도시 방문, 여행작가로 일하는 16년 동안 세계 각지로 출장과 여행을 떠나며 각 대륙마다 제법 많은 발 도장을 찍었습니다. 오랜 여행 기자 경험을 바탕으로 홀로서기를 시작할 즈음, 우연한 기회에 모로코에 다녀왔습니다.

본래 루마니아와 불가리아 쪽으로 다녀오려고 여러 계획을 세웠지만, 모로코를 선택한 이유는 단 하나였습니다. 2월의 발칸 반도는 매우 추울 것 같아서였죠. 날이 추우면 을씨년스러운 풍경을 만날 확률이 높았고, 사진 역시 예쁘게 나오지 않기 때문이었습니다. 그렇게 오랜만에 배낭 하나를 둘러메고 북아프리카로 향했습니다. 모로코를 택한 것은 신의 한 수가 되었습니다. 그해 여름과 가을 두 번의 발칸 반도 출장이 연이어 잡혔으니까요.

모로코에 대해 아는 것이라고는 몇 가지가 전부였습니다. 사하라가 있다는 것, 또 페스의 가죽 염색 작업장, 파랑 마을 셰프샤우엔, 그리고 북아프리카 최대 도시 카사블랑카 정도였습니다. 여행자가 사랑한다는 마라케시 역시 당시엔 잘 몰랐습니다. 우연히 모로코 관련 사진을 보거나 가끔 TV 다큐멘터리 속의 장면이 전부였지요. 참고로 여행 기자 시절, 모로코 출장은 단 한 번도 없었습니다. 그렇게 찾은 모로코의 카사블랑카 모하메드 5세 국제공항에 들어섬과 동시에 맨땅에 헤딩이 시작됐습니다. 여행 기자지만 계획을 거의 세우지 않고 움직이는 여행을 선호하는 편입니다.

카사블랑카를 시작으로 마라케시, 아이트벤하두, 와르자자트, 팅히르, 메르주가 등의 사하라 지역을 거쳐 페스, 셰프샤우엔, 탕헤르, 라바트를 여행했습니다. 카사블랑카로 들어가 다시 카사블랑카로 돌아오는 반시계 방향 루트였지요. 약 3주간의 여행은 제 마음을 '제대로' 흔들었습니다. 다녀와서 제가 몸담았던 잡지사에 〈진짜 모로코와 만나는 시간〉이라는 제목으로 기사를 썼습니다. 그후 동명의 에세이를 썼고, 동명의 모로코 관련 강의를 다녔으며, 토크쇼에도 출연해 모로코를 알리게 됐습니다. 또한 여행사와 협업하여 저와 함께 떠나는 모로코 여행 상품을 개발하기에 이르렀죠. 그리고 지금 모로코 가이드북 〈모로코 홀리데이〉가 출간됐고, 다시 개정판이 나왔습니다.

돌이켜보면 모로코와 인연이었던 것 같습니다. 아니 어쩌면 운명이었는지도 모르겠습니다. 사실 제 전문 분야는 중남미인데, 등 떠밀려 모로코 전문가가 된 것 같기도 해 아직 실감이 안 나기도 하네요. 〈모로코 홀리데이〉를 준비하며 추가로 모로코를 9번 다녀왔습니다. 대서양 연안에 자리한 에사우이라와 아가디르를 다녀오면서 보충 취재를 했고, 저와 함께 떠나는 모로코 여행 상품 출장을 다녀오는 와중에도 틈틈이 자료를 업데이트했습니다.

'국내 최초' 모로코 가이드북을 목표로 준비했지만 모로코를 워낙 자주 다녀와서 그런지 작업이 더뎌졌습니다. 모로코에 다녀올 때마다 새로이 넣고 싶은 정보가 생겼기 때문이지요. 아쉽게도 최초 타이틀을 달진 못했지만 '처음'이라는 두려움이 사라져 오히려 홀가분합니다. 앞으로도 매년 서너 차례 꾸준히 모로코에 다녀올 것으로 생각합니다. 자주 업데이트하며, 늘 최신 정보를 유지하는 가이드북이 되도록 노력하겠습니다.

Special Thanks to

개인적으로 기자 시절, 가이드북을 여러 권 만들었습니다. 주로 관광청 공식 가이드북이었지요. 제 이름을 건 상업 가이드북은 〈모로코 홀리데이〉가 처음입니다. 모로코 가이드북을 만들려고 생각하던 중 꿈의지도 출판사에서 먼저 연락이 왔습니다. 그렇게 처음 만난 편집자님은 책이 막 나온 지금까지 일정을 조율하며 완벽한 서포트를 해줬습니다. 매달 해외 출장이 연속되는 제 일정을 이해해줬고, 기다려준 든든한 동반자였습니다.

또 모로코 여행을 쉽게 할 수 있게 도와준 현지 대학생 히바에게도 감사의 인사를 전합니다. 한국어까지 무려 5개 국어에 능통한 그녀는 진정한 인재였지요. 그리고 제 강연에 오신 분들, 저와 함께 한 모로코 상품의 동행 멤버들에게도 고맙다는 인사를 올립니다. 마지막으로 매달 해외 각지로 출장을 빙자한 여행을 떠나는 저를 묵묵히 응원하는 와이프에게도 이 자리를 빌려 사랑한다는 말을 전해봅니다.

이수호

<모로코 홀리데이> 100배 활용법

모로코 여행 가이드로 <모로코 홀리데이>를 선택하셨군요. '굿 초이스'입니다. 모로코에서 뭘 보고, 뭘 먹고, 뭘 하고, 어디서 자야 할지 더 이상 고민하지 마세요. 친절하고 꼼꼼한 베테랑 <모로코 홀리데이>와 함께라면 당신의 모로코 여행이 완벽해집니다.

1) 모로코를 꿈꾸다
❶ STEP 01 » PREVIEW 를 먼저 펼쳐보세요. 아랍 문화의 진수를 느낄 수 있는 거리와 가옥들, 북아프리카 대자연과 황금빛 사하라 등 모로코에서 꼭 즐겨야 할 것, 먹어야 할 것들을 안내합니다. 놓쳐서는 안 될 핵심 요소들을 사진으로 만나보세요.

2) 여행 스타일 정하기
❷ STEP 02 » PLANNING 을 보면서 나의 여행 스타일을 정해보세요. 알찬 여행을 보내기 위한 다양한 스타일의 여행과 최대한으로 시간을 활용할 수 있는 여행 방법에 대해 소개합니다.

3) 여행 플랜 짜기
여행의 밑그림을 그렸다면 구체적으로 여행을 알차게 채워갈 단계입니다. ❸ STEP 02 » PLANNING 을 보면서 일정은 어떻게 짤 것인지 정해봅니다. 가기 전에 알아두면 좋은 역사와 교통에 대해서 알아보고 모로코의 음식에 대해서도 체크합니다. 여행하는 도시와 여행 방법에 따라 계획이 달라집니다.

4) 지역별 일정 짜기
여행의 콘셉트와 목적지를 정했다면 이제 지역별로 묶어 동선을 짜봅니다. ❹ 모로코 지역편 에서 모로코의 지역별 관광지와 레스토랑, 숙소 등을 소개합니다. 도시를 가장 알차게 여행할 수 있는 효율적인 동선을 제시합니다.

5) 교통편 및 여행 정보
여행에 있어서 가장 중요한 것은 교통입니다. 모로코 각 도시 간 이동과 도시 내 이동 등 여행자를 위해 추천하는 교통편과 여행자가 꼭 알아야 할 여행 정보를 소개합니다. ⑤ 모로코 지역편에서는 도시별로 여행지를 찾아가거나 여행지 간 이동할 수 있는 교통편을 제시합니다.

6) 숙소 정하기
어디서 자느냐가 여행의 절반을 좌우합니다. 숙소가 어디인지에 따라 여행 일정도 달라집니다. ⑥ 모로코 지역편 » SLEEP 에서는 지역별 여행지마다 잘 수 있는 곳들을 알려줍니다. 메디나에 위치한 리아드형 호텔부터 신시가지에 위치한 현대적인 럭셔리 호텔까지 가격별 만족스러운 곳들을 엄선하여 보여줍니다. 자신의 취향에 맞는 숙소를 정해보세요.

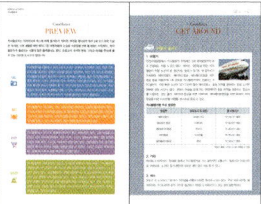

7) D-day 미션 클리어
여행 일정까지 완성했다면 책 마지막의 ⑦ 여행준비 컨설팅을 보면서 혹시 빠뜨린 것은 없는지 챙겨보세요. 여행 80일 전부터 출발 당일까지 날짜별로 챙겨야 할 것들이 리스트 업되어 있습니다.

8) 홀리데이와 최고의 여행 즐기기
이제 모든 여행 준비가 끝났으니 〈모로코 홀리데이〉가 필요 없어진 걸까요? 여행에서 돌아올 때까지 내려놓아서는 안돼요. 여행 일정이 틀어지거나 계획하지 않은 모험을 즐기고 싶다면 언제라도 〈모로코 홀리데이〉를 펼쳐야 하니까요. 〈모로코 홀리데이〉는 당신의 여행을 끝까지 책임집니다.

※ **일러두기**

1. 모로코 각 도시의 메디나는 세계에서 가장 복잡한 골목으로 이루어져 있습니다. 구글 지도상에서도 정확하지 않은 관계로 정확한 지도 표기가 어렵습니다. 약간 다를 수 있음을 알려드립니다.
2. 레스토랑과 숙소는 현지 사정에 따라 폐업하거나 이전할 수 있습니다.
3. 외래어 표기는 프랑스어와 스페인어, 영어를 혼용했습니다. 그중 가장 많이 사용하는 언어를 우선 표기했습니다.

CONTENTS

- 008 프롤로그
- 010 100배 활용법
- 012 목차
- 015 모로코 전도

MOROCCO BY STEP
여행 준비&하이라이트

STEP 01
Preview
모로코를 꿈꾸다
016

- 018   01 모로코 MUST SEE
- 024   02 모로코 MUST DO
- 028   03 모로코 MUST EAT
- 030   04 모로코 MUST BUY

STEP 02
Planning
모로코를 그리다
032

- 034   01 모로코를 말하는 6가지 키워드
- 038   02 여행 전 읽어보는 모로코의 역사
- 040   03 모로코 여행 체크 리스트
- 044   04 모로코 들어가기
- 046   05 알면 여행이 편해진다, 모로코의 교통
- 048   06 여기선 이걸 꼭! 지역별 여행 포인트
- 052   07 나만의 특별한 모로코 스타일 여행
- 054   08 모로코 여행 추천 코스&일정
- 056   09 타진 혹은 쿠스쿠스? 모로코 음식 이야기
- 058   10 여행 전 미리 보면 좋은, 모로코 관련 영화 & 드라마

MOROCCO BY AREA
모로코 지역별 가이드

01 카사블랑카 **064**	066 PREVIEW 067 GET AROUND 071 ONE FINE DAY 072 MAP 074 SEE 079 EAT 086 SLEEP	

| **03**
마라케시
118 | 120 PREVIEW
121 GET AROUND
124 TWO FINE DAYS
126 MAP
130 SEE
142 EAT
148 SLEEP |

| **02**
라바트
092 | 094 PREVIEW
095 GET AROUND
097 ONE FINE DAY
098 MAP
102 SEE
111 EAT
113 SLEEP |

| **04**
사하라
지역
154 | 156 PREVIEW
157 GET AROUND
158 THREE FINE DAYS
160 MAP
164 SEE
176 SLEEP |

05 에사우이라 180	182 183 185 186 188 196 202	PREVIEW GET AROUND ONE FINE DAY MAP SEE EAT SLEEP	08 셰프샤우엔 260	262 263 265 266 267 274 280	PREVIEW GET AROUND ONE FINE DAY MAP SEE EAT SLEEP
06 아가디르 206	208 209 211 212 216 223 227	PREVIEW GET AROUND ONE FINE DAY MAP SEE EAT SLEEP	09 탕헤르 286	288 289 291 292 294 304 310	PREVIEW GET AROUND TWO FINE DAYS MAP SEE EAT SLEEP
07 페스 232	234 235 237 238 243 252 256	PREVIEW GET AROUND ONE FINE DAY MAP SEE EAT SLEEP		315 329	여행 준비 컨설팅 인덱스

Step 01
Preview

모로코를
꿈꾸다

01 모로코 MUST SEE
02 모로코 MUST DO

03 모로코 MUST EAT
04 모로코 MUST BUY

PREVIEW 01
모로코
MUST SEE

진짜 아랍을 만날 수 있는 거리와 가옥들. 모로코 어느 도시의 어떤 골목을 걷더라도 금세 아랍 문화의 진수를 느낄 수 있을 것이다. 그것이 끝이 아니다. 북아프리카의 대자연과 사하라의 속살, 대서양의 정취는 보너스로 다가온다.

카사블랑카
하산 2세 모스크와 대서양을 만날 수 있는 모로코 최대의 도시 → **074p**

마라케시 시장
천 년을 버틴 치열한 삶의 현장 → **132p**

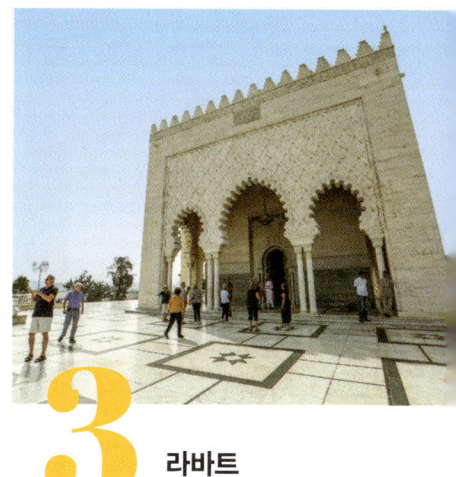

3 라바트

모로코의 행정 수도이자
과거와 현재가 공존하는
아름다운 도시 → **092p**

제마알프나 광장

마라케시의 심장,
제마알프나 광장의 저녁
→ **134p**

5

사하라

신이 빚은 사하라, 백만 불짜리
노을과의 만남 → **171p**

6

아틀라스산맥

북아프리카의 척추, 아틀라스산맥 → **164p**

7 토드라 협곡

사하라 가는 길에서 만난 웅장한 협곡 → **169p**

7 메디나

도시 페스의 에스닉한 미로
→ 244p

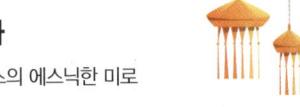

8 테너리 테라스

시간이 멈춘 천연 가죽
작업장을 한눈에
→ 247p

9 셰프샤우엔 메디나의 골목길
눈부신 파랑 물결 속으로 → **267p**

10 탕헤르
유럽과 아랍 문화의 조화
→ **286p**

PREVIEW 02

모로코
MUST DO

많은 비용과 시간을 투자하고 날아온 북아프리카의 끄트머리. 아랍 특유의 분위기 속에서 보내는 하루하루는 특별한 기억을 선물한다.
고대와 중세의 아랍 도시를 그대로 옮겨놓은 듯한 골목들과 위대한 북아프리카의 대자연 속에서 반드시 해봐야 할 것들을 소개한다.

1 하산 2세 모스크에서 노을 감상하기 → **074p**

3 라바트 하산 탑에서 모하메드 5세 영묘 감상하기 → **103p**

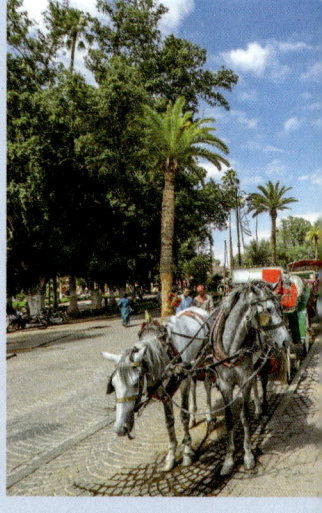

4 마라케시 마차 투어 참여해보기 → **131p**

2 릭의 카페에서 영화 〈카사블랑카〉 추억해보기 → **082p**

5 마라케시 제마알프나 광장의 카페 테라스에서 휴식하기 → **145p**

STEP 01
PREVIEW

6 다데스 협곡, 토드라 협곡에서
인생 사진 찍기 → **167, 169p**

7 에사우이라 항구에서 저렴하게
해산물 맛보기 → **189p**

9 아가디르 해변에서 휴식하기 → **216p**

10 페스 메디나 골목에서 목적지 없이
걸어보기 → **244p**

8 메르주가에서 낙타 사파리 체험하기 → **171p**

11 셰프샤우엔 전망대에 올라 마을 감상하기 → **270p**

12 탕헤르 메디나 광장에서 민트 티 즐기기 → **295p**

STEP 01
PREVIEW

모로코에 왔다면 매일 먹게 될
타진

북아프리카의 정통 보양식,
쿠스쿠스

PREVIEW 03

모로코 MUST EAT

모로코는 이색적인 먹거리의 천국이다. 북아프리카에서 주로 먹는 타진과 쿠스쿠스가 대표적이다. 그 외에도 여행자들이 좋아할 만한 다양한 음식이 존재한다. 모로코 전통 음식부터 해산물 요리, 그리고 국민 디저트까지. 모로코에서 반드시 먹어봐야 할 음식을 골라봤다.

모로코 국민들이 사랑하는
식전 빵 홉스

영양 듬뿍, 모로코 수프
하리라

식사의 품미를 더해주는
모로코식 샐러드

튀르키예식 케밥과 미트볼을 응용한
이스켄데르

대서양의 싱싱함을 맛볼 수 있는
해산물 요리

사막 지역에서 주로 맛볼 수 있는
고기 꼬치 요리

모로코 국민 커피,
누스누스

마시면 절로 건강해지는 느낌의
민트 티

당도 높은 오렌지가 한 잔에 무려 7개나 든
오렌지 주스

STEP 01
PREVIEW

모로코에서만 만날 수 있는
아르간 오일

사막에서 멋진 코디를 위한
질레바&바부슈

PREVIEW **04**

모로코 MUST BUY

모로코 메디나 재래시장을 걷다 보면, 개성 넘치는 아이템에 여행자는 금세 홀리고 만다. 모로코 특산 아르간 오일과 아라비아 그릇, 전통 의상 질레바와 바부슈, 명품 카펫 등 여행자의 지갑을 유혹하는 것들이 무궁무진하다. 모로코에서는 어떤 것을 사면 좋을까?

아라베스크 문양의 진수,
아라비안 그릇

모로코의 또 다른 자존심,
명품 카펫

페스에서 생산한 질 좋은
가죽 제품

아틀라스산맥에서 직접 채취한
암석 공예품

장인들의 정성이 들어간
액세서리

모로코 음식의 기본,
타진 용기 장식품

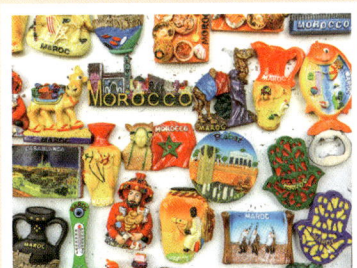
조잡하지만 최고의 기념품,
모로코 마그네틱

사하라 느낌 충만,
낙타 인형

Step 02
Planning

모로코를 **그리다**

01 모로코를 말하는 **6가지 키워드**
02 여행 전 읽어보는 **모로코의 역사**
03 모로코 **여행 체크 리스트**
04 모로코 들어가기
05 알면 여행이 편해진다! **모로코의 교통**

06 여기선 이걸 꼭! **지역별 여행 포인트**
07 나만의 특별한 **모로코 스타일 여행**
08 모로코 여행 추천 **코스&일정**
09 타진 혹은 쿠스쿠스? **모로코 음식 이야기**
10 여행 전 미리 보면 좋은 **모로코 관련 영화 & 드라마**

STEP.02
PLANNING

PLANNING 01

모로코를 말하는 **6가지 키워드**

모로코 여행, 다른 것은 몰라도 이것은 꼭 알고 가는 것이 좋다. 모로코를 가장 잘 나타내는 특징과 여행자가 주의해야 할 사항을 정리했다.

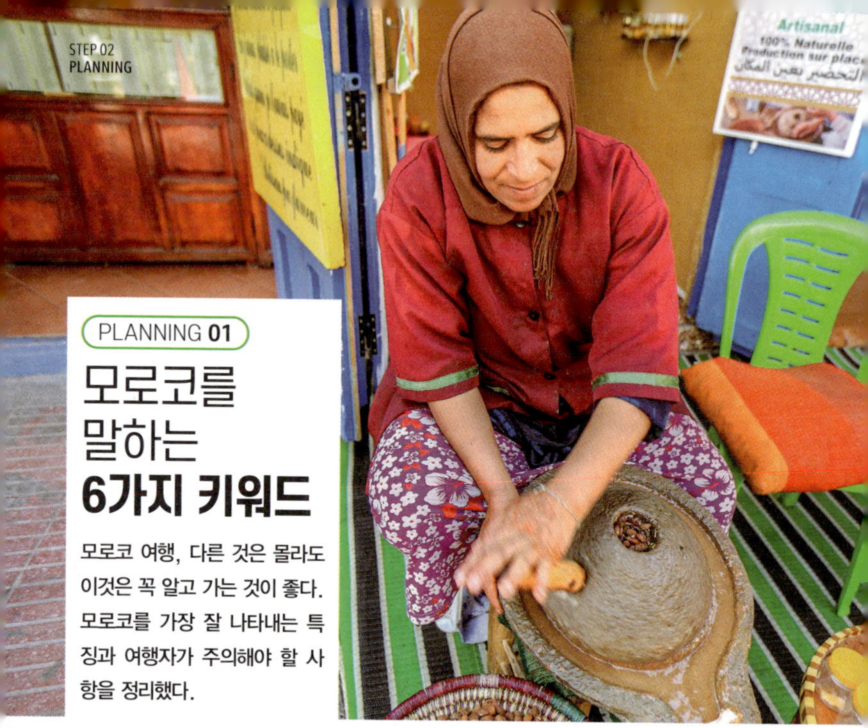

1. 메디나 Medina

카사블랑카, 라바트, 마라케시, 페스, 셰프샤우엔, 에사우이라, 탕헤르 등 모로코의 어느 도시를 가도 메디나로 불리는 구시가지가 꼭 있다. 메디나는 '도시'를 뜻하지만, 여행자들 사이에서는 '올드 타운'을 가리키는 말로 주로 사용된다. 진흙을 다져 쌓은 성벽으로 둘러싸인 것이 특징인데, 생각보다 매우 견고해 오랜 세월 동안 굳건히 견뎌왔다. 페스나 마라케시의 메디나는 천 년이 넘는 세월을 버텨왔는데, 모로코인 사이에서는 존재 자체가 자존심과도 같다. 메디나에서는 영화 〈아라비안 나이트〉에서 본 듯한 가옥과 거리를 만날 수 있고, 사람 냄새 가득한 현지인들의 모습도 엿볼 수 있다. 전통 시장과 광장, 아랍 모스크 등 대부분의 볼거리가 메디나에 집중되어 있다고 해도 과언이 아니다. 아랍풍의 건물도 일품이지만 메디나의 특징은 미로를 방불케 하는 골목이라고 할 수 있다. 비좁은 구시가지 내에 수백, 수천 개의 골목이 있는 것이 특징. 페스 메디나의 경우 9,000개가 넘는 골목이 있다. 그래서 혹자는 이렇게 이야기한다. 모로코를 제대로 여행하는 방법은 메디나에서 길을 잃어보는 것이라고.

2. 인물 사진 찍기 어려운 나라

모로코에서는 인물 사진 찍기가 매우 어려운 편이다. 모로코인들은 사진에 찍히면 영혼을 빼앗긴다는 속설을 굳게 믿고 있기 때문이다. 카사블랑카와 마라케시, 페스, 탕헤르와 같은 대도시의 젊은이들은 괜찮은 편이지만, 아직 어른이나 노인들은 상당히 보수적이다. 아틀라스산맥 너머의 베르베르인들은 더더욱 보수적인 편. 시골의 어떤 마을은 아예 카메라를 꺼내는 것이 어려울 정도다. 선한 웃음으로 다가가도 사진은 절대 안 찍는다며 고개를 젓는 것이 일쑤. 외국인 여행자가 신기한지 한참을 따라오던 아이들도 카메라를 들이대면 약속이라도 한 듯 고개를 돌린다. 그저 풍경을 찍었을 뿐인데 사진에 찍힌 행인이 다가와 자기 사진을 지워달라고 하는가 하면, 사진이 찍혔으니 돈을 달라는 경우도 있다. 이처럼 모로코에서 인물 사진 찍기란 끝없는 눈치 싸움의 연속. 그럴더라도 모로코까지 왔는데 멋진 사진을 찍고 싶은 것이 여행자의 마음일 것이다. 요령껏 재치를 발휘해야 한다.

3. 영양 만점,
아르간 오일 Argan Oil

모로코 남서부, 정확히 에사우이라 지역 인근에서만 나는 희귀종인 아르간 나무에서 자란 열매를 짜서 만든 오일이다. 올리브 오일보다 훨씬 많은 비타민을 함유한 것이 특징. 아르간 오일을 가리켜 '신이 내린 오일'이라고 부르기도 한다. 머리부터 발끝까지 발라도 될 만큼 피부에 좋은 효능을 보인다. 모로코 시장통을 걷다 보면, 아르간 오일을 파는 상점은 발에 챌 정도로 많이 볼 수 있다. 아르간 열매를 직접 가는 장면을 보여주는 허름한 가게부터 화려한 체인점까지 천차만별이다. 오리지널 아르간 오일부터 아카시아, 재스민, 딸기, 오렌지 등의 재료와 혼합한 오일까지 종류가 매우 다양해 선물용으로도 좋다. 이왕이면 에사우이라를 방문해서 사는 것을 추천하지만, 일정상 여유롭지 못하다면 마라케시, 페스, 탕헤르 메디나의 오일 전문점에서 구매하는 것도 좋다.

4. 모로코의 전통 의상,
질레바&바부슈 Djellaba&Babouche

질레바는 모로코 사람들이 즐겨 입는 전통 의상이다. 여성보다는 남성이 주로 입는 편. 긴 소매에 뾰족한 모양의 후드가 붙어 있는 것이 특징인데, 겨울에 모로코를 찾으면 너 나 할 것 없이 모든 남자들이 질레바를 입고 다닐 정도. 질레바를 입은 뒷모습이 마치 영화 〈해리포터〉나 〈스타워즈〉 시리즈의 마법사 복장을 떠올리게 하는데, 따뜻하고 저렴해 여행자들 사이에서도 인기가 높은 편이다. 겨울 질레바는 매우 두껍고, 여름 질레바는 얇은 편이다. 수공예품일수록 가격이 높다. 바부슈 역시 모로코 사람들이 즐겨 신는 전통 신발이다. 누구나 간편하게 신을 수 있고 저렴해 여행자들도 주로 구매하는 물건 가운데 하나다. 알록달록한 색상과 끝이 뾰족한 것이 특징. 마라케시 시장에서 질레바와 바부슈를 구입하면 사하라에서 훌륭한 패션 아이템이 될 것이다.

5. 아랍 느낌 물씬,
모로코 전통 숙소 리아드 Riad

일반적으로 리아드는 모로코의 전통 가옥을 호텔 수준으로 업그레이드한 숙소를 가리킨다. 천장이 높은 아라비안 스타일의 객실로 꾸민 것이 특징. 건물 자체가 높고 긴 직사각형 형태를 가지고 있다. 대개 1층에 로비와 정원이 있고, 천장까지 뻥 뚫려 있는 구조. 통로 주변으로 객실이 둘러싸고 있는 형국. 꼭대기에는 메디나 전체를 조망할 수 있는 테라스가 딸려 있다. 화려한 융단과 카펫, 스테인드글라스로 장식된 창문 등 이국적인 인테리어의 객실은 중세 페르시아 가옥에 초대된 기분이 들게 한다. 마라케시, 페스, 셰프샤우엔, 탕헤르 등 메디나 안에 리아드가 많은 편. 등급에 따라 도미토리 객실이 많은 호스텔부터 최고급 호텔까지 리아드형 숙소는 다양하다. 메디나 안에 있는 호텔 이용료에는 모로코 여행자 특별법에 의해 개인당 1박 2유로(20디르함) 정도의 수수료가 따로 붙는다. 보통 호텔 요금에 포함되지만 아닌 경우도 있으니 미리 체크해두자.

6. 길고양이의 천국

모로코에는 유독 길고양이가 많다. 카사블랑카와 라바트 같은 대도시부터 아틀라스산맥과 사하라의 오지 시골 마을까지 골목마다 고양이가 눈에 띌 정도다. 메디나 골목을 들어서거나 레스토랑 야외 테이블에 앉아 식사하고 있으면 길고양이 서너 마리가 한꺼번에 몰려들기도 한다. 우리나라의 길고양이와는 달리 사람을 전혀 두려워하지 않는 것이 특징. 아마도 길고양이를 친구로 생각하는 모로코인들 때문일 것이다. 애교 넘치는 고고한 자태의 모로코 고양이를 카메라에 담기 위해 세계 사진가들이 일부러 모로코를 찾을 정도. 아랍 느낌 물씬 풍기는 메디나 골목에서 만나는 길고양이들은 최고의 피사체가 되어준다.

PLANNING 02
여행 전 읽어보는 **모로코의 역사**

북아프리카의 초입에 자리한 모로코는 예부터 지리적으로 군사적 요새였다. 그 때문에 고대부터 대항해 시대로 대변되는 중세를 거쳐 유럽 열강의 힘이 거세진 근대까지 모로코는 숱한 외세의 침략을 받았다. 우여곡절 끝에 독립에 성공한 모로코는 이제 새로운 비상을 꿈꾸고 있다.

고대 모로코

고고학자들의 연구 결과를 참고해보면, 모로코에 사람이 살기 시작한 것은 지금으로부터 수십만 년 전으로 보고된다. 현재 사하라와 아틀라스산맥 지역에 분포하고 있는 베르베르족의 조상이 그 기원. 이후 이들은 아라비아 반도, 튀니지, 이집트 일대의 동방에서 이주해 온 사람들과 섞였다. 아라비아 반도의 페니키아인들과 튀니지 인근의 카르타고인들의 침입으로 자연스레 섞이게 된 것. 그 시기는 현재까지 정확히 파악하기 어렵지만 예수님 탄생 기준, 수천 년 전으로 추측하고 있다.

기원후 모로코는 번성하기 시작했다. 유럽을 점령한 로마 제국은 모로코에도 여러 도시를 건설해 베르베르족 왕을 세운 뒤 사실상 식민지로 지배한다. 로마 시대 이후 반달, 비잔틴, 비시고트 등의 국가에 의해 차례로 점령당하기도 했다. 7세기 후반, 이슬람 세력이 모로코로 들어오게 되었고, 당시 이드리스 왕조로부터 시작된 이슬람 신앙은 지금까지 유지되고 있다. 당시 술탄이던 이드리스 1세는 현재 모로코 제3의 도시인 페스를 건설했다.

중세 모로코

이드리스 왕조 이후의 모로코는 격변의 시기라고 할 수 있다. 이디리시드, 알모라비드, 알모하드, 메리니드, 사디안 왕조가 차례로 들어섰다. 이때 페스는 물론 마라케시, 메크네스, 라바트 등의 도시가 함께 융성했다. 모로코의 4대 메디나가 있는 도시들은 이 시기부터 발달한 것이라고 볼 수 있다. 이후 알라오우이트 왕조가 17세기 중반까지 모로코를 지배했다. 한 가지 재미있는 사실은 왕조가 교체될 때마다 이슬람 신앙은 더욱 굳건해졌다는 점이다. 현재 모로코 국민들의 하나님을 향한 절대 믿음은 수천 년 동안 이어져 온 것이다.

스페인과 포르투갈, 프랑스 등이 세계를 주름 잡던 대항해 시대를 거치면서 모로코는 서구 열강들의 중요한 보급 항이었다. 에사우이라, 카사블랑카 같은 항구 도시가 대표적이다. 이후 보급 항은 자연스럽게 무역항으로 변모했고 도시의 규모도 차츰 커지게 되었다. 또 유럽 문화가 자연스레 유입되면서 아랍 문화와 섞여 오묘한 분위기를 만들어 내기도 했다.

근대 모로코

20세기 초반은 모로코 독립에 있어 가장 중요한 시기였다. 근대 모로코는 프랑스와 스페인의 지배를 받았다. 모로코 북부는 프랑스, 남부는 스페인에게 각각 지배를 받았던 것. 이때 스페인의 영향력은 탕헤르가 있는 모로코 북부에만 미쳤지만, 프랑스의 영향력은 모로코 전역에 골고루 퍼지게 되었다. 스페인은 강경한 무력 탄압을 펼쳤지만, 프랑스는 모로코의 문화를 존중하는 정책을 펼쳤기 때문이다. 현재까지도 모로코인들은 스페인을 적대시하는 성격이 짙지만, 프랑스는 친구 혹은 동반자라고 생각하고 있다. 아랍어 다음으로 프랑스어가 공용어가 되었을 정도로 프랑스 문화는 모로코에 깊게 뿌리를 내렸다고 볼 수 있다. 뿐만 아니라 모로코 정부와 교육, 공무, 군대 등 사회 전반의 시스템이 프랑스식이다. 프랑스령 시대에 프랑스의 과감한 투자가 있었기 때문에 모로코가 많은 발전을 이루었다고 볼 수 있다.

현대 모로코

모로코는 1956년 독립에 성공했다. 프랑스 식민 통치가 끝난 뒤 재위에 오른 국왕 모하메드 5세는 '술탄'이라는 칭호를 버리고 '왕'이라는 칭호를 사용한다. 대내외적으로 그는 모로코 독립에 큰 역할을 했기 때문에 모로코 전역에서 그의 이름을 딴 건물과 거리 이름을 쉽게 발견할 수 있다. 대표적으로 카사블랑카의 모하메드 5세 국제공항과 아가디르의 모하메드 5세 사원 등을 들 수 있다.

1961년 모하메드 5세가 사망하고, 그의 아들인 하산 2세가 왕위를 이어받았다. 1975년에 그는 수십만 명의 추종자를 이끌고 남쪽의 '서사하라Western Sahara'로 진군했다. 결국 스페인 보호령이었던 서사하라 합병에 성공했지만 국제 사회는 아직 인정하지 않고 있다. 또 그는 모로코의 새로운 상징으로 떠오른 카사블랑카의 하산 2세 모스크를 세우기도 했다.

1999년 하산 2세가 사망한 뒤 모하메드 6세가 왕위를 이어받아 현재에 이르고 있다. 현재 모하메드 6세에 대한 국민의 지지도는 매우 높은 편이다. 친서민 정책 때문이기도 하지만, 평소 티셔츠에 청바지만 입고 도심에 출현하는 등의 소탈한 모습도 그 인기에 한몫했다.

모로코 여행 체크 리스트

PLANNING 03

모로코는 단순히 '아프리카'라는 이유만으로 여행 전부터 알 수 없는 긴장이 동반된다. 하지만 막상 뚜껑을 열어보면 모로코는 매우 안전하고 순수한 나라다. 다양한 모로코 여행 정보와 각종 여행 노하우 등 모로코 여행에 있어 피가 되고 살이 되는 정보만 모았다.

1. 모로코 여행, 언제 떠나는 것이 좋을까?

모로코 기후는 온대 기후를 띠는 나라지만, 지역별로 차이가 있다. 북부는 지중해성 기후, 중부는 대륙성 기후, 남부는 전형적인 사막 기후. 하지만 습하지 않아 '태양이 뜨거운 서늘한 나라'라는 별칭도 붙었다. 여름에 매우 덥고 건조하며 겨울에도 그리 춥지 않은 편. 카사블랑카와 라바트, 탕헤르 등 바닷가와 인접한 도시는 흐리거나 이슬비가 잦다. 또 아틀라스산맥 인근에는 겨울에 폭설이 내려 도로가 막히기도 한다. 그야말로 모로코 날씨는 예측하기 어려운 것이 사실. 추천하는 모로코 여행 시기는 3~5월, 그리고 9~12월이다. 비교적 맑은 날씨가 지속되고 햇볕이 좋아 멋진 사진이 보장되는 시기다. 폭염이 찾아오는 6~8월은 피하는 것이 좋고, 고도가 높은 지역에서 간혹 폭설이 내리고 쌀쌀한 1~2월도 여행하기에 쉽지 않다. 아틀라스산맥과 사하라 지역은 일교차가 심한 편. 두꺼운 옷가지는 반드시 챙기는 것이 좋고, 사막 지역은 햇볕이 강렬하기 때문에 선크림과 선글라스도 준비해야 한다.

2. 모로코의 물가와 화폐, 그리고 환전

모로코의 생활 수준은 우리보다 낮은 편. 아틀라스산맥 동북쪽의 카사블랑카와 라바트 일대의 시민들과 마라케시 서쪽의 아틀라스산맥, 사하라 지역의 빈부 격차가 심한 편이다. 아틀라스산맥을 넘어 사하라 지역으로 접근할수록 생활 수준은 더욱 떨어진다.

모로코 화폐는 모로코 디르함(MAD)이다. 환율은 미국 1달러(USD)에 약 9.62디르함이다. 우리나라 화폐를 기준으로 따지자면, 1디르함에 약 132원 정도(2023년 7월 기준). 유럽과 지브롤터 해협을 사이에 두고 있는 만큼 가까워 부분적으로 유로(EURO)도 통용된다. 호텔과 고급 레스토랑 같은 곳에서는 유로 사용이 어렵지 않지만, 재래시장이나 기념품 전문점 같은 곳은 거스름돈이 없어 디르함을 사용하는 것이 좋다.

환전은 입국한 후 공항에서 하는 것이 보통이다. 카사블랑카 모하메드 5세 국제공항으로 들어온 여행자라면, 입국심사를 받고 에스컬레이터를 타고 한 층 내려가면 환전소를 만날 수 있다. 짐 찾는 곳 주변에 환전소가 여럿 자리하고 있어 발견하기 쉽다. 안타깝게도 우리나라에서 모로코 디르함으로 한 번에 바꿀 수 없다. 보통 달러나 유로로 환전한 뒤 모로코에 도착해 디르함으로 재환전하는데, 달러보다는 유로가 조금 더 유리하니 참고할 것. 공항에서 환전을 못했다면 시내에서 할 수도 있다. 카사블랑카, 마라케시, 페스 등 메디나 주변에 여행자를 상대로 하는 환전소가 많은 편. 디르함 환전은 모로코에서 쓸 만큼만 하는 것이 좋다. 여행을 마치고 디르함이 많이 남는다면, 그야말로 처치 곤란이기 때문. 다시 유로화로 재환전하면 어마어마한 수수료를 뜯기고, 그대로 한국으로 들고 가면 환전이 어려우니 애물단지나 다름없다. 공항에서 환전할 때 모로코 은행 현금 인출 카드를 만드는 것도 하나의 방법. 디르함을 카드에 넣어주는데, 디르함이 필요할 때마다 ATM에서 뽑으면 되며, 수수료가 없는 것이 장점.

3. 모로코에서는 어떤 언어를 사용할까?

모로코는 아랍어를 사용한다. 오랫동안 프랑스의 지배를 받았기 때문에 프랑스어도 대부분 통용된다. 스페인의 지배를 받았던 탕헤르와 모로코 남부 지역에서는 부분적으로 스페인어도 통한다. 영어의 경우, 카사블랑카와 마라케시, 페스 등의 여행사나 레스토랑, 호텔에서는 통하지만 그 외의 지역에서는 의사소통이 어렵다. 아랍어나 프랑스어로 기본 인사말과 자주 쓰는 표현 정도를 숙지하고 간다면 여행이 한결 수월해질 것이다.

4. 모로코의 비자 정보

무비자로 90일간 여행할 수 있다.

5. 모로코의 시차는?

모로코는 한국보다 8시간 느리다.

6. 모로코의 전압은?

110V와 220V, 50Hz다. 220V의 경우 우리나라의 콘센트와 비슷해 그대로 사용할 수 있다. 하지만 110V를 사용하거나 220V지만 콘센트가 작은 경우가 더러 있기 때문에 멀티어댑터를 준비하는 것이 좋다.

7. 모로코에서의 인터넷 사용은 어떨까?

모로코의 와이파이 환경은 비교적 좋은 편이다. 고급 호텔은 물론 중저가 도미토리 숙소도 대부분 와이파이가 잘 터지며, 레스토랑 역시 와이파이존이 많다. 포켓와이파이도 지원된다. 와이파이도시락 팬글로벌 상품을 신청할 경우, 모로코에서 3G 인터넷을 즐길 수 있다. 사막 지역에서는 다소 느리니 참고할 것. 모로코 여행자들이 가장 선호하는 인터넷 수단은 바로 유심 카드다. 100디르함 정도에 약 1주일 이상을 쓸 수 있는 4기가 정도의 데이터가 보장되어 큰 인기. 아틀라스산맥과 사하라 같은 일부 지역에서는 신호가 약하지만 여행 기간 동안 부담 없이 인터넷을 쓸 수 있는 것이 강점이다. 데이터를 다 썼을 경우 통신사 대리점이나 슈퍼마켓에서 충전이 쉬운 것도 장점.

8. 모로코에 있는 한국 대사관은?

모로코 한국 대사관은 수도인 라바트에 있다. 여권을 분실했거나 큰 사건 사고를 당했을 경우 한국 대사관은 여러모로 큰 도움이 된다. 모로코 라바트 도심 기준, 동남쪽에 있으며 라바트 중앙역에서 택시로 10분 정도가 소요된다. 또한 라바트 살레 국제공항에서 차로 20분 정도 걸린다.

Data 모로코 한국 대사관
주소 Ambassade de la Republique de Coree, 41 Av. Mehdi Ben Barka, Souissi, Rabat
운영시간 월~금 08:30~12:30, 13:30~16:30 / 라마단(이슬람 금식월) 기간 09:00~15:00(점심시간 없음)
전화 +212-5377-51767, 56791, 56726, 51966(일반전화), +212-6611-64851(긴급상황) **이메일** morocco@mofa.go.kr

9. 라마단 기간에 모로코 여행은 어떨까?

이슬람 신자들에게 '금식'은 5대 의무 가운데 하나다. 특히 라마단 기간에는 아침부터 해가 질 때까지 금식은 기본이며, 물도 마시지 않고 담배도 피우지 않는다. 아랍력과 이슬람력으로 아홉 번째 달이라는 라마단은 '어마어마한 더위'라는 의미. 라마단은 이슬람력 음력 9월에 시행된다. 이슬람은 윤달이 없기 때문에 매년 이슬람력이 15일 정도 빨라지는 것이 특징. 다시 말해 매년 시기가 다르다. 이 기간에 여행자들은 각별한 주의가 필요하다. 물론 여행자를 상대로 한 레스토랑과 카페는 영업하지만, 평소보다는 분위기가 위축된 것 또한 사실. 혹자는 여유로워서 좋다고 하며, 또 다른

이는 너무 심심하다고도 한다. 라마단 기간의 저녁이 되면 온종일 굶었던 모로코인들의 성대한 파티가 펼쳐진다. 마라케시 제마알프나 광장, 페스 메디나, 탕헤르 메디나는 거대한 파티장으로 변모하기도 한다. 이는 평소보다 더욱 화려하기 때문에 라마단 기간에만 볼 수 있는 광경이기도 하다. 라마단 기간이라고 지레 겁부터 먹을 필요는 전혀 없다. 다만 낮에는 금식하는 것이 보통이기 때문에 지나친 음주나 고성방가와 같은 행동은 자제할 필요가 있다.

10. 모로코는 안전할까?

모로코의 치안에 대해서 많은 여행자가 궁금해 할 것이다. 아프리카 대륙에 자리하고 있기 때문에 막연한 두려움을 느끼는 것이 그 이유인데, 치안 문제는 '전혀' 걱정할 필요가 없을 정도로 안전하다. 여행자를 노린 노상강도는 찾아보기 힘들며, 최근 무장 이슬람 단체인 IS도 모로코와는 큰 관련이 없다. 다만 마라케시와 페스, 탕헤르 등 여행자가 많이 몰리는 메디나와 시장 일대에서는 소지품 간수에 유의하는 것이 좋다. 이들 지역에서는 소매치기와 날치기가 빈번하게 발생하기 때문. 카메라는 목에 걸고, 여권과 휴대전화는 가방 깊숙한 곳에 넣어두는 것이 현명하다. 또 몇 년 전 우리나라를 강타한 메르스에 대해 걱정할 필요도 없다. 당시 모로코는 메르스 발생률 0%를 자랑한 나라였다. 따라서 사하라 투어에서 진행하는 낙타 사파리도 문제없다.

PLANNING 04
모로코 들어가기

현재 한국에서 모로코까지 가는 직항 편은 없다. 내 일정에 맞는 다양한 외항사를 비교해보고 선택하는 것이 좋다. 가는 길은 멀지만 예산과 일정에 맞는 외항사를 선택하면 경유지에서의 여행이 보너스로 다가온다.

한국에서 모로코 가기

아쉽게도 인천에서 모로코로 바로 가는 직항은 없다. 유럽이나 중동 지역의 항공사로 1회 경유하여 카사블랑카나 마라케시로 들어가는 것이 보통. 에어프랑스를 타면 파리, 터키항공을 타면 이스탄불, 에티하드항공을 타면 아부다비, 에미레이트항공을 타면 두바이, 카타르항공을 타면 도하를 경유하는 식이다. 중동 지역의 항공사를 이용하면 보통 경유 시간이 길기 때문에 그나마 빠른 에어프랑스를 타는 것을 추천한다. 일정이 여유로워 이스탄불, 두바이 등의 경유지 관광도 놓칠 수 없다면 중동 지역의 항공사도 매력적인 선택. 자세한 비행편은 카사블랑카 편(076p)를 참조하자.

파리 경유

에어프랑스는 인천에서 파리 CDG국제공항까지 직항 노선을 매일 운항한다. 인천에서 파리까지 비행시간은 12시간 내외, 파리에서 카사블랑카까지 비행시간은 3시간 내외다. 터키항공, 에티하드항공, 에미레이트항공 등 중동 지역의 항공사보다 빨리 모로코에 접근할 수 있는 것이 특징. 그 때문에 일정이 촉박한 패키지 여행 상품이 에어프랑스를 이용하는 경우가 많다. 또 스톱오버를 한다면 낭만적인 파리에서의 시간이 추가로 약속된다. 에펠탑과 루브르 박물관, 몽마르트르 언덕과의 만남은 언제나 즐거운 법이다.

이스탄불 경유

터키항공은 인천에서 이스탄불 아타튀르크 국제공항까지 직항 노선을 매일 운항한다. 인천에서 이스탄불까지 비행시간은 12시간 정도. 이스탄불에서 카사블랑카까지 비행시간은 5시간 내외. 에어프랑스보다 비행시간이 약간 길지만 동서양이 만나는 길목에 자리한 이스탄불 시티 투어라는 보너스가 있다. 터키항공 승객이라면 누구나 무료 이스탄불 시티 투어에 참여할 수 있다. 매일 아침 9시에 아타튀르크 국제공항을 출발한다. 6시간 코스와 9시간 코스가 준비되어 있으며, 술탄아흐멧 지구의 주요 관광지를 둘러보고 점심 식사를 한다. 경유 시간이 넉넉하다면 무료 이스탄불 시티 투어에 참여해보자.

아부다비 경유

에티하드항공은 인천에서 아부다비 국제공항까지 직항 노선을 매일 운항한다. 인천에서 아부다비까지 비행시간은 10시간 정도. 아부다비에서 카사블랑카까지 비행시간은 9시간 정도며, 매일 한 차례씩 운항하고 있다. 에어프랑스와 터키항공에 비해 경유 시간이 매우 긴 편. 20시간 이상을 대기하는 것이 보통이다. 경유 시간을 이용해 두바이와 알아인을 관광할 수 있는 이점이 있다.

에티하드항공 승객이라면 두바이와 알아인까지 왕복하는 무료 셔틀버스에 탈 수 있는데, 에티하드항공 홈페이지를 통해 미리 예약하면 된다.

아부다비에서 두바이까지는 셔틀버스로 1시간 30분, 알아인까지는 1시간 정도가 걸린다. 아부다비에서의 시간을 잘 계획하면 아랍에미리트(UAE)의 멋진 도시를 추가로 관광할 수 있다.

두바이 경유

에미레이트항공은 인천에서 두바이 국제공항까지 직항 노선을 매일 운항한다. 인천에서 두바이까지 비행시간은 9시간 30분 내외. 두바이에서 카사블랑카까지 비행시간은 9시간 정도며, 매일 한 차례씩 운항하고 있다. 에티하드항공과 마찬가지로 경유 시간이 매우 긴 편이지만, '사막 위의 기적'으로 불리는 두바이 관광이 보너스로 다가온다. 2023년 기준, 세계에서 가장 높은 부르즈칼리파와 7성급 호텔로 유명한 주메이라 비치, 옛 두바이를 엿볼 수 있는 골드수크, 올드수크, 압도적인 규모의 두바이몰 등 두바이 주요 명소를 당일치기로 둘러볼 수 있다. 또 두바이-카사블랑카 노선은 '하늘 위의 호텔'로 불리는 A380 기종에 탑승하게 되는데, 매우 편안한 비행을 약속한다.

스페인에서 배로 모로코 가기

최근 유럽 여행자들 사이에서 모로코를 추가로 여행하는 이들이 늘고 있다. 스페인 남부 타리파Tarifa에서 모로코 최북단 탕헤르Tanger는 매우 가깝기 때문에 비교적 저렴하게 배로 건너갈 수 있는 것. 스페인과 모로코를 잇는 페리는 하루에 수차례 운항한다. 미리 예약하는 것이 좋지만 성수기가 아니라면 당일에 터미널에 가더라도 표를 쉽게 구할 수 있다.

PLANNING 05
알면 여행이 편해진다, 모로코의 교통

세계 어디나 마찬가지겠지만 해외여행에 있어 가장 중요한 것은 교통이다. 모로코 각 도시 간 이동은 크게 기차와 버스로 나뉜다고 볼 수 있는데, 자세히 보면 누구나 쉽게 이용할 수 있을 만큼 접근이 쉽다. 언제 어디서 어떻게 이동할 것인지 정확한 이동 계획은 필수다.

1. 모로코의 기차

모로코는 기차(ONCF, 국영 철도)가 매우 편리한 나라다. 탕헤르에서부터 아실라, 라바트, 카사블랑카, 마라케시까지 이어지는 기찻길은 현지인은 물론 여행자들에게도 소중한 두 발이 되어준다. 또 카사블랑카에서 라바트를 거쳐 페스까지 이어지는 기찻길도 사랑받는 구간이다. 기차는 크게 일등석과 이등석으로 구분되는데, 일등석은 지정석, 이등석은 비지정석으로 이루어져 있다. 이동할 때 큰 짐이 많다면 일등석을, 현지인들과 어울려 여행하고 싶다면 이등석 기차에 오르면 된다.

모로코의 기차는 시간을 잘 지키는 편이다. 길면 15분 정도의 오차는 존재하지만, 북아프리카의 나라치고 이 정도면 매우 편리하다고 할 수 있다. 카사블랑카 기준 마라케시까지는 약 4시간, 탕헤르는 약 5시간, 페스는 약 4시간 정도가 걸린다.

2018년 하반기, 아프리카 최초로 TGV 고속열차 노선이 신설됐다. 구간은 카사블랑카에서 탕헤르까지이며, 라바트에도 정차한다. 카사블랑카에서 탕헤르까지 시속 350km로 주행하며 2시간 10분이 소요된다. 카사블랑카에서 탕헤르 기준, 1등석 579디르함~, 2등석 367디르함~ (2023년 7월 기준).

또한 모로코 기차는 국영 버스와의 환승 시스템이 잘 되어 있다. 예를 들어 카사블랑카 모하메드 5세 국제공항에서 에사우이라까지 이동한다고 가정해보자. 이때 카사블랑카 모하메드 5세 국제공항에서 카사보야지스(카사블랑카 메인)역, 다시 카사보야지스역에서 마라케시역, 그리고 마라케시에서 에사우이라까지는 버스를 타야 한다. 하지만 카사블랑카 모하메드 5세 국제공항 기차역에서 에사우이라행 통합 티켓을 한 번에 살 수 있다. 티켓 하나에 총 3번의 이동이 표기되는 것. 다소 헤맨다면 역무원에게 물어보자. 친절하게 가르쳐 준다.

모로코 TGV

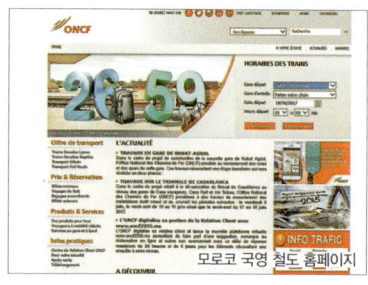
모로코 국영 철도 홈페이지

카사블랑카에서 마라케시와 탕헤르, 페스로 떠나는 열차 시간표 정도는 미리 알아두는 것이 좋다. 모로코 국영 철도 홈페이지(www.oncf.ma)에서 쉽게 확인할 수 있다. 또 기찻길이 없는 에사우이라, 아가디르 등지로 떠나는 국영 버스 시간표 정보도 쉽게 알 수 있다.

2. 모로코의 버스

모로코는 기차만큼이나 버스 편도 잘 발달되어 있다. 카사블랑카와 라바트, 탕헤르, 마라케시, 페스, 에사우이라, 아가디르 등에는 수많은 버스 회사의 노선이 거미줄처럼 연결되어 있다. 여행자들이 주로 애용하는 버스 회사는 CTM 버스다. 모로코를 찾은 여행자들 사이에서 '모로코 도시 간 이동의 교과서'로 불릴 만큼 의존도가 높은 편. 시설이 그렇게 좋다고는 할 수 없지만 물건의 분실 우려가 적고 편하게 이동할 수 있는 것이 특징. 큰 짐을 부치려면 티켓 가격 외에 약간의 수수료가 발생한다. 그렇다고 굳이 CTM 버스를 고집할 필요도 없다. 모로코의 국영 버스 회사를 비롯해 다른 회사의 버스들도 CTM 못지않게 편하며, 편수도 다양하다. 예전에는 치안이 좋지 않고 물건의 분실 우려도 있었지만, 21세기인 지금은 이야기가 다르다. 모로코 도시의 버스 터미널을 찾으면 CTM뿐 아니라 다양한 회사의 노선을 쉽게 확인할 수 있다. 버스 노선과 시간표를 잘 확인하고 자신의 여행 계획을 짜는 것이 좋다. 버스는 약 2~3시간을 달릴 경우 휴게소에서 10~20분 정도 쉬어 가는 것이 기본이다.

3. 국내선 항공

모로코 여행은 기차와 버스를 주로 이용하지만, 시간이 정말 촉박할 경우 국내선을 타는 것이 가장 효율적일 수도 있다. 아무래도 비용은 많이 들겠지만, 여행지에서 황금 같은 시간을 절약하는 데엔 비행기만 한 것이 또 없다. 카사블랑카에서 탕헤르, 마라케시에서 탕헤르, 페스에서 마라케시 등 제법 먼 거리 이동은 국내선을 이용하는 것이 좋다. 모로코 국영 항공사인 로열 에어 모로코Royal Air Maroc는 모로코 내의 다양한 도시를 서로 연결한다.

STEP 02
PLANNING

PLANNING 06

여기선 이걸 꼭! **지역별 여행 포인트**

모로코는 북아프리카 서쪽 끝에 있다. 남북으로 길게 뻗은 지형으로 동쪽은 알제리, 서쪽은 대서양, 남으로는 서사하라, 그리고 북으로는 지중해와 맞닿아 있다. 중앙에는 아틀라스산맥이 자리하며 그 너머로는 사하라가 시작된다. 지역에 따라 보여주는 장면 또한 천차만별. 모로코 여행에 앞서 지역의 특성을 먼저 파악할 필요가 있다.

카사블랑카 Casablanca

모로코 제1의 도시. 대서양을 끼고 있으며, 이집트 카이로와 함께 북아프리카 최대 규모의 도시로 언급된다. 여행자는 대부분 카사블랑카 모하메드 5세 국제공항으로 들어가기 때문에 이 도시를 들르는 것이 보통이다. 큰 볼거리는 없지만 모로코 현대인들의 생활상을 엿보는 재미가 쏠쏠하다. 모로코의 새로운 상징이 된 하산 2세 모스크, 그리고 카사블랑카의 과거를 가늠해 볼 수 있는 메디나가 주요 관람 포인트. 현대적인 빌딩 숲 사이에서 모로코식 커피 한잔을 즐기는 것만으로도 멋진 여행이 된다.

라바트 Rabat

모로코의 수도. 많은 이들이 모로코의 수도를 카사블랑카로 착각하고 있지만, 엄연한 행정 수도는 라바트다. 카사블랑카에서 가까워 당일치기로 찾는 여행자가 많은 편. 왕궁과 각종 정부 부처가 있는 도시답게 삼엄한 경비의 깔끔한 신시가지를 만나볼 수 있다. 여행자들이 주로 찾는 곳은 하산 탑과 모하메드 5세 영묘, 왕궁, 2개의 메디나, 카스바 일대. 느긋느긋 도심을 산책하다 보면 모로코의 과거와 현재, 미래를 모두 만나볼 수 있을 것이다.

마라케시 Marrakech

진정한 모로코 여행이 시작되는 도시. 천 년이 넘은 메디나와 제마엘프나 광장은 마라케시의 심장과도 같다. 제마엘프나 광장은 온갖 퍼포먼스와 먹거리가 가득해 세계 배낭여행자들이 모이는 곳이다. 마라케시의 또 다른 명물, 오렌지 주스 역시 제마엘프나 광장에서 맛볼 수 있다. 아르간 오일, 질레바 등 모로코 특산품을 싸게 살 수 있는 마라케시 시장은 거대한 미로 같다. 마라케시에서 제일 큰 쿠투비아 모스크, 아라베스크 문양이 일품인 바히아 궁전, 거대한 흙벽의 엘 바디 궁전도 놓치지 말아야 할 명소다.

사하라 지역 Sahara Area

마라케시를 베이스로 보통 2박 3일 정도 사하라 투어에 참여하게 된다. 사하라 투어는 우리가 쉽게 상상할 수 있는 그런 사막만 가는 것이 아니다. 북아프리카의 척추로 통하는 아틀라스산맥을 넘어 영화 〈글래디에이터〉의 배경이 된 아이트벤하두, 사막 도시 와르자자트, 거대한 붉은 계곡이 일품인 다데스 협곡과 토드라 협곡, 오아시스 마을 팅히르를 거친 뒤 붉은 모래사막이 있는 메르주가에 닿게 된다. 사막에서의 낙타 사파리, 사륜구동 랜드크루저 투어, 베르베르족과의 만남은 평생 잊지 못할 추억이 된다.

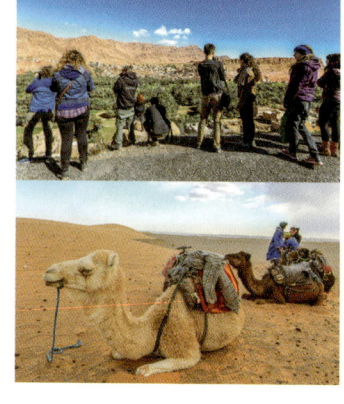

에사우이라 Essaouira

모로코 중부, 대서양 연안에 자리한 고즈넉한 항구 도시. 다른 도시의 메디나와 달리 대서양을 품고 있어 더욱 이국적이다. 게다가 아르간 오일의 원산지와 가깝기 때문에 고품격 오일을 살 수도 있다. 에사우이라 여행은 메디나 안에서 이루어진다고 해도 과언이 아니다. 대부분 명소가 메디나 인근에 집중되어 있기 때문. 물레이 하산 광장과 시타델, 성벽, 해변, 그리고 에사우이라 항구가 인기 스폿이다. 특히 대서양에서 갓 잡은 싱싱한 해산물을 즉석에서 맛보는 즐거움은 에사우이라에서 최고의 기억을 선물한다.

아가디르 Agadir

에사우이라 남쪽에 자리한 휴양 도시. 우리에겐 아직 생소하지만 유럽인들 사이에서는 꽤 유명한 휴양 도시다. 메디나로 대변되는 모로코의 다른 도시와 달리 화려한 해변과 시끌벅적한 유흥가가 눈길을 끈다. 아가디르 여행은 '휴양'에 포커스를 두는 것이 일반적. 며칠 머무르며 푹 쉬는 것을 추천한다. 정적인 휴양에 지겨워졌다면 도시 북쪽에 있는 카스바 우플라 전망대에 오르거나 마리나 아가디르, 모하메드 5세 모스크, 아가디르 박물관 등을 방문해도 좋다.

페스 Fes

천 년을 버틴 마라케시 메디나보다 더 오랜 세월을 자랑하는 페스 메디나는 모로코 여행의 한 축이다. 메디나에 9,000개가 넘는 골목이 있어 도시는 미로와도 같다. 또 오랜 천연 가죽 염색 작업장인 테너리와의 만남 역시 모로코를 찾는 이유 가운데 하나다. 페스 여행이 시작되는 블루게이트와 테너리로 연결되는 2개의 메인 도로, 세계 최초의 대학으로 불리는 카라윈 대학, 메디나를 둘러싸고 있는 거대 묘지 등은 이국적인 풍광을 약속한다.

셰프샤우엔 Chefchaoeun

모로코 북부, 산 중턱에 자리한 마을. 뒷산이 베르베르어로 2개의 뿔Chaoeun과 닮았다고 해서 이러한 이름이 붙었다. 마치 도시 전체가 파란색 물감을 뒤집어쓴 듯 건물도, 골목도 모두 새파란 색으로 칠해진 것이 특징이다. 마을 자체의 역사는 짧지만 '모로코의 산토리니'라는 별명이 붙은 도시답게 이국적인 풍광만큼은 일품이다. 미로 같은 메디나 골목과 카스바가 있는 중앙 광장, 메디나 분수, 그리고 전망대가 주요 관람 포인트. 신시가지 쪽의 모하메드 5세 광장 주변도 둘러볼 만하다.

탕헤르 Tanger

모로코 최북단, 지브롤터 해협에 자리한 항구 도시. 뱃길로 스페인까지 불과 1시간 정도 걸리는 거리라 아랍 문화와 유럽 문화가 어우러져 오묘한 분위기를 연출한다. 이러한 분위기 덕분에 각종 할리우드 영화의 배경 장소로 낙점되기도 했다. 볼거리는 메디나와 카스바, 재래시장이 있는 구시가지와 해변 및 고급 호텔이 밀집한 신시가지 지역으로 나뉜다. 관광과 휴양이 모두 가능한 도시로 다양한 여행자의 욕구를 충족시킨다.

STEP 02
PLANNING

PLANNING 07

나만의 특별한 **모로코 스타일 여행**

미지의 북아프리카를 간다는 자체만으로도 이미 성공적이다. 모로코를 오래 여행하는 이들도 있겠지만, 대부분이 휴가나 짧은 일정을 이용해서 찾을 것이다. 모로코의 모든 지역을 둘러보고 싶겠지만, 일정이 허락하지 않는다. 여행자들은 결국 선택의 갈림길에 서게 된다. 보다 알차게 즐기기 위해 자신만의 특별한 여행 테마를 설정해서 떠나보자.

1. 당신이 꿈꾸던 사막, 사하라 투어

'사하라'는 여행자라면 누구나 동경하는 지역일 것이다. 지상 최고의 사막으로 통하는 곳답게 방대한 크기를 자랑한다. 아틀라스산맥부터 메르주가 일대까지 사하라로 통칭하는 모로코 내륙은 신세계나 다름없다. 낙타 사파리, 베르베르족과의 만남, 그리고 사막의 밤하늘을 직접 보는 것, 더 이상 꿈이 아니다.

- 아틀라스산맥 주변 지역 둘러보기(아틀라스산맥 164p, 아이트벤하두 165p)
- 기기묘묘한 협곡과 만나기(다데스 협곡 167p, 토드라 협곡 169p)
- 사하라의 속살과 만나기(메르주가 170p, 사하라 낙타 투어 171p, 사하라 랜드 크루저 투어 174p)

2. 진짜 아랍으로의 초대, 메디나 투어

'모로코 여행은 메디나에서 시작해서 메디나로 끝난다'는 말이 있다. 구시가지 같은 메디나는 모로코의 모든 도시에서 찾아볼 수 있는데, 마라케시, 페스, 에사우이라, 카사블랑카, 셰프샤우엔, 탕헤르 등이 대표적. 오랜 세월을 버틴 흙벽과 미로 같은 골목을 따라 걸어보면서 메디나의 진짜 얼굴과 마주해보자.

- 카사블랑카 메디나(079p) • 라바트 메디나(104, 105p) • 마라케시 메디나(130p) • 에사우이라 메디나(188p) • 페스 메디나(244p) • 셰프샤우엔 메디나(267p) • 탕헤르 메디나(294p)

3. 대서양에서의 힐링 투어

모로코는 서쪽으로 대서양을 끼고 있는 나라다. 그래서 대서양의 정취를 흠뻑 느낄 수 있는 매력적인 항구 도시와 휴양 도시가 발달했다. 항구와 메디나가 만나 이국적인 분위기를 선사하는 에사우이라, 유럽인들이 사랑하는 휴양 도시 아가디르, 북아프리카 최대의 현대 도시 카사블랑카가 대표적이다.

- 카사블랑카 하산 2세 모스크 노을 보기(074p) • 에사우이라 해변에서 해산물 즐기기(189p) • 아가디르 해변에서 휴양하기(216p)

PLANNING 08

모로코 여행 **추천 코스&일정**

누구나 저마다의 여행 스타일이 있겠지만, 미지의 모로코에서는 좀 더 신중해지기 마련이다. 더구나 모로코는 쉽게 가기 어려워 더욱 신중하게 일정과 코스를 짜는 것이 중요하다. 기본적으로 모로코를 찾은 여행자들은 시계 방향 혹은 반시계 방향으로 루트를 짤 것이다. 일주일짜리 실속 코스와 2주짜리 표준 코스를 소개한다.

시간이 촉박한 여행자를 위한

초간단 5일 코스 (유럽 여행 중 잠시 넘어온 여행자들)

1일 차 카사블랑카
2일 차 마라케시
3일 차 페스
4일 차 셰프샤우엔
5일 차 카사블랑카 or 탕헤르

> **Tip** *모로코 여행, 기차&버스*
> 모로코 여행의 기본 이동 수단은 기차와 버스다. 최북단 탕헤르에서 라바트, 카사블랑카, 마라케시 등은 기차가 효율적이고, 나머지 지역의 도시는 버스가 유리한 편. 일정과 시간을 미리 파악한 뒤 자신에게 맞는 교통수단을 이용하는 것이 좋다. 모로코에서 렌터카 이용은 아직 취약한 편이니 참고하자.

모로코의 핵심 지역을 쏙쏙

모로코 속성 일주일 코스 (보통 모로코를 찾은 일반 여행자들)

1일 차 카사블랑카
2일 차 마라케시
3~4일 차 사하라
5일 차 페스
6일 차 셰프샤우엔&탕헤르
7일 차 카사블랑카

이왕 멀리 왔으니 구석구석 꼼꼼하게

모로코 표준 2주 코스

(모로코를 제대로 보려는 여행자들)

1일 차 카사블랑카
2~3일 차 아가디르
5일 차 에사우이라
6~7일 차 마라케시
8~9일 차 사하라
10일 차 페스
11일 차 셰프샤우엔
12일 차 탕헤르
13일 차 라바트
14일 차 카사블랑카

PLANNING 09

타진 혹은 쿠스쿠스?
모로코 음식 이야기

모로코 대표 음식

1. 타진 Tajine

모로코 음식은 크게 두 가지로 나뉜다고 할 수 있다. 그중 하나인 타진은 닭고기나 양고기 등 각종 고기에 채소를 섞어 찐 모로코 국민 요리다. 들어가는 재료에 따라 닭고기 타진, 양고기 타진, 쇠고기 타진, 해산물 타진, 채소 타진 등 수십 가지로 나뉘는 것이 특징이다. 심지어 낙타 고기 타진과 같은 이색 메뉴도 있다. 얼큰한 양념이 우리 입맛에 잘 맞고 부드러운 육질이 혀끝에서 살살 녹는다. 강한 향신료를 사용하지 않기 때문에 누구나 거부감 없이 맛볼 수 있다.

2. 쿠스쿠스 Couscous

모로코에 왔다면 타진과 함께 쉽게 접할 수 있는 음식. 모로코인들은 주로 잔칫날에 먹는다. 얼핏 보면 타진과 비슷하지만, 자세히 보면 엄연히 다른 요리라는 것을 알 수 있다. 쿠스쿠스는 사막의 베르베르인들이 주로 먹던 음식. 모로코부터 알제리, 튀니지, 리비아, 모리타니, 이집트에 걸친 북아프리카 전통 음식이다. 밀가루를 비벼 만든 알갱이를 밑에 깔고 그 위에 고기나 채소를 얹은 뒤 각종 소스로 버무린다. 다소 싱거우니, 소금을 약간 뿌려 먹으면 좋다.

3. 해산물 요리 Seafood

타진과 쿠스쿠스가 질렸다면 해산물 요리로 눈길을 돌려보자. 대서양과 지중해를 끼고 있는 모로코는 수준급 해산물 요리도 발달했다. 카사블랑카, 탕헤르 등에서는 해산물을 취급하는 레스토랑을 쉽게 발견할 수 있다. 여행자들이 주로 주문하는 음식은 생선 튀김과 찜류. 새우와 바닷가재, 킹크랩 튀김 등이 추천할 만하다. 스페인과 프랑스 음식의 영향을 받은 해산물 요리도 쉽게 만나볼 수 있다.

베르베르인들로 대변되는 사하라 유목 민족과 아랍인들의 음식 문화는 비슷한데, 비교적 단순한 것이 특징이다. 모로코에서 어쩌면 매일 먹게 될지도 모를 타진과 쿠스쿠스. 그만큼 모로코인들에게는 주식이나 다름없다. 우리의 쌀밥과 비슷한 맥락이라고 생각하면 이해가 쉬울 것이다. 이왕 모로코에 왔다면 모로코 스타일로 먹어봐야 하지 않을까.

모로코 대표 음료

1. 누스누스 Nousnous

모로코 사람이라면 매일 한 잔 이상씩 마신다는 커피다. 누스누스는 현지어로 커피 반, 우유 반이 들어간다는 의미. 우리나라의 라테와 비슷한 맛을 보이는 것이 특징이다. 보통 식사 후나 오후 나절이 되면, 카페에 누스누스를 즐기는 모로코 남성을 쉽게 발견할 수 있다. 여행자들 또한 마찬가지. 어쩌면 모로코 여행을 하는 동안 누스누스 맛에 중독될지도 모른다.

2. 민트 티 Mint Tea

민트 티는 누스누스와 함께 모로코 사람들이 즐겨 마시는 국민 음료라고 할 수 있다. 싱싱한 민트 잎에 설탕이 적당히 섞인 민트 티는 여행자들도 즐겨 마시게 된다. 식후에 주로 마시게 되는데, 마치 양치질을 한 것과 같은 상쾌한 느낌이 일품이다. 유리잔에 민트 잎이 들어간 상태로 내오는데 일반적으로 잎은 먹지 않는다. 이왕 모로코에 왔으니 현지인처럼 식후 민트 티를 즐겨보자.

3. 오렌지 주스 Orange Juice

모로코는 유독 싱싱하고 당도 높은 오렌지가 많이 난다. 덕분에 오렌지 주스는 마라케시를 비롯해 에사우이라, 페스, 셰프샤우엔, 탕헤르 등에서 쉽게 주문할 수 있는 음료다. 주로 식사와 함께 주문하며 타진과 쿠스쿠스, 해산물 요리와도 궁합이 잘 맞는다. 영양 만점에 가격까지 저렴해 여행자들에게도 큰 인기다. 마라케시 제마알프나 광장에서 즉석 오렌지 주스를 마셔보자.

PLANNING 10
여행 전 미리 보면 좋은
모로코 관련 영화 & 드라마

▲
카사블랑카 (1942)

감독 마이클 커티즈
출연 험프리 보가트(릭 블레인 역), 잉그리드 버그만(일사 런드 역)

모로코 카사블랑카의 '릭의 카페'를 배경으로 펼쳐지는 이야기. 주인공 릭은 전란을 피해 미국으로 가려는 전 연인, 일사를 우연히 만나게 되며 내용이 전개된다. '100년이 지나도 여전히 기억될 영화'라는 찬사를 받으며, 당시 아카데미 작품상을 받기도 했다. 아이러니하게도 촬영은 모로코 카사블랑카가 아닌 미국에서 이루어졌다. 당시 북아프리카의 전쟁 때문이었는데, 이유야 어찌 됐든 지금도 명작으로 기억되고 있다.

▲
글래디에이터 (2000)

감독 리들리 스콧
출연 러셀 크로우(막시무스 역), 호아킨 피닉스 (코모두스 역)

러셀 크로우를 세계적인 스타로 발돋움하게 한 바로 그 영화다. 위대한 검투사 막시무스의 이야기를 그리며, 절정기의 로마 제국을 배경으로 하고 있다. 억울하게 죽임을 당한 가족의 원수를 갚기 위해 검투사가 된 막시무스의 완벽한 연기, 짜임새 있는 각본과 멋진 연출로 당시 아카데미 작품상을 받았다. 영화는 모로코 사하라 지역의 아이트벤하두에서 촬영했는데, 현재도 마을에 영화 포스터가 있을 만큼 유명세를 치르고 있다.

웅장한 사하라, 미로와 같은 메디나. 이처럼 모로코는 특유의 이국적인 분위기로 많은 영화의 배경이 되었다. 그 중 제법 유명한 영화 몇 편을 골라봤다. 아직 보지 못했다면 여행을 떠나기 전 미리 보는 것도 좋다.

▲
모가디슈 (2021)
<u>감독</u> 류승완
<u>출연</u> 김윤석(한신성 대사 역), 조인성(강대진 참사관 역), 허준호(림용수 대사 역)

1991년, 내전으로 고립된 소말리아의 수도 모가디슈, 생존을 위해 대한민국으로 탈출하려는 필사의 과정을 그린다. 통신마저 고립된 절체절명의 상황, 북한 대사관 일행과 의기투합해 시내를 동분서주한다. 영화 속 배경은 모가디슈지만, 소말리아는 여행금지국가이기 때문에, 실제 영화 촬영은 모로코 에사우이라에서 진행했다.

▲
본 얼티메이텀 (2007)
<u>감독</u> 폴 그린그래스
<u>출연</u> 맷 데이먼(제이슨 본 역)

고도의 훈련을 받은 요원 제이슨 본의 세 번째 이야기. 제이슨 본과 조직의 이해관계 속에 목숨 걸고 쫓고 쫓기는 장면이 일품인 스릴러 영화. 동명의 소설을 영화화한 작품으로 세계적인 인기를 누리는 시리즈다. 영화 초반, 제이슨 본과 그를 쫓는 요원이 모로코 탕헤르 메디나의 가옥에서 벌인 액션 장면은 오랫동안 각인될 만큼 깊은 인상을 남긴다.

▲
아라비아의 로렌스 (1962)
감독 데이빗 린
출연 피터 오툴(로렌스 역)

영국 정보국 장교 로렌스는 아랍 지역으로 파견된다. 특유의 매력으로 아랍 지도자들의 마음을 얻었고, 그들에게 '아라비아의 로렌스'라는 칭호도 얻는다. 현재 모로코 아이트벤하두 지역을 비롯한 사하라 일대에서 촬영되었고, 영화는 당시 아카데미 작품상을 받았다. 216분이라는 긴 러닝 타임 동안 사하라 일대의 모습을 엿볼 수 있다.

▲
미션 임파서블:로그네이션 (2015)
감독 크리스토퍼 맥쿼리
출연 톰 크루즈(에단 헌트 역)

첩보기관 IMF의 요원 에단 헌트를 주인공으로 세운 대표적인 할리우드 첩보 영화로 5번째 시리즈이다. 정체불명의 테러조직인 '신디게이트'와의 대결을 그리고 있는데, 주인공은 세계 각지에서 다양한 액션 신을 선보인다. 모로코에서도 촬영되었는데, 아틀라스산맥을 넘어가는 도로의 오토바이 신은 최고의 명장면으로 기억되고 있다.

▲
007 스펙터 (2015)

<u>감독</u> 샘 멘데스
<u>출연</u> 다니엘 크레이그(제임스 본드 역), 레아 세이두(매들린 스완 역)

첩보 스릴러 영화의 최고봉인 007시리즈의 2015년 작품. 주인공은 멕시코와 이탈리아, 오스트리아 등지를 종횡무진하며 최악의 적과 맞서는데, 특히 모로코 탕헤르와 사하라 일대의 장면은 관객들에게 큰 인상을 남겼다. 영화 속에서 탕헤르 메디나의 풍경과 사하라 지역을 미리 만나볼 수 있다.

▲
배가본드 (2019)

<u>감독</u> 유인식
<u>출연</u> 이승기(차달건 역), 배수지(고해리 역), 신성록(기태웅 역)

모로코 북부, 탕헤르 인근 민항 여객기 추락 사고에 연루된 남자가 거대한 국가 비리를 파헤치는 내용을 담은 첩보 스릴러 드라마. 우리나라 최초로 모로코에서 촬영한 드라마다. 대략 10회 분량까지 탕헤르, 사하라 일대 등 모로코 현지의 모습을 엿볼 수 있다.

Morocco
By Area

모로코
지역별 가이드

01 카사블랑카
02 라바트
03 마라케시
04 사하라 지역
05 에사우이라

06 아가디르
07 페스
08 셰프샤우엔
09 탕헤르

Morocco by Area

01

카사블랑카
CASABLANCA

대서양 연안에 자리한 모로코 제1의 도시. 카사블랑카는 '하얀 집'이라는 뜻으로 14세기 대항해 시대 당시 포르투갈인들이 이곳에 보급항을 건설한 이후 급성장했다. 아직도 많은 이들이 모로코의 수도를 카사블랑카로 착각할 만큼 모로코를 대표하는 국제 도시로 자리 잡고 있다. 다양한 나라의 항공기가 드나드는 곳이기에 대부분의 여행자는 이곳에서 일정을 시작하게 된다.

Casablanca
PREVIEW

카사블랑카는 마라케시와 페스에 비해 볼거리가 적지만, 뚜껑을 열어보면 하산 2세 모스크와 드넓은 대서양, 오랜 세월을 버틴 메디나 등 여행자들의 눈길을 사로잡을 만한 볼거리가 가득하다. 카사블랑카가 별로라는 이들의 말은 흘려들어도 좋다. 모로코의 과거와 현재, 그리고 미래를 한눈에 볼 수 있는 이만한 도시가 또 없으니까.

SEE

카사블랑카를 대표하는 하산 2세 모스크는 세계에서 세 번째로 크다. 완공 직후 모로코를 대표하는 얼굴이 되었을 정도로 웅장하다. 하산 2세 모스크 반대편, 카사블랑카의 붉은 등대까지 이어진 방파제는 여행자는 물론 현지인들에게도 소중한 휴식처가 된다. 방파제에 앉아 대서양의 수평선을 바라보는 것은 카사블랑카에 왔다면 반드시 해봐야 할 것. 하산 2세 모스크 인근의 메디나에서는 카사블랑카 현지인들의 실생활을 엿볼 수 있다. 마라케시나 페스의 메디나보다 규모는 작지만, 모로칸 특유의 여유가 가득해 둘러보는 재미가 쏠쏠하다.

EAT

카사블랑카는 대도시다. 여느 대도시처럼 현대적인 시설의 레스토랑이 많다. 카사포트역과 다운타운을 중심으로 레스토랑이 드문드문 흩어져 있다. 타진과 쿠스쿠스 등을 취급하는 모로코 정통 음식점도 있지만, 대도시답게 서양식, 동양식을 맛볼 수 있는 레스토랑도 많아 여행자들의 선택 폭이 넓다.

BUY

카사블랑카는 신시가지 주변에 현대적인 몰과 재래시장이 많다. 그중 눈길을 사로잡는 것은 북아프리카에서 가장 크다는 모로코 몰Morocco Mall. 3층 규모에 다양한 의류 매장, 가구점, 액세서리 매장 등이 있다. 여행자들이 주로 살 만한 물건은 메디나 주변의 기념품 상점을 꼽을 수 있겠다. 아르간 오일과 액세서리류, 질레바와 바부슈 등을 취급하는 상점이 많다.

SLEEP

카사블랑카는 모로코에서 가장 큰 도시답게 숙박비가 제일 비싸다. 카사블랑카 호텔에서의 1박 요금이 다른 도시의 3박 요금과 맞먹는 경우가 허다하고, 그 이상인 경우도 많다. 호스텔보다는 호텔이 발달한 편. 최고급 호텔부터 값싼 호텔까지 도심 전역에 고루 분포되어 있다. 시설과 서비스는 가격에 따라 천차만별. 값싼 호텔은 조식은커녕 공용 화장실에 무료 와이파이도 없는 곳이 허다하다. 다른 도시로 이동을 앞두고 있다면 카사보야지스역이나 카사포트역과 가까운 호텔을 잡는 것이 유리하다.

Casablanca
GET AROUND

 어떻게 갈까?

1. 비행기
인천국제공항에서 카사블랑카 모하메드 5세 국제공항까지 바로 연결되는 직항 노선은 없다. 에어프랑스, 에티하드항공, 에미레이트항공, 터키항공 등을 이용하여 1회 경유로 카사블랑카까지 연결하는 것이 일반적. 가장 빠른 노선은 대기 시간이 짧은 에어프랑스. 중동 지역을 경유하는 항공 노선은 대부분 경유 시간이 길다. 경유지 관광을 함께 하는 여행자라면 중동 지역을 경유하는 항공사를 이용하는 것도 좋다. 에티하드항공을 타면 아부다비, 에미레이트항공을 타면 두바이, 터키항공을 타면 이스탄불 여행을 보너스로 즐길 수 있다.

카사블랑카행 주요 항공편

항공편	경유(도시 및 공항)	총 비행시간
에어프랑스	파리(CDG)	약 25시간 내외
에티하드항공	아부다비	약 40시간 내외
에미레이트항공	두바이	약 40시간 내외
터키항공	이스탄불	약 35시간 내외
알리탈리아항공	로마	약 35시간 내외

*항공기 출발 시각은 수시로 변동될 수 있음

2. 기차
라바트나 마라케시, 탕헤르 등에서 카사블랑카로 가는 일반적인 교통수단. 일등석과 이등석으로 구분되며, 노선이 많기 때문에 대부분 예약 없이 바로 탈 수 있다.

3. 버스
모로코 각 도시의 CTM 버스 터미널을 비롯해 다양한 회사의 노선이 많다. 주로 셰프샤우엔, 에사우이라, 아가디르와 같이 기차로 접근하기 어려운 도시에서 타고 오는 것이 일반적이다.

카사블랑카 모하메드 5세 국제공항(CMN)에서 시내 가기

카사블랑카 모하메드 5세 국제공항은 도심으로부터 남쪽으로 약 30km 정도 떨어져 있다. 터미널은 총 3개. 각 터미널마다 환전이 가능한 은행이 있다. 보통 입국심사를 마치고 짐을 찾기 전에 환전하는 것이 좋다. 카사블랑카 국제공항에서 시내로 이동하는 가장 교과서적인 방법은 기차를 이용하는 것. 카사블랑카는 크게 2개의 역, 카사보야지스역Casavoyageurs Stastion과 카사포트역Casa-Port Railway Station로 나뉜다. 카사블랑카에서 체류할 예정이라면 자신의 숙소가 가까운 역을 선택하는 것이 좋다. 버스나 택시는 출국장을 바로 빠져 나와 직진하면 된다. 택시의 경우 흥정은 필수.

■ 기차

카사블랑카 도심까지 이동하는 가장 일반적인 방법. 출국장을 빠져나와 'Gare'라고 적힌 곳으로 향하면 기차역과 바로 연결된다. 공항과 카사블랑카의 카사보야지스역, 카사포트역까지 시간마다 운행된다. 시내까지 기차 비용은 약 45디르함, 소요 시간은 약 30분 내외. 기차는 지정석인 일등석과 비지정석인  이등석으로 구분된다. 멀리 라바트, 마라케시, 페스, 탕헤르, 에사우이라, 아가디르 등으로 연결되는 기차 편도 바로 끊을 수 있다. 또 국영 철도와 국영 버스가 통합되어 기찻길이 없는 구간의 티켓도 논스톱으로 끊을 수 있다. 모로코 남부, 아가디르로 바로 이동하는 경우 마라케시까지는 기찻길이 있지만 마라케시에서 아가디르까지는 기차가 없다. 카사블랑카 공항에서 아가디르로 가는 표를 끊었을 경우 공항에서 카사블랑카, 카사블랑카에서 마라케시까지는 기차를, 그리고 마라케시에서 아가디르까지는 버스를 타게 된다. 티켓에 갈아타는 역이 표시되어 있으니 잃어버리지 않고 반드시 소지해야 한다. 각 역에서 플랫폼이나 터미널의 위치를 모른다면 역무원에게 물어보자. 영어나 아랍어가 통하지 않더라도 걱정할 필요가 없다. 티켓만 보여주면 대부분 친절히 가르쳐준다.

■ 택시

기차 시간이 애매하거나 짐이 많을 때는 택시가 좋은 대안이 된다. 카사블랑카 국제공항에서 시내까지는 30분 정도가 걸린다. 보통 300디르함 내외의 요금이 나오는데, 흥정해야 하는 번거로움이 따른다. 선택은 여행자들의 몫.

어떻게 다닐까?

1. 택시
카사블랑카에서 여행자들이 가장 일반적으로 이용하게 되는 교통수단이라고 할 수 있다. 카사블랑카 시내에서만 운행하는 프티 택시Petit Taxi와 카사블랑카 외곽과 근교 도시까지 운행하는 그랑 택시Grand Taxi로 나뉜다. 모로코의 다른 도시와 달리 미터기를 켜고 달리는 것이 일반적. 행여 기사가 흥정하려 들면 미터기로 가자고 하면 된다. 그조차 응하지 않는다면 다른 택시를 잡도록 하자. 모로코 택시는 합승이 보편적이다. 빈자리만 있으면 기사가 다른 손님을 태우니 놀라지 말 것.

2. 트램
카사보야지스역과 카사포트역, 그리고 주요 관광지 대부분을 연결하고 있어 여행자들에게 꽤 유용한 교통수단이 된다. 가격은 티켓 구입비를 포함해 7디르함~. 충전 횟수에 제한이 없는 15디르함짜리 장기 승차권도 있으니 참고할 것. 비교적 가격이 저렴하고 깔끔해 유용하다. 혼자 여행하는 이들에게 추천할 만하며 일행이 있다면 택시가 더 저렴하다.

3. 버스
메디나 버스M'dina Bus라는 시내버스를 이용할 수 있다. 다른 나라의 시내에서 굴러다니던 중고 버스가 많아 시설이 낙후된 편. 문짝이 없거나 창문이 금 가고 깨진 버스도 운행하는 것을 쉽게 볼 수 있다. 승차 요금은 5디르함 내외. 쾌적하지 않고 소매치기와 날치기도 출몰하기에 추천하는 교통수단은 아니다. 현지인의 삶을 경험하고 싶다면 한 번쯤 타보는 것도 나쁘지 않다.

4. 도보

카사포트역에서 메디나, 하산 2세 모스크까지는 걸어서 왕복 1시간 내외. 카사보야지스역에서 카사포트를 지나 하산 2세 모스크까지 걸어간다면 왕복 2시간 정도 잡아야 한다. 여유가 있다면 카사블랑카 도심을 가로지르면서 느긋하게 걸어보는 것도 좋다.

Info

모하메드 5세 국제공항 Mohammed V International Airport
Data 주소 Mohammed V International Airport, Nouasseur
전화 2253-9040 홈페이지 casablanca-airport.com

카사보야지스역 Casavoyageurs Station
Data 주소 Casavoyageurs, Boulevard Mohamed V, Casablanca 20250
전화 5226-25505 홈페이지 www.oncf.ma

카사포트역 Casa-Port Railway Station
Data 주소 Casa-Port, Boulevard Mohamed V, Casablanca 20250
전화 6676-54512 홈페이지 www.oncf.ma

카사블랑카 CTM 버스 터미널
Casablanca CTM Bus Station
Data 주소 Rue Leon L'Africain, Casablanca
전화 8000-90030

긴급 전화번호
경찰 190 / 안내 160 / 화재 150

*국제전화
모로코의 국가 번호는 212, 카사블랑카의 지역 번호는 522. 모로코에서 한국으로 전화할 경우 '국제전화 식별 번호 00+82+0'을 뺀 지역 번호와 상대방 번호를 누르면 된다.

Casablanca
ONE FINE DAY

카사블랑카 메디나와 하산 2세 모스크는 비교적 가까운 거리에 있다. 카사블랑카 볼거리의 9할이 집중된 이곳에서 여행을 시작해 느긋느긋 둘러보는 것을 추천한다. 메디나의 어지러운 골목을 따라 걸으며 현지인의 실생활을 엿보는 것도 좋은 여행이 된다.

여행의 시작,
카사포트역 도착

→ 택시 10분

모로코의 얼굴,
하산 2세 모스크
둘러보기

→ 도보 5분

대서양을 바라보다,
하산 2세 모스크
방파제 구경

↓ 도보 15분

영화 〈카사블랑카〉의
릭의 카페에서 휴식

← 도보 15분

현지인을 엿보다,
카사블랑카 메디나
거닐기

← 도보 15분
(등대까지가 아닌,
해변 중간 지점)

늠름한 자태,
카사블랑카 등대 구경

카사블랑카 상세도
Casablanca

- 카사블랑카 방파제 / Casablanca Breakwater
- 하산 2세 모스크 / Hassan II Masque
- 릭의 카페 / Rick's Café
- 라 스칼라 / La Sqala
- 카사블랑카 올드 메디나 / Casablanca Old Medina
- 아시아 / Asia
- 호텔 이비스 / Hotel Ibis
- 카사블랑카 시티 센터 / Casablanca City Center
- 호텔 안파 포트 / Hotel Anfa Port
- 카사포트역 / Casa Port
- 브라세리 라 뚜르 / Brasserie La Tour
- 호텔 소피텔 카사블랑카 투르 블랑쉐 / Hotel Sofitel Casablanca Tour Blanche
- 카사 조제 / Casa Jose
- 노보텔 카사블랑카 시티 센터 / Novotel Casablanca City Center
- 호텔 두 센트레 / Hotel du Centre
- CTM 버스 터미널
- 쉐라톤 카사블랑카 호텔 앤드 타워 / Sheraton Casablanca Hotel & Towers
- 아씨마 / Acima
- 라 바바로제 / Restaurant La Bavaroise
- 모하메드 5세 광장 / Place Mohammed V
- 서울 가든 / Seoul Garden

Boulevard des Almohades
Boulevard Moulay Youssef
FAR street
Boulevard Hassan I
Avenue Hassan II

SEE

세계에서 세 번째로 큰 이슬람 사원
하산 2세 모스크 Hassan II Mosque

하산 2세가 국민에게 성금을 걷어 1993년에 완공한 이슬람 사원. 이는 모로코에서 가장 큰 규모다. 사우디아라비아 메카의 모스크 등에 이어 세계에서 3번째로 큰 사원에 이름을 올렸다. 당시에는 세계에서 가장 큰 모스크를 짓는 것이 목표였는데, 국민성금이 생각만큼 풍족하게 걷히지 않았고 결국 지금 크기의 모스크로 만족해야 했다. 210m 높이의 탑과 25,000명 이상을 수용할 수 있는 사원 내부, 뚜껑이 열리는 지붕이 매우 인상적이다. 스페인 그라나다의 알람브라 궁전에서도 쉽게 볼 수 있는 무어 양식을 이 사원에서도 쉽게 발견할 수 있다. 파도 소리를 들으면서 기도할 수 있는 것도 눈길을 끈다. 이슬람교도가 아닌 외국인은 정해진 시간에 투어를 통해 내부를 둘러볼 수 있다. 카사블랑카를 대표하는 명소다 보니 세계 곳곳에서 온 단체 관광객의 모습도 쉽게 눈에 띈다. 여러 나라에서 온 가이드들은 각양각색의 깃발을 들고 다니며 단체 관광객을 인솔한다. 카사블랑카 메디나 바로 길 건너편에 있기 때문에 연계 관광 코스로 찾는 것을 추천한다. 메디나 쪽의 치안이 좋지 않으므로 밤늦은 시각에 방문하는 것은 자제하도록 하자.

Data 지도 072p-B, 073p-A **가는 법** 카사포트역에서 도보 20분, 택시 7분
주소 Sour Jdid, Casablanca **홈페이지** www.mosque-hassan2.com

대서양을 보며 즐기는 망중한
카사블랑카 방파제 Casablanca Breakwater

하산 2세 모스크 주변으로 펼쳐진 방파제는 여행자는 물론 현지인들에게도 소중한 휴식처다. 따스한 햇볕이 내리쬐는 오후부터 해 질 녘까지 카사블랑카 방파제는 입추의 여지가 없다. 방파제 주변에는 웃통을 벗고 수영하러 온 청년들, 나들이 온 현지인 가족, 세계 각국의 여행자가 한데 모여 약속이라도 한 듯 대서양을 바라본다. 대서양에서 줄기차게 불어오는 시원한 바닷바람을 맞으며 생각에 잠겨보는 것, 카사블랑카에서 반드시 해봐야 할 것 가운데 하나다. 이왕이면 하산 2세 모스크와 함께 멋진 사진을 남길 수 있는 노을 질 무렵에 찾는 것을 추천한다.

Data 지도 072p-B, 073p-A
가는 법 하산 2세 모스크에서 도보 1분 주소 Sour Jdid, Casablanca

늠름한 자태
카사블랑카 등대 Casablanca El Hank Lighthouse
| 카사블랑카 엘 행크 라이트하우스

하산 2세 모스크를 등지고 약 1km 정도를 걸으면 높이 우뚝 선 등대와 만나게 된다. 카사블랑카 서쪽 끝에 자리한 등대로, 대서양을 거쳐 항구로 들어오는 배들의 소중한 길잡이가 되어준다. 이곳이 유명한 이유는 주변의 이국적인 풍광 때문. 석양이 비추는 저녁 즈음 등대 외벽이 붉게 물들어 '붉은 등대'라는 별명도 붙었다. 방파제를 따라 꽤 긴 거리를 걷는 것이 부담스럽다면 중간 정도까지만 걸어도 좋다. 동쪽 하산 2세 모스크와 서쪽 등대를 배경으로 교대로 기념사진을 찍기만 해도 썩 괜찮은 사진이 될 테니. 주변 치안이 좋지 않기 때문에 너무 늦은 시간에는 찾지 않는 것을 추천한다.

Data 지도 072p-A
가는 법 하산 2세 모스크에서 도보 15분, 택시로 7분
주소 El Hank Light House, El Hank, Casablanca

현지인들의 휴식처
모하메드 5세 광장 Place Mohammed V

카사블랑카 도심에 자리한 원형 광장. 중앙에는 대형 분수가 설치되어 있고, 주변에는 비둘기 떼와 비둘기에게 먹이를 주는 현지인들로 가득하다. 세계의 여느 대도시마다 대형 광장이 꼭 있는 것처럼, 카사블랑카의 메인 광장이라고 생각하면 이해가 쉽다. 모로코의 도시들을 여행하다 보면 모하메드 5세의 이름을 딴 광장과 사원이 유독 많은데, 그 이유는 그가 재위에 있을 때 모로코가 독립에 성공했기 때문이다. 모로코인들에게 모하메드 5세는 영웅과도 같으며 여전히 그를 존경한다. 법원, 은행, 전화국 등 모하메드 5세 광장 주변 건물은 대부분 프랑스 식민 시대에 지어져 이국적인 풍광을 연출한다. 광장 바로 옆, 오랜 기간 동안 교회로 사용되었던 건물은 현재 각종 박물관으로 쓰이고 있다. 드문드문 흩어져 있는 대포와 시계탑은 제법 멋진 피사체가 되어준다. 메디나, 카사포트역과 가까워 함께 둘러본 뒤 잠시 쉬어 가기 좋다.

Data 지도 072p-E, 073p-D **가는 법** 카사포트역에서 도보 10분
주소 Place Mohammed V, 20250 Casablanca

모로코 최대 규모의 쇼핑센터
모로코 몰 Morocco Mall

카사블랑카 도심 기준 서쪽 외곽, 신디배드Sindibad지역에 자리한 매머드급 쇼핑몰. 모로코는 물론 북아프리카 최대 규모의 쇼핑몰로 알려져 있다. 3층 규모로 높지는 않지만, 규모가 상당히 크다. 세계적인 브랜드 매장, 모로코 로컬 브랜드 매장, 아이맥스 영화관, 푸드코트, 놀이공원, 아쿠아리움 등이 한자리에 모여있다. 여행자는 물론 카사블랑카 현지인 사이에서도 데이트 코스로 주목받는 장소. 카사블랑카에서 일정을 마무리한다면, 이곳에 들러 품질이 좋은 기념품을 사는 것도 좋다.

Data 지도 072p-A 가는 법 카사포트역에서 택시로 20분 주소 Angle Boulevard Sidi Abderrahmane, Boulevard de Biarritz, Casablanca 전화 5290-25200 운영시간 일~목요일 10:00~21:00, 금·토요일 10:00~22:00 홈페이지 www.moroccomall.ma

💬 | Talk |
영화 〈카사블랑카〉 이야기

모로코에서 제일 규모가 큰 도시인 카사블랑카. 아이러니하게도 아직 많은 사람이
'카사블랑카' 하면 도시보다 동명의 영화를 먼저 떠올린다. 그만큼 〈카사블랑카〉는
할리우드 영화에 있어 큰 획을 그었다고 할 수 있겠는데,
모로코 여행 전에 어떤 영화였는지 잠시 살펴보자.

〈카사블랑카〉는 1942년 마이클 커티즈 감독 제작, 험프리 보가트와 잉그리드 버그만 주연의 로맨틱 영화다. 제2차 세계대전 당시의 모로코 카사블랑카를 배경으로 펼쳐지는데, 재밌는 사실은 단 한 장면도 카사블랑카에서 촬영하지 않았다는 것이다. 그 이유는 당시 북아프리카에서 전쟁이 벌어졌기 때문. 물론 중간중간 카사블랑카의 모습이 등장하긴 하지만, 굵직한 장면의 촬영은 모두 다른 나라에서 이루어졌다. 영화는 소설 〈모두가 릭의 카페로 온다〉의 내용을 각색했는데, 당시 아카데미 작품상과 감독상을 모두 받는 영예를 안았다. 무엇보다 당대 최고의 선남선녀 배우였던 험프리 보가트와 잉그리드 버그만이 등장한다는 것만으로도 엄청난 이슈를 불러일으켰고, 70년이 지난 지금도 꾸준히 사랑받는다. 영화의 흥행 때문이었을까. 실제로 카사블랑카 메디나 입구에 릭의 카페Rick's Café가 들어섰고, 현재도 꾸준한 방문객을 보유하고 있다. 영화의 감동을 카사블랑카에서 느끼고 싶다면 릭의 카페를 찾아보자. 영화 속 카페와 거의 비슷하게 꾸며져 있어 멋진 추억을 선사할 것이다. **Data** 지도 072p-A

시간이 멈춘 골목
카사블랑카 올드 메디나 Casablanca Old Medina

현대 도시 카사블랑카에서 유일하게 시간이 멈춘 올드 시티라고 할 수 있겠다. 다른 도시와 마찬가지로 성곽 안에 있는 것이 특징. 카사블랑카의 메디나 역시 차량은 진입할 수 없다. 페스나 마라케시, 라바트의 메디나에 비하면 규모는 작지만 이국적인 향기만큼은 뒤지지 않는다. 골목을 누빌수록 오랜 역사와 더불어 궁핍한 현지인의 일상을 엿볼 수 있다. 때로는 악취가 심하고 지저분한 골목도 있지만, 눈길을 사로잡는 수준급 벽화와 이국적인 풍광이 가득해 카메라의 셔터는 쉴 새 없이 돌아갈 것이다. 메디나에 외국인 여행자가 나타나면 현지인들이 일제히 관심을 보이는데, 길 안내를 자청하며 접근하는 이들이 많으니 주의할 것. 아무 생각 없이 그들을 따라 걷다 보면 팁을 달라는 경우가 부지기수다. 게다가 카사블랑카 메디나는 규모가 작아 가이드가 없어도 충분히 다닐 수 있다. 지겹도록 따라와도 놀라지 말자. 당당하게 "노 땡큐!"를 외치면 된다.

Data 지도 072p-E, 073p-B
가는 법 카사포트역에서 도보 5분
주소 North-west corner of Place des Nations Unies, Casablanca
전화 6686-91247

> **Tip** **아마추어 예술가들이 그린 메디나의 벽화**
> 카사블랑카 메디나를 걷다 보면 각종 벽화를 심심찮게 만날 수 있다. 여행자 유치 혹은 카사블랑카 메디나를 외부에 알릴 목적으로 그렸는데, 생각보다 좋은 피사체가 되어준다. 익살스러운 캐리커처부터 작품에 가까운 그림까지 각양각색. 메디나 골목을 돌며 벽화를 찾는 재미가 쏠쏠하다.

MOROCCO BY AREA 01
카사블랑카

카사블랑카의 유일한 한식당
서울 가든 Seoul Garden

카사블랑카, 아니 모로코에서 유일하게 한식을 맛볼 수 있는 곳으로 카사블랑카 도심에 위치한다. 2층으로 나누어져 있으며 1층에서는 고기를 구워 먹을 수 있게 되어 있고, 2층에는 일반 테이블이 놓여 있다. 2층의 벽면에는 한복, 전통 부채와 같은 한국 문화를 대변하는 소품들이 장식되어 있어 쏠쏠한 볼거리를 선사한다. 쇠고기볶음과 잡채, 닭볶음탕, 비빔밥, 김밥 등 다양한 한식을 주문할 수 있다. 한식조리사 자격증을 취득한 주인아저씨가 운영하는 식당답게 아귀탕, 장어 요리와 같은 특별 보양식도 준비되어 있다. 또 컵라면도 팔고 있어, 몇 개 구입한다면 모로코 여행에 있어 훌륭한 비상식량이 되어줄 것이다.

Data 지도 072p-D, 073p-C
가는 법 카사포트역에서 차로 10분 **주소** 6 Rue Asslim Quartier Racine, Casablanca
전화 5223-97776 **운영시간** 11:30~22:00 **가격** 음식 50디르함~, 음료 10디르함~

부담 없이 즐길 수 있는 동양식
아시아 Asia

카사블랑카는 세계의 다양한 음식을 맛볼 수 있다. 아시아 음식도 예외는 아니다. 카사포트역 지하 1층에 자리하며 일본 음식, 중국 음식, 인도 음식, 태국 음식을 주문할 수 있다. 아쉽지만 한국 음식은 없다. 여행자들이 주로 찾는 메뉴는 볶음밥과 볶음면. 기호에 따라 닭고기와 돼지고기, 채소 등을 선택할 수 있다. 음식의 양도 많은 편이라 점심에 한 그릇 뚝딱 하면 저녁까지 든든하다.

Data **지도** 072p-E, 073p-D **가는 법** 카사포트역 지하 1층 **주소** Boulevard Félix Houphouët-Boigny, Casablanca 20250 **전화** 5222-20026 **운영시간** 11:00~23:00 **가격** 음식 45디르함~, 음료 10디르함~

지중해식 시푸드 전문점
카사 조제 Casa Jose

카사포트 인근에 위치한 스페인 요리 전문점. 스페인 대표 음식 파에야는 물론 랑고스티노(대형 새우) 튀김, 데친 문어 요리 등 대서양에서 잡은 싱싱한 해산물로 만든 요리가 즐비하다. 간단한 간식을 즐길 수 있는 타파스 메뉴도 준비되어 있으며, 다양한 품종의 와인 리스트도 보유하고 있다. 특히 잔잔한 음악이 흐르는 저녁에 더 낭만적인 분위기를 연출한다. 카사블랑카 메디나와 매우 가까워 관광을 즐긴 뒤 찾아도 좋다. 현지에서도 고급 레스토랑으로 분류되는 편이라 가격대는 제법 높은 편. 항구도시에 왔으니 해산물을 꼭 즐겨봐야겠다면 카사 조제는 좋은 선택지가 된다.

Data **지도** 072p-E, 073p-D
가는 법 카사포트역에서 도보 5분 **주소** 26 bis 12000, Boulevard Félix Houphouët-Boigny, Casablanca **전화** 5222-97012 **운영시간** 12:00~24:00 **가격** 타파스 25디르함~, 시푸드 70디르함~

영화 〈카사블랑카〉를 추억하다
릭의 카페 Rick's Café

1942년 아카데미 작품상을 받은 영화 〈카사블랑카〉의 주인공이 운영하던 카페를 모티브로 문을 열었다. 코너에는 피아노가 있고, 분위기 좋은 바도 보유하고 있다. 또 영화 속 주인공 험프리 보가트가 난민들과 대화하던 공간과 극중 히로인이었던 잉그리드 버그만과 사랑을 속삭이던 장소를 그대로 재현했다. 밖에서 바라보는 테라스의 풍경도 상당히 이국적이라 멋진 피사체가 되어준다. 마치 1세기 전에서 시간 여행을 온 듯한 경비원의 모습 또한 낭만적인 분위기를 더한다. 피아노 연주자의 멋진 음악을 들으며 즐기는 만찬은 특별하다. 여행자들이 주로 선택하는 음식은 프랑스 요리와 지중해 요리. 모로코 전통 요리인 타진과 쿠스쿠스도 준비되어 있다. 장소가 장소인 만큼 음식값은 다소 비싼 편. 계산서에 서비스 차지가 붙어서 나오지만, 종업원들이 추가로 팁을 요구하는 경우도 있으니 참고하자. 다른 손님을 위해 사진 촬영 시 플래시 기능을 꺼야 한다. 영화 〈카사블랑카〉가 개봉한지 70년이 지났지만 여전히 영화광들에게는 인기 있는 명작으로 거론된다. 미리 영화를 감상한 뒤 릭의 카페를 방문하면 더 의미 있는 시간이 될 것이다.

Data 지도 072p-B, 073p-B
가는 법 카사포트역에서 도보 10분
주소 248 Boulevard Sour Jdid, Casablanca
전화 5222-74207
운영시간 12:00~15:00, 18:30~00:30
가격 음식 70디르함~, 음료 20디르함~

진짜 모로코 음식과 만나는 시간
라 스칼라 La Sqala

카사블랑카 메디나에 자리한 모로코 음식 전문점. 여행자에게 최고의 지지를 받는 곳이며, 현지인들의 데이트 장소로도 인기가 많다. 레스토랑 앞에는 작은 테라스가 있고 그 안에는 대포가 설치되어 있는데, 얼핏 보면 오랜 유적지를 찾은 느낌도 든다. 모로코 전통 음악이 흐르는 실내 분위기도 추천할 만하다. 모로코 정통 레스토랑이니 타진과 쿠스쿠스를 주문하는 것이 일반적. 종류에 따라 닭고기, 쇠고기, 양고기, 채소 등의 재료가 달라진다. 다양한 요리가 준비되어 있으니 색다른 메뉴를 도전해보는 것도 좋다. 간혹 재료 준비가 덜 된 오전에는 음식 서브가 늦는 편. 오후나 저녁에 방문하는 것을 추천한다.

Data 지도 072p-E, 073p-B
가는 법 카사포트역에서 도보 7분
주소 Boulevard des Almohades, Casablanca
전화 5222-60960
운영시간 08:00~23:00
가격 음식 50디르함~, 음료 10디르함~

일본식 도시락 전문점
벨레 아시아 Belle Asia

카사블랑카 전역에 자리한 아시안 음식 체인점이다. 도심에서 주로 볼 수 있으며, 다양한 아시아 음식을 맛볼 수 있는 것이 특징이다. 비교적 깔끔한 분위기에 한자, 일본식 그림이 걸린 내부 장식도 인상적이다. 일본 음식과 태국 음식을 보통 주문하는데, 눈길을 끄는 것은 일본식 도시락 메뉴. 스시와 스시롤, 초밥 등이 가지런히 장식된 도시락을 받으면 일본 여행을 온 듯한 착각에 빠질지도 모른다. 서양인들 입맛에 맞춰 준비되기에 음식 맛은 호불호가 갈리는 편. 비교적 실패 확률이 낮은 볶음밥을 주문하는 것도 하나의 방법이다.

Data 지도 072p-F
가는 법 카사보야지스역에서 도보 7분
주소 Rue Sijilmassa, Casablanca 20250
전화 5224-85060
운영시간 12:00~23:30
가격 음식 45디르함~, 음료 10디르함~

품격 있는 다이닝
라 바바로제 Restaurant La Bavaroise

현지인과 여행자 모두 카사블랑카에서 분위기가 최고라며 엄지손가락을 치켜드는 곳. 수년 동안 카사블랑카의 명품 레스토랑을 유지한 곳답게 멋진 인테리어와 수준 높은 식재료, 깨끗한 위생 상태를 자랑한다. 종업원들의 서비스 또한 일품인데, 확실히 대접받는다는 느낌이 절로 든다. 스테이크와 해산물이 주메뉴며, 다양한 세계 음식도 준비되어 있다. 분위기가 분위기인 만큼 이왕이면 저녁에 찾는 것을 추천한다. 이국적인 음악과 함께하는 와인 한잔은 사랑하는 연인 혹은 가족과 함께 멋진 추억을 선사할 것이다. 현지인들에게도 인기 있는 레스토랑이라 예약하는 것이 좋다.

Data 지도 072p-E, 073p-D
가는 법 카사포트역에서 도보 5분
주소 133 Boulevard Hassan 2, Casablanca 20000
전화 5223-11760
운영시간 12:00~15:00, 19:00~23:00
가격 음식 70디르함~, 음료 15디르함~

깔끔한 식사를 원한다면
브라세리 라 투르 Brasserie La Tour

카사포트역 건너편 소피텔 호텔에 자리한 웨스턴 레스토랑. 프랑스 요리와 지중해 요리, 모로코 요리를 선보인다. 고급 호텔 내부에 들어선 레스토랑답게 현대적인 인테리어와 수준급의 서비스를 갖췄다. 아침 식사부터 저녁 식사는 물론, 브런치도 즐길 수 있는 것이 장점. 수많은 여행자가 다녀가는 곳답게 음식은 세계적인 입맛에 맞춘 느낌이다. 타진과 쿠스쿠스는 물론 리소토, 파스타, 각종 해산물 요리에도 강한 향신료가 들어가는 법이 없다. 대부분 입맛에 잘 맞는다. 오믈렛과 같은 가벼운 음식과 민트 티를 주문할 수 있어 가볍게 시간을 보내도 좋다.

Data 지도 072p-E, 073p-D
가는 법 카사포트역에서 도보 5분
주소 Hotel Sofitel Tour Blanche, Rue Sidi Belyout, Casablanca,
전화 5224-56200
운영시간 12:30~23:00
가격 음식 50디르함~, 음료 15디르함~

|Theme|
아씨마 Acima,
카사블랑카 대형 슈퍼마켓을 이용해보자!

모로코 음식이 질렸거나 숙소에서 간단하게 한 끼 식사를 때우고 싶다면
아씨마 슈퍼마켓을 주목해보자. 당신이 상상하는 모든 음식과 간식이 준비되어 있다.

카사블랑카에서 볼 수 있는 대형 슈퍼마켓으로 시내 3~4군데 정도 체인이 있다. 우리나라의 대형마트를 떠올리면 된다. 여행자들이 주로 이용하는 곳은 카사보야지스역과 카사포트역 사이에 있는 지점. 저렴한 가격에 식재료를 구입할 수 있어 특히 배낭여행자들에게 높은 지지를 받고 있다. 크루아상과 샌드위치, 전자레인지에 돌려서 먹을 수 있는 피자와 햄버거, 각종 과자와 음료수 등이 종류별로 빼곡하게 진열되어 있다. 요거트와 제철 과일 같은 물품도 구매할 수 있다. 눈길을 사로잡는 재밌는 물품은 알코올이 전혀 들어가지 않은 맥주. 이슬람 국가 특성상 이런 희귀 맥주도 맛볼 수 있다. 식재료만 있는 것은 아니다. 치약과 칫솔, 샴푸, 티셔츠, 양말과 같은 생필품도 가득하다. 당도 높은 과일 주스 2통, 크루아상 한 상자, 즉석 피자 한 조각, 과자 여러 개를 장바구니에 담아보자. 풍성한 한 끼 식사가 완성된다. 무엇보다 여행지에서의 시간이 아까운 여행자들에게는 꽤 알뜰한 장소가 되어줄 것이다.

Data 지도 072p-E, 073p-D 가는 법 카사보야지스역에서 도보 15분, 택시 7분 주소 Boulevard Emille Zola, Casablanca 20250 운영시간 08:30~21:00 홈페이지 www.acima.ma

5성급 호텔의 교과서
호텔 소피텔 카사블랑카 투르 블랑쉐 Hotel Sofitel Casablanca Tour Blanche

카사블랑카에서 최고급 호텔에 묵고 싶다면 카사포트역 앞의 호텔 소피텔 카사블랑카 투르 블랑쉐를 주목해보자. 호텔 이비스 카사블랑카 시티 센터, 노보텔 카사블랑카 시티 센터와 나란히 우뚝 서 있기 때문에 카사포트역을 나오면 바로 눈앞에 나타난다. 5성급 호텔이란 바로 이런 것이라는 사실을 말해주듯 객실 시설과 서비스는 타의 추종을 불허한다. 171개의 객실은 일반룸과 스위트룸, 장애인 시설이 구비된 룸, 패밀리룸으로 나뉜다. 영어와 불어, 아랍어에 능한 직원이 많은 것도 눈길을 끈다. 고층 건물이라 객실에서 바라보는 전망 또한 일품. 멀리 하산 2세 모스크의 모습과 대서양도 한눈에 들어온다. 또 실내 수영장과 스파, 비즈니스 센터, 레스토랑, 피트니스센터, 가족 놀이 공간, 라운지 등의 편의 시설도 보유하고 있다. 무엇보다 카사블랑카 메디나, 하산 2세 모스크, 카사포트역이 가까운 것이 최고의 강점일 것이다.

Data 지도 073p-D 가는 법 카사포트역에서 도보 2분 주소 Rue Sidi Belyout, Casablanca 20000 전화 5224-56200 요금 1박 2,000디르함~

도심 최고의 접근성
호텔 이비스 카사블랑카 시티 센터 Hotel Ibis Casablanca City Center

카사포트역 바로 건너편에 위치하며 바로 옆에 호텔 소피텔 카사블랑카 투르 블랑쉐, 노보텔 카사블랑카 시티 센터와 고급 호텔 에어리어를 형성하고 있다. 266개의 객실을 보유하고 있으며, 금연실과 장애인 시설 구비 객실로 나뉜다. 비즈니스 여행자를 위한 회의실과 비즈니스 센터, 연회장, 콘퍼런스 시설이 있고 다국어 구사 가능 직원도 상주한다. 룸서비스, 드라이클리닝 서비스 등도 추가로 신청할 수 있다. 길 하나만 건너면 카사블랑카 메디나이기 때문에 느긋하게 주요 명소를 둘러볼 수 있다. 휠체어 서비스와 반려동물을 허용하는 호텔 정책도 눈길을 끈다. 호텔 이비스는 시티 센터 지점 말고도 카사블랑카 시내 곳곳에 지점이 있다.

Data 지도 073p-D
가는 법 카사포트역에서 도보 2분
주소 Rue Sidi Belyout, Casablanca 20250
전화 5204-84970
요금 1박 650디르함~

도심 속 최고의 호사
노보텔 카사블랑카 시티 센터 Novotel Casablanca City Center

4성급 호텔로 카사포트역에서 가까우며 호텔 이비스 카사블랑카 시티 센터 바로 옆에 위치한다. 281개의 전 객실은 금연실로 운영되며 일반룸과 스위트룸, 패밀리룸으로 나뉜다. 전 객실에서 멋진 전망이 약속되는데, 도시 전망과 바다 전망 객실로 구분된다. 그 밖에 다양한 레스토랑과 라운지, 바, 피트니스센터가 있다. 편안한 더블베드와 미니바, 깔끔한 욕실은 하룻밤 묵어가는 여행자들에게 최고의 호사를 선사한다. 유럽이나 미주가 아닌 북아프리카 모로코에서 이런 호사를 누리기란 쉽지 않다. 메디나와 하산 2세 모스크 등 카사블랑카의 주요 명소를 밤늦게 관람해도 좋을 만큼 가까운 것도 장점.

Data 지도 073p-D 가는 법 카사포트역에서 도보 2분 주소 Angle Zaid Ouhmad, Rue Sidi Belyout, Casablanca 20190 전화 5204-80001 요금 1박 1,700디르함~

시설과 위치 두 마리의 토끼를 잡다

쉐라톤 카사블랑카 호텔 앤드 타워 Sheraton Casablanca Hotel&Towers

카사블랑카 도심에 우뚝 서 있는 5성급 호텔이다. 무엇보다 카사블랑카 CTM 버스 터미널에서 가까운 것이 특징. 카사블랑카를 출발하여 페스, 마라케시 등으로 버스로 모로코 전역을 누비거나 반대로 그들 도시를 거쳐 카사블랑카에 도착한 여행자들에게 최적의 호텔이 된다. 카사블랑카 교통의 중심에 자리하고 있기 때문에 하산 2세 모스크나 기차역 등으로 향하는 트램과 택시를 이용하기 쉽다. 총 309개의 객실이 준비되어 있으며, 객실 타입에 따라 금연실과 흡연실, 패밀리룸, 스위트룸 등이 준비되어 있다. 모든 객실에 온수 욕조, 미니바, 무료 와이파이 시설이 완벽하게 구비되어 있다. 무료 주차가 가능해 렌터카로 카사블랑카 일대를 둘러보는 여행자들에게도 쏠쏠하다. 야외 수영장, 피트니스센터, 스파 시설 등 호텔족을 위한 시설도 갖추고 있다. 자유 여행자보다는 단체 혹은 가족 여행자에게 최적화된 호텔이라고 할 수 있겠다. 고층 객실에서 바라보는 도시 전망 또한 일품.

Data 지도 073p-D
가는 법 카사포트역에서 도보 10분, CTM 버스 터미널에서 도보 2분
주소 100, Avenue des F.A.R., Casablanca 20000
전화 5224-39494
요금 1박 1,300디르함~

5성급 호텔의 교과서
모벤픽 호텔 카사블랑카 Mövenpick Hotel Casablanca

카사블랑카 도심에 자리한 5성급 호텔. 현대적인 시설과 친절한 직원, 기차역과 버스 터미널, 각종 명소로의 최고의 접근성을 자랑한다. 객실은 디럭스룸, 클래식 퀸룸, 패밀리룸 등으로 나뉘며 방음이 완벽해 쾌적한 숙면을 돕는다. 내부 레스토랑에서는 모로코 요리와 지중해 요리를 맛볼 수 있고, 라이브 DJ가 있는 옥상 바에서 카사블랑카 시내의 야경을 내려다보며 음료를 즐길 수 있다. 옥상 수영장을 이용할 수 있고 투숙객이 원한다면 스파, 사우나 서비스를 받을 수 있다.

Data 지도 072p-E
가는 법 카사포트역에서 차로 7분
주소 Avenue Hassan II, Dar-el-Beida 20250, Casablanca 전화 5224-88000
요금 1박 1,200디르함~

배낭여행자를 위한 숙소
호텔 터미너스 Hotel Terminus

가난한 배낭여행자에게 최적화된 숙소. 카사보야지스역을 나오면 정면에 대형 공원이 보이고, 11시 방향에 4층 규모의 호텔 건물을 발견할 수 있다. 카사블랑카는 다른 도시에 비해 유독 숙박비가 비싼 편. 카사블랑카의 1박 숙박 비용은 마라케시나 페스에서의 3박 혹은 그 이상의 비용과 맞먹을 정도라 여행자들에게는 부

Data 지도 072p-F
가는 법 카사보야지스역 바로 건너편 주소 Boulevard Ba Hmad, Casablanca
요금 1박 120디르함~

담으로 다가오는데 호텔 터미너스에서라면 부담없이 며칠 묵어갈 수 있다. 1박에 120디르함, 우리 돈 14,000원 정도로 매우 저렴한데, 저렴한 만큼 또 많은 것을 포기해야 한다. 조식은 없으며, 공용 화장실과 공용 샤워장을 사용해야 한다. 무료 와이파이도 없고 룸 컨디션도 좋지 않은 편. 하지만 숙박비가 비싼 카사블랑카에서 이곳은 썩 괜찮은 대안이 된다. 선택은 여행자들의 몫.

현대적 호텔의 정석
호텔 알 왈리드 Hotel Al Walid

카사보야지스역 인근에 자리한 호텔 가운데 최고 수준을 자랑한다. 3성급 호텔로 부티크 호텔을 찾은 듯한 느낌도 준다. 주변 호텔처럼 낙후된 객실과 화장실이 아닌 최신식의 시설과 서비스를 선보인다. 룸서비스는 물론 스파, 무료 와이파이, 피트니스센터를 보유하고 있다. 객실은 70개가 있는데, 고객 타입에 따라 금연실과 흡연실로 나뉜다. 가족을 위한 패밀리룸도 준비되어 있다. 객실에는 미니바와 에어컨, 냉장고 시설이 완벽히 구비되어 있고, 드라이클리닝 서비스도 이용할 수 있다. 작지만 아늑하고 쾌적한 분위기를 선사해 편안한 숙면을 돕는다. 호텔 정문을 나서면 전방에 바로 카사보야지스역과 트램 역이 보이기 때문에 다른 지역으로의 이동이 용이하다.

Data 지도 072p-F
가는 법 카사보야지스역에서 도보 2분 **주소** Place Sidi Mohamed, Belvedere, Casablanca 20310 **전화** 5224-18600
요금 1박 700디르함~

낙후된 시설, 하지만 합리적인 가격
호텔 알 부스탕 Hotel Al Boustane

카사보야지스역 인근의 호텔로 일반 여행자보다는 비즈니스 여행자를 위한 숙소에 가깝다. 전반적으로 우리나라의 낙후된 모텔 수준이라고 생각하면 이해가 쉽겠다. 전체적인 룸 컨디션은 다소 떨어지는 편이라 다녀간 여행자들 사이에서도 호불호가 극명하게 나뉜다. 하지만 따뜻한 물이 잘 나오는 개별 샤워실과 화장실, 비교적 넓은 객실, 괜찮은 와이파이 환경은 며칠 묵어가기에 나쁘지 않다. 특히 카사보야지스역과 가까워 출국을 앞둔 여행자의 마지막 호텔로 선택하는 경우가 많다. 전체적으로 모로코 자유 여행자들에게 추천할 만한 숙소다. 1박에 250디르함, 우리 돈으로 30,000원에 육박하는 숙박비가 다소 아깝다는 생각도 들지만, 카사보야지스역과의 거리를 중요하다면 좋은 선택이 된다.

Data 지도 072p-F
가는 법 카사보야지스역에서 도보 7분 **주소** 73, rue Mohamed Radi, Casablanca 20303
전화 5224-00428
요금 1박 250디르함~

모던함과 편안함의 만남
호텔 안파 포트 Hotel Anfa Port

카사포트역 바로 건너편에 위치한 3.5성급 호텔. 143개의 객실은 금연실로 이루어져 있으며, 일반룸과 가족룸으로 구분된다. 길 건너 최고급 호텔들과 단순 비교했을 때 시설과 서비스 면에서 차이가 있지만 배낭여행자들이 하루 묵어가기에 이곳만 한 데가 또 없다. 깔끔한 객실에 따뜻한 물이 잘 나오는 화장실, 그리고 무료 와이파이와 조식. 배낭여행자들에게 이 정도면 최고의 숙소가 아닐까. 특히 호텔을 나서서 5분 정도만 걸으면 카사블랑카 메디나와 바로 연결되고, 그 너머에는 하산 2세 모스크가 있기 때문에 최적의 동선을 짤 수 있다. 또 카사블랑카 맛집으로 통하는 릭의 카페Rick's Café와 라 스칼라La Sqala 역시 가깝다.

Data 지도 072p-E, 073p-D
가는 법 카사포트역에서 도보 2분
주소 Angle Bd De L'océan Atlantique&Bd De La Corniche, Casablanca 20000
전화 5222-67780
요금 1박 700디르함~

도심에서 찾은 저렴함
호텔 두 센트레 Hotel du Centre

쉐라톤 카사블랑카 호텔 앤드 타워, 노보텔 카사블랑카 시티 센터, 호텔 소피텔 카사블랑카 투르 블랑쉐 등의 호텔은 시설과 서비스는 내로라할 만큼 대단하지만 가격대가 높아 배낭 여행자들에게는 '그림의 떡'과 같다. 그런 고급 호텔이 즐비한 도심에 비교적 저렴한 호텔이 하나 있다. 쉐라톤 카사블랑카 호텔 앤드 타워 건너편에 자리한 호텔 두 센트레가 바로 그곳. 저렴한 만큼 시설과 서비스에 대한 평가도 호불호가 극명하게 나뉘는 편. 총 38개의 객실을 보유하고 있으며, 무료 와이파이 시설도 꽤 양호하다. CTM 버스 터미널, 카사포트역과도 가깝기 때문에 접근성 또한 좋다.

Data 지도 072p-E, 073p-D
가는 법 카사포트역에서 도보 10분, CTM 버스 터미널에서 도보 5분
주소 1 Rue Sidi Belyout, Casablanca 20320 전화 6664-05333
요금 1박 700디르함~

Morocco by Area

02

라바트
RABAT

모로코의 행정 수도 라바트. 기원전 300년 전에 세워진 정착촌이 라바트의 시작이다. 오랜 역사 때문인지 마라케시, 페스, 메크네스와 함께 모로코 4대 고대 도시로 통한다. 카사블랑카에서 기차로 한 시간 거리여서 당일치기로 다녀오는 여행자들이 많다. 메디나, 카스바 등 라바트 기차역 주변에 주요 명소가 몰려 있어 접근성이 좋다.

Rabat
PREVIEW

모로코까지 왔는데 그 나라의 수도는 들러봐야 하지 않을까. 라바트는 카사블랑카에서도 가까워 많은 여행자가 들르는 도시다. 라바트의 도심을 걷고 있으면 페스와 마라케시 등의 고대 도시와는 사뭇 다른 느낌을 받게 된다. 왕궁과 각종 정부 부처가 밀집한 한 나라의 수도답게 경비가 삼엄하다. 왕궁과 메디나, 카스바 등에서 순찰하는 군인을 쉽게 만날 수 있다. 라바트는 무엇보다 도시 자체가 깨끗하고 당나귀와 말, 낙타 등보다 고가의 자동차를 더 많이 볼 수 있다.

SEE

라바트의 핵심은 메디나 인근과 왕궁으로 압축된다. 황토색 성벽으로 둘러싸인 메디나와 카스바는 올드하며 멋진 경치를 선사한다. 특히 파란색 가옥이 많은데, 셰프샤우엔 뺨칠 정도로 아름다움을 뽐낸다. 카스바 입구에 자리한 이국적인 안달루시안 가든스와 카스바 뒤로 펼쳐지는 해변도 멋진 출사 포인트. 메디나는 강을 기준으로 메디나 라바트와 메디나 살레로 나뉜다. 비슷하면서도 서로 다른 분위기를 선사하기 때문에 모두 둘러보는 것을 추천. 라바트 동쪽에 있는 12세기에 지어진 하산 탑과 모하메드 5세 왕릉도 눈길을 끈다.

EAT

라바트도 카사블랑카처럼 현대적인 도시로 고급 레스토랑이 많다. 라바트 기차역을 중심으로 메디나 인근까지 레스토랑이 있다. 모로코 정통 음식인 타진과 쿠스쿠스는 대부분 레스토랑에서 주문할 수 있다. 파스타와 피자, 리소토 등을 취급하는 서양식 레스토랑도 있고, 볶음밥과 볶음면 등의 아시아 레스토랑도 찾을 수 있다. 중심가를 따라 카페가 많은 편. 카페 야외 테이블에 앉아 누스누스나 민트 티 한잔하며 시간을 보내는 모로칸을 쉽게 만날 수 있다.

BUY

메디나 라바트와 메디나 살레 주변에 여행자들이 혹할 만한 기념품 숍이 즐비하다. 마라케시나 페스와 마찬가지로 액세서리, 아르간 오일, 카펫, 질레바 등을 주로 취급한다. 마라케시와 페스에서 샀다면, 라바트만의 기념품을 구매하는 것이 좋다.

SLEEP

라바트 역시 카사블랑카와 마찬가지로 숙박비가 비싼 편. 카사블랑카에 숙소를 두고 당일치기를 하는 것도 하나의 방법. 라바트에서 숙소를 구한다면 접근성이 좋은 라바트 기차역 인근을 추천한다. 최고급 호텔부터 비교적 저렴한 호텔까지 메인 도로 주변에서 쉽게 찾을 수 있다. 가격대가 낮은 숙소를 찾으려면 메디나 안으로 가자. 룸 컨디션은 떨어지지만 만족할 만한 가격대의 숙소를 만날 수 있을 것이다.

Rabat
GET AROUND

 **어떻게 갈까?**

1. 비행기
인천국제공항에서 라바트 살레 국제공항까지 바로 연결되는 직항 노선은 없다. 카사블랑카와 마찬가지로 에어프랑스 등을 이용하여 1회 경유로 라바트까지 연결한다. 라바트로 들어오는 일반적인 노선은 프랑스 파리를 경유하는 에어프랑스. 그 밖에 유럽의 저가항공사 라이언에어 등을 타고 마드리드와 런던 등을 통해 입국하는 경우도 많다. 국내선의 경우 로열 에어 모로코 Royal Air Maroc를 타면 된다.

2. 기차
카사블랑카 카사보야지스역과 카사포트역에서 거의 매시간 라바트로 향하는 기차가 있다. 소요시간은 1시간 정도. 안내 방송이 잘 들리지 않기 때문에 잘 확인해야 한다. 기차 도착 시간은 전광판에서 확인할 수 있다. 카사블랑카와 탕헤르 사이를 잇는 TGV 고속열차가 라바트에 정차한다.

3. 버스
카사블랑카 CTM 버스 터미널에서 라바트까지 운행하는 버스가 있다. 보통 라바트를 거쳐 탕헤르까지 가는 것이 일반적. 그 밖에 여러 버스 회사의 노선이 많다. 마라케시, 탕헤르, 페스 등의 도시에서도 라바트까지 가는 노선이 있으니 참고할 것.

라바트 살레 국제공항(RBA)에서 시내로 가기
라바트 살레 국제공항은 도심으로부터 동쪽으로 약 10km 정도 떨어져 있어 차로 20분 정도 걸린다. 공항이 매우 작기 때문에 쇼핑과 식사를 위한 공간은 거의 없다. 공항에서 시내로 나가는 일반적인 방법은 공항버스나 택시를 타는 것.

■ 공항버스
라바트 살레 국제공항과 라바트 상트레빌 기차역을 연결하는 셔틀버스로 가격은 20디르함이다. 택시에 비해 매우 저렴하기 때문에 여행자들에게는 소중한 교통수단이 된다.

■ 택시
짐이 많거나 일행이 여럿인 경우 택시는 가장 편리하다. 라바트 살레 국제공항에서 시내까지 걸리는 시간에 비해 요금이 비싼 편. 통상적으로 약 200디르함 내외의 요금이 발생한다. 공항버스 요금의 10배라는 점을 생각하면 꽤 비싸다고 할 수 있다.

어떻게 다닐까?

1. 택시
라바트에서 여행자들이 가장 일반적으로 이용하게 되는 교통수단. 카사블랑카와 마찬가지로 시내만 운행하는 프티 택시Petit Taxi가 일반적이다. 보통 미터기를 켜고 달리며 합승은 기본이다. 도로에 택시가 많고 쉽게 잡을 수 있기 때문에 흥정하지 않아도 된다. 대부분의 명소가 모여 있기 때문에 장거리 구간을 탈 일은 거의 없다.

2. 트램
라바트 도심 곳곳을 연결하는 교통수단. 승차권은 일회용과 충전이 가능한 10회용으로 나뉜다. 가격은 티켓 구입비를 포함한 7디르함. 표를 미리 끊고 들어가서 펀치 기계에 넣는 시스템. 트램 외관은 매우 깔끔하고 내부도 쾌적하다. 교통수단을 떠나 이국적인 풍경이 되어 주기 때문에 한 번쯤 타보는 것도 좋다.

3. 도보
라바트 빌역에서 메디나 라바트, 카스바 우다이야, 왕궁 일대, 하산 타워 등은 걸어서 충분히 둘러볼 수 있을 정도로 가까운 편. 라바트 빌역에서 출발하여 메디나 혹은 하산 타워 쪽으로 방향을 잡고 시계 방향 혹은 반시계 방향으로 도는 것을 추천한다.

Info

라바트 살레 국제공항 Rabat-Salé Airport
Data 주소 Rabat-Salé Airport, Rabat
전화 5378-08090 홈페이지 www.onda.ma

주 모로코 대한민국 대사관
South Korea Embassy
Data 주소 41, Avenue Mehdi Ben Baraka, Souicci, Rabat 전화 537-75-1767
긴급 연락처 661-16-4851
홈페이지 mar.mofa.go.kr
이메일 morocco@mofa.go.kr

라바트 빌역 Rabat Ville Station
Data 주소 Ave Mohammed V, Rabat
전화 662-646653 홈페이지 www.oncf.ma

라바트 CTM 버스 터미널 Rabat CTM Bus Station
Data 주소 Avenue Hassan II, Rabat
전화 5372-81486 홈페이지 www.ctm.ma

긴급 전화번호
경찰 190 / 안내 160 / 화재 150

*국제전화
모로코의 국가 번호는 212, 라바트의 지역 번호는 537. 모로코에서 한국으로 전화할 경우, '국제전화 식별 번호 00+82+0'을 뺀 지역 번호와 상대방 번호를 누르면 된다.

Rabat
ONE FINE DAY

메디나 라바트와 카스바, 왕궁, 하산 탑 등의 주요 볼거리는 라바트 빌역 근처에 있다. 따라서 기차역을 중심으로 동선을 짜는 것이 좋다. 왕궁 주변과 메디나 주변의 모습은 사뭇 대조적이다. 라바트의 과거와 현재를 비교해보며 느긋하게 둘러보는 것을 추천한다.

여행의 시작,
라바트 빌역 도착

→ 도보 3분

모로코 현대 미술과의
만남, 모하메드 6세
미술관 관람

→ 택시 10분

미완의 걸작,
하산 타워 구경

↓ 도보 15분

파란 감성의 가옥들,
카스바 거닐기

← 도보 5분

모로코에서 만나는
스페인식 가든,
안달루시아 정원 산책

← 도보 10분

고즈넉한 경치,
라바트 항구 둘러보기

↓ 도보 10분

라바트에서 시간이
멈춘 곳, 메디나 라바트 구경

→ 택시 15분

비슷하면서도 다른
장면들, 메디나 살레 거닐기

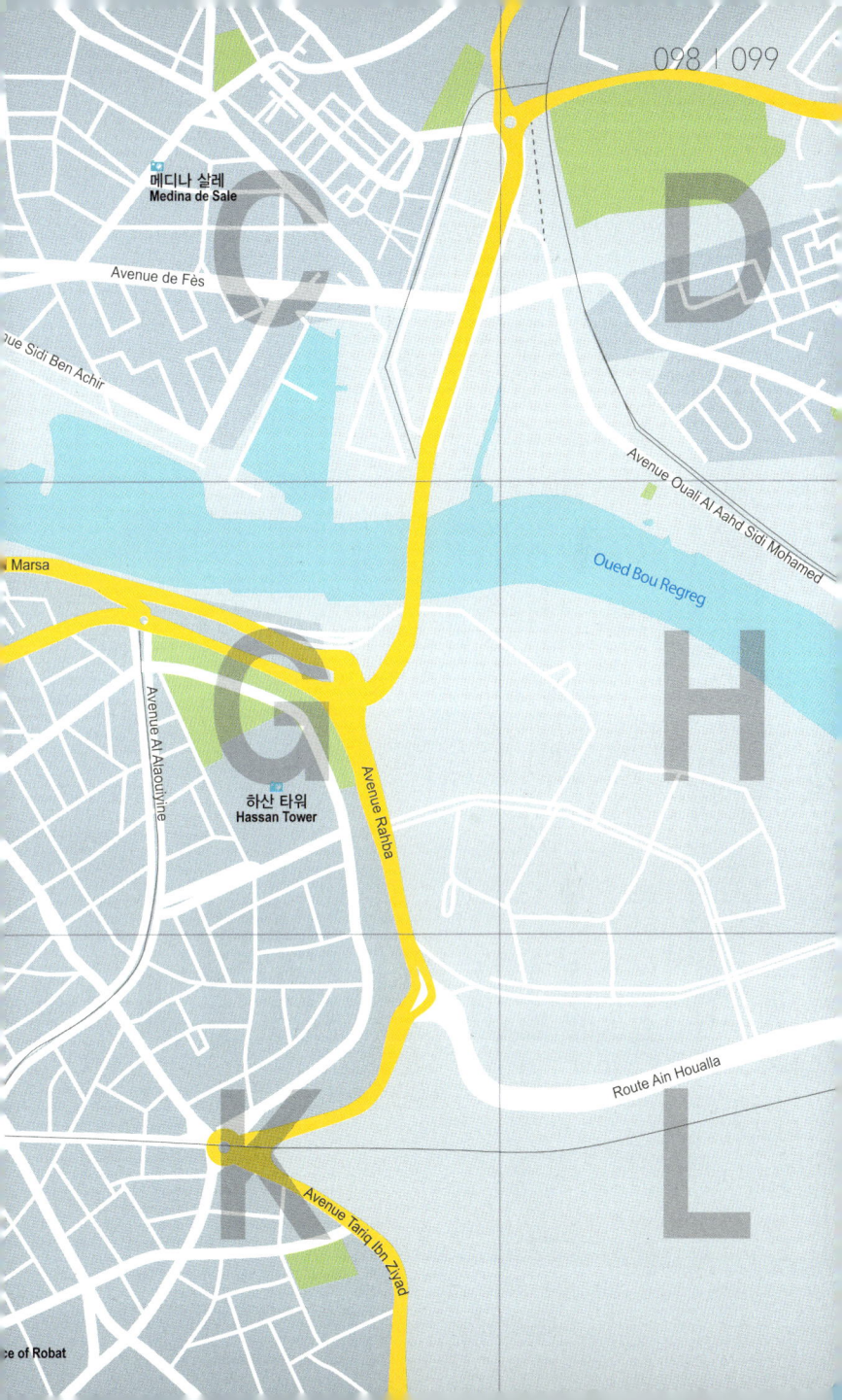

모로코에서 가장 신성한 장소
모로코 왕궁 Royal Palace of Rabat

현 국왕 모하메드 6세가 거처하는 곳으로 라바트 시내 중심에 위치한다. 1894년에 세워졌으며 인근에는 국왕이 기도를 위해 지어진 아루파스 모스크가 있다. 왕가의 단순 거처를 떠나 나라의 크고 작은 행사가 진행되기도 하다. 눈길을 사로잡는 점은 국왕과 총리의 집무실이 나란히 붙어 있다는 것. 이는 나라 운영에 있어 화합을 나타내는 상징이라고도 할 수 있겠다. 흰 벽과 금색 문, 그리고 초록색 지붕을 얹은 호화로운 건물은 멀리서도 한눈에 들어올 만큼 웅장하다. 왕궁 주변으로는 거대 정원이 둘러싸고 있다. 야간에는 왕궁으로 이어지는 통로가 폐쇄된다. 왕궁 주변에는 말을 탄 근위병의 모습을 볼 수 있으며 이들과 함께 사진을 찍을 수 있다. 아쉽게도 왕궁 내부를 제대로 둘러볼 수는 없다. 투어 프로그램도 따로 없으니 괜한 기대는 말자.

Data **지도** 098p-J **가는 법** 라바트 빌역에서 도보 20분, 택시 7분 **주소** Royal Palace of Rabat, Rabat

미완의 아름다움
하산 타워 Hassan Tower

라바트 중북부 언덕에 있는 타워로 '하산 탑'이라고도 부른다. 12세기에 건축이 중단된 정사각형 모양의 미완성 건축물이다. 당시 건축을 주도한 야쿱 알 만수르가 사망하자 공사가 중단된 상태로 현재에 이르렀다. 길이 16m, 높이 44m까지 지어졌다가 현재까지 중단한 상태로 남아 있다. 미완의 상태가 더욱 아름다웠기 때문일까? 그 후 아무도 완공하려는 시도조차 하지 않았으니 말이다. 이곳 관광의 백미는 탑의 남쪽에 자리한 수백 개의 돌기둥. 남아 있는 탑과 기둥의 모습을 어림짐작해 볼 때, 완공되었더라면 아프리카 최대 규모의 모스크가 되었을 수도 있다고. 하산 타워 역시 왕궁과 마찬가지로 말에 오른 근위병들을 만날 수 있다. 부동자세로 경계에 임하는 다른 나라의 근위병과 비교해 보면 상당히 인간적이다. 여행자를 향해 미소를 보낼 때도 있고, 그들끼리 잡담을 나누기도 한다. 또 언덕에서 한눈에 내려다보는 라바트 시내 전경도 일품이다. 현 국왕의 조부인 모하메드 5세의 묘도 인근에 있다. 실내 장식이 매우 아름다워 한 번쯤 들러볼 만한 가치가 충분하다. 이곳 근위병 사진 촬영은 쉬운 편이니 적극적으로 사진을 찍어도 좋다.

Data **지도** 099p-G **가는 법** 라바트 빌역에서 도보 30분, 택시 10분 **운영시간** 09:00~16:30
주소 Boulevard Mohamed Lyazidi, Rabat

구시가지의 교과서
메디나 라바트 Medina de Rabat

라바트에서 유일하게 시간이 멈춘 마을. 메디나 라바트는 대서양 연안을 끼고 발달했다. 부레그레그강 건너 자리한 메디나 살레 Medina Sale와 더불어 라바트를 대표하는 구시가지다. 라바트 빌역에서 서쪽으로 15분 정도 걸으면 메디나를 둘러싸고 있는 흙벽을 쉽게 발견할 수 있다. 라바트 빌역 방향을 등지고 걷다 보면 메디나 정문과 광장으로 바로 연결되는데, 우측은 재래시장이 형성되어 있다. 재래시장 메인 도로 사이사이로 작은 골목이 거미줄처럼 뻗어 있다. 아직 기념품을 구하지 못했다면 이곳 재래시장이 좋은 대안이 될 수 있다. 각종 액세서리와 양탄자, 질레바, 아르간 오일 등을 취급하는 상점이 많으니 참고할 것. 메디나 주민의 진정한 삶을 엿보려면 골목길을 탐방해보자. 간혹 사진 촬영에 민감한 이들이 있기 때문에 노골적으로 인물 사진 찍는 것은 자제해야 한다.

Data 지도 098p-E
가는 법 라바트 빌역에서 도보 15분
주소 Medina, Rabat

오랜 역사를 자랑하는 동네
메디나 살레 Medina de Sale

메디나 드 살레는 메디나 라바트와 더불어 라바트를 대표하는 구시가지다. 기차역 살레 빌역에서 나오면 쉽게 찾을 수 있다. 혹은 메디나 라바트에서 배로 건너가면 부 하지 문Bob Bou Hadj을 만나게 되고, 차로 하산 2세 다리를 건너면 므리사 문Bob Mrisa을 통과하게 된다. 부레그레그강 건너에 있는 곳으로 위성 도시의 성격이 짙지만, 알고 보면 메디나 라바트보다 더 앞선 11세기에 형성된 마을이다. 이후 17세기에는 북아프리카 해적의 본거지로 악명을 떨치기도 했다. 주로 13~16세기에 형성된 건물이 많아 혹자는 메디나 라바트보다 더 치켜세우기도 한다. 마을 중앙에는 재래시장이 자리하고, 대서양 쪽으로 작은 해변을 만날 수 있다. 북서쪽 요새에 오르면 대서양과 라바트 시내 전경을 파노라마로 조망할 수 있다. 메디나 밖의 도자기 단지Oulja, 살레 공원Jardins Exotiques 등도 함께 둘러보면 좋다.

Data 지도 099p-C
가는 법 살레 빌역에서 도보 5분
주소 Medina, Sale

파랑 감성의 성채
카스바 우다이아 Kasba des Oudaia

라바트 메디나 북쪽 성문을 등지고 도로를 건너면 카스바 우다이아라는 성채와 만나게 된다. 이곳을 가리켜 '카스바'라고 줄여 부르기도 한다. 오래전 이곳은 성채와 곡물 창고로 쓰였다. 성채 자체도 워낙에 이국적이어서 눈이 즐겁지만, 이곳을 제대로 즐기려면 성채 안에 자리한 마을 일대의 구불구불한 길을 둘러봐야 한다. 카스바 우다이아에는 새파랗게 칠해진 가옥이 즐비한데 마치 셰프샤우엔 뺨칠 만한 풍경이 일품. 수백 년 전에 지어진 건물이 많아 상당히 이국적인 피사체가 되어준다. 특히 성곽 위에서 내려다보는 대서양은 라바트 최고의 풍경을 선사한다. 마을 자체가 매우 조용해 골목을 걸을 때 시끄럽게 떠들지 않는 것이 좋다. 성채 곳곳을 걷고 있으면 마을 청년들이 가이드를 자청해 오는 경우가 종종 있다. 약간의 팁을 주면 전망이 좋은 건물 옥상에 데려다주기도 한다.

Data 지도 098p-B
가는 법 메디나 라바트에서 북쪽 출구에서 도보 5분 **주소** Kasba des Oudaia, Rabat

라바트에서 만나는 스페인식 정원
안달루시안 정원 Andalusian Gardens(Jardin des Oudaias) | 자댕 데스 우다이아

카스바 우다이아 초입에 자리하기 때문에 우다이아 정원Jardin des Oudaias이라고도 불린다. 분수와 정원 사이로 산책로가 조성되어 있어 다양한 품종의 식물을 구경할 수 있다. 따스한 햇볕 아래 오렌지 나무 사이로 언뜻언뜻 보이는 이슬람풍 건축물, 마치 스페인 그라나다 알람브라 궁전의 여느 정원을 찾은 듯한 느낌도 든다. 정원 곳곳에 일광욕을 즐기는 길고양이가 많은데, 사람을 전혀 두려워하지 않고 다가와 애교를 부린다. 길고양이와 정원을 배경으로 멋진 사진을 찍을 수 있다. 정원 옆의 오래된 카페에서 부레그레그강과 건너편 메디나 살레의 풍경을 바라보며 누스누스 한잔을 즐겨도 좋다. 비가 오는 날이면 몽환적인 느낌의 항구를 내려다볼 수 있어 현지인들에게도 큰 인기. 또 베르베르인들의 생활상을 엿볼 수 있는 민속공예품을 전시한 우다이아 박물관, 민속 악기가 전시된 악기 박물관도 있으니 함께 둘러보자.

Data 지도 098p-B
가는 법 메디나 라바트에서 북쪽 출구에서 도보 5분 주소 Kasba des Oudaia, Rabat 요금 입장료 무료

고즈넉한 분위기
라바트 항구 Rabat Port

엄밀히 말하면 항구라고 하기 민망할 정도로 규모가 작다. 주로 메디나에 사는 어부들의 치열한 삶의 현장을 볼 수 있다. 그들의 작은 고깃배가 부레그레그강과 대서양 앞바다를 오가는 모습을 감상할 수 있는데, 질레바를 입고 작업에 임하는 모습이 꽤 이국적이다. 운이 좋다면 해산물을 잔뜩 싣고 돌아온 고깃배의 하역 작업을 구경할 수도 있다. 유쾌한 모로칸 어부들은 낯선 여행자를 향해 멀리서 인사를 보내곤 한다. 같이 인사해주는 센스를 보이자. 카스바 우다이아와 메디나 라바트가 있는 곳에서부터 강변을 따라 걸으면 이곳과 만나게 되고, 반대편으로 계속 걸으면 하산 타워와 바로 연결된다. 강변 반대쪽 도로는 교통량이 많아 매연이 심한 편. 도로 쪽이 아닌 강변을 따라 걷는 것을 추천한다. 강변을 따라 분위기 있는 카페와 레스토랑이 있는데 꽤 멋진 풍광이 약속되니 들러보는 것도 좋다.

Data 지도 098p-B
가는 법 메디나 라바트에서 북쪽 출구에서 도보 10분
주소 Avenue Al Marsa, Rabat

모로코 현대 미술을 만나다
모하메드 6세 미술관 Mohamed VI Museum of Modern and Contemporary Art

다른 이름은 모로코 국립 현대 미술관. 라바트 빌역을 나와 동쪽을 보면 모스크가 보이고, 백색 건물의 현대적인 미술관이 한눈에 들어온다. 특히 건물 측면마다 그려진 초대형 회화 작품은 멀리서도 눈길을 빼앗을 만큼 색채가 강렬하다. 크게 1층과 2층, 그리고 지하 1층으로 구분되어 있으며, 상설 전시와 특별 전시로 나뉜다. 파블로 피카소와 호안 미로 같은 세계적인 예술가들의 작품부터 알베르토 자코메티와 같은 개성 넘치는 작가의 작품이 번갈아 전시되기도 했다. 평소에는 모로코 현대 작가들의 회화와 조각, 사진 작품을 관람할 수 있다. 특히 남성 중심의 모로코 사회에서 모로코 여성 작가들의 파격적인 작품을 감상하는 재미가 쏠쏠하다. 일반적으로 내부 사진 촬영은 가능하지만 작품 보호와 쾌적한 관람을 위해 플래시 기능은 꺼야 한다. 일부 모로코 작가들의 작품은 사진 촬영 자체가 불가능하다.

Data 지도 098p-J 가는 법 라바트 빌역에서 도보 3분 주소 Avenue Moulay Hassan, Rabat 전화 5377-69047 운영시간 10:00~18:00, 화요일 휴무 요금 입장료 40디르함~ 홈페이지 www.museemohammed6.ma

모로코 왕국 이야기

모로코는 왕이 다스리는 왕국Kingdom of Morocco, 다시 말해 입헌군주제 국가다.
17세기 초반 프랑스령이었던 모로코는 1912년 프랑스와 스페인령으로 분할된다.
이후 모하메드 5세가 국왕으로 재위할 당시인 1956년 3월 프랑스로부터 독립했고,
같은 해 4월에는 스페인이 지배권을 포기하면서 완전한 독립에 성공했다.

현재 모로코 국왕은 모하메드 6세Mohamed Ⅵ다. 1999년 7월 타계한 국왕 하산 2세의 뒤를 이어 장남인 그가 왕위를 물려받았다. 모로코의 국왕은 국가 원수이며 헌법상 이슬람교 최고 지도자다. 또 입법, 사법, 행정 분야에 있어 절대적인 권력을 가지고 있고 군사력을 사용할 수 있다. 그야말로 모로코 최고의 위치에 있다고 볼 수 있다. 입헌군주제를 채택한 대부분의 국가처럼, 모로코 국왕 역시 국민에게서 절대적인 지지를 받는다. 모하메드 6세는 즉위 이후 모로코 개혁과 발전에 큰 노력을 했다고 평가받는다. 또 2002년 살마 베나니Salma Bennani와 결혼한 뒤 모로코 역사상 최초로 비전하妃殿下라는 칭호를 수여했다. 이는 남성 우월주의 사상이 하늘을 찌르는 모로코에서 파격적인 행위라고 볼 수 있다. 그만큼 모로코 여성의 지위를 한층 높인 사건이다. 이후 모로코 여성들의 전폭적인 신뢰를 받기도 했다. 또한 모하메드 6세는 평소에도 티셔츠에 청바지 혹은 운동복 차림으로 시민들과 어울리는 것을 즐긴다. 이러한 친근함 때문에 모로코 국민이 더욱 그를 사랑하고 있는 것인지도 모르겠다.

EAT

스페인 음식 전문점
카사 조제 타파스 Casa Jose Tapas

카사블랑카와 마찬가지로 라바트에도 카사 조제 레스토랑이 있다. 정통 스페인 음식을 취급하는 곳답게 짭조름한 맛의 파에야와 토마토 맛이 일품인 가스파초, 건들건들한 식감의 하몬, 지중해식 해산물 요리 등을 주문할 수 있다. 또한 간단히 먹는 스페인 음식 타파스Tapas를 주문할 수도 있는데, 한 끼 식사용으로 즐기기에 안성맞춤이다. 라바트 현지인들이 가족 외식을 즐기기 위해서도 종종 찾는 음식점. 타진과 쿠스쿠스에 질렸다면 이곳이 좋은 대안이 될 수 있다.

Data 지도 098p-J
가는 법 라바트 빌역에서 도보 5분
주소 Ave Mohammed V, Rabat
전화 5372-01514
운영시간 12:00~01:00
가격 음료 20디르함~, 음식 40디르함~

도심 속 커피 한잔의 여유
카페 하린카 Café Halinka

현지인들이 사랑하는 카페. 아침부터 밤늦은 시각까지 테이블을 가득 채운 모로칸들이 이곳의 인기를 증명하고 있다. 주문하는 음료는 단연 누스누스나 민트 티. 아메리카노, 에스프레소 등의 다양한 커피도 준비되어 있으니 기호에 맞게 주문하면 된다. 크루아상과 케이크 같은 간단한 스낵도 구비하고 있다. 종업원에게 물으면 와이파이 비밀번호를 친히 알려주는데 매우 빠른 것이 장점. 오랜 시간 동안 무료 와이파이를 즐겼다면 계산할 때 1디르함 정도의 팁을 주는 센스를 보이자.

Data 지도 098p-J
가는 법 라바트 빌역에서 도보 10분
주소 Rue el Mansour ed Dahbi, Rabat
전화 5377-07240
운영시간 07:00~22:00
가격 음료 12디르함~

소문난 빵집
마제스틱 베이커리 Magestic Bakery

여행자들보다는 현지인들에게 유명한 빵집. 출근길에 이곳에 들러 빵과 커피를 사는 현지인이 많다. 모로코 젊은이들 사이에서는 데이트 장소로도 유명한 편. 그들이 주로 주문하는 빵은 크루아상과 달달한 케이크. 곁들여 마시는 누스누스와 아메리카노의 맛도 일품이다. 오렌지 주스, 아보카도 주스와 같은 음료도 준비되어 있다. 빈자리가 없다면 테이크아웃하여 빵집 앞에 있는 대규모 정원 벤치에서 맛봐도 좋다.

Data 지도 098p-J
가는 법 라바트 빌역에서 도보 10분
주소 Rue Sidifath, Rabat
전화 5372-07186
운영시간 06:00~21:00
가격 음료 12디르함~, 빵 15디르함~

SLEEP

메디나에서 즐기는 수영
리아드 칼라 Riad Kalaa

Data 지도 098p-E
가는 법 라바트 메디나 중심 위치
주소 3-5 Rue Zebdi, Rabat 10000 전화 5372-02028
요금 1박 1,200디르함~

메디나 중앙에 자리한 4성급 호텔. 라바트 호텔을 통틀어 평점 5위권을 유지하는 호텔로 다소 비싼 값을 하는 곳이다. 11개의 객실이 있으며 무엇보다 호텔 중앙에 커다란 풀장이 눈길을 끈다. 여름철에 방문하면 관광과 휴양이라는 두 마리 토끼를 모두 잡을 수 있다. 조식과 와이파이 서비스가 무료로 제공되며, 투숙객이 원하면 타진과 쿠스쿠스 등의 모로코 음식을 룸서비스로 맛볼 수도 있다. 호텔 전망과 장식이 일품. 사진이 취미인 여행자라면 사진을 상당수 건질 수 있을 것이다. 인근에 2호점도 있으니 참고할 것.

라바트 최고의 호사
리아드 다르 엘 케비라 Riad Dar El Kebira

Data 지도 098p-F
가는 법 라바트 메디나 북쪽 출구에서 도보 5분 주소 Rue des Consuls-1 Impasse Belghazi I Ferran Znaki, Rabat 1005 전화 5377-24906
요금 1박 1,300디르함~

라바트 리아드형 숙소의 끝판왕이랄까. 자타공인 화려한 시설과 완벽한 서비스를 경험할 수 있는 라바트 5성급 호텔이다. 10개의 객실만 있는 것을 보더라도 짐작할 수 있다. 늘 정해진 소규모의 인원만 투숙할 수 있기에 예약은 선택이 아닌 필수. 메디나 라바트와 카스바가 바로 옆에 있어 야경을 즐기기에도 좋다. 조식과 와이파이가 무료이며, 스파 시설도 갖추고 있다. 호텔 직원들은 라바트 명소를 친절하게 알려주기도 하고, 사진 촬영 제의에도 흔쾌히 응한다. 여행자들이 압도적으로 좋다고 평가한 것만 봐도 이곳의 위상을 짐작할 수 있다.

편안한 숙소의 교과서
호텔 벨레레 Hotel Belere

라바트 빌역 바로 근처에 자리한 4성급 호텔. 호텔 외벽에 새겨진 별 4개가 말해주듯 최고의 시설과 서비스가 보장된다. 90개의 객실이 준비되어 있으며 일반룸과 스위트룸, 패밀리룸으로 구분된다. 반려동물이 허용되며 인터넷 사용이 가능한 비즈니스 센터, 회의실, 연회장을 보유하고 있다. 호텔 리셉션 카운터에는 영어와 프랑스어, 아랍어에 능통한 직원이 상시 대기하고 있어 편리하다. 고급 레스토랑과 라운지, 바가 있어 친구 혹은 가족과 함께 분위기 있는 시간을 보낼 수 있다.

Data 지도 098p-J
가는 법 라바트 빌역에서 도보 5분
주소 33 Avenue Moulay Youssef, Rabat
전화 5372-03302
요금 1박 1,000디르함~

디자인 호텔 감성
르 피에트리 위르반 호텔 Le Pietri Urban Hotel

개성 넘치는 디자인의 침대와 소파, 남다른 감각의 액자와 협탁, 그리고 자연광이 잘 스며드는 커튼까지. 객실 내 모든 것이 무엇 하나 허투루 배치된 것이 없다. 마치 유럽의 여느 디자인 호텔을 찾은 듯한 느낌도 드는데, 특히 여성 여행자들의 오감을 만족시킬 만한 그런 호텔이다. 깔끔하고 쾌적한 35개의 룸이 준비되어 있으며, 조식과 무료 와이파이 등의 서비스를 제공한다. 이곳에 묵었던 여행자들의 압도적인 호평을 자랑하는 곳답게 후회할 일은 없어 보인다.

Data 지도 098p-J
가는 법 라바트 빌역에서 도보 7분
주소 4, rue Tobrouk, Rabat 10000
전화 5377-07820
요금 1박 900디르함~

전통 리아드에서의 하룻밤
호텔 데스 우다이아스 Hotel des Oudaias

메디나 라바트 북쪽에 자리한 모로코 전통 리아드형 숙소. 3성급 호텔로 분류되며, 19개의 객실이 준비되어 있다. 고급 양탄자와 아랍 전통 문양이 도처에 가득해 영화 〈아라비안 나이트〉의 저택에 초대된 듯한 느낌도 든다. 문만 열고 나가면 리아드 라바트와 바로 연결되기 때문에 언제든 쉽게 관광할 수 있다. 리아드형 호텔 특성상 이곳 역시 오래된 건물. 현대적인 시설의 호텔을 원한다면 라바트 도심을, 모로코 전통을 제대로 체험하면서 하룻밤을 보내고 싶다면 메디나 안의 이런 호텔을 선택하면 된다.

Data 지도 098p-A 가는 법 라바트 메디나 북쪽 출구, 카스바 인근 주소 132, Boulevard el Alou, Rabat 10000 전화 5372-00444 요금 1박 850디르함~

모로코식 화려함
리아드 라바트 랄카사르 Riad Rabat l'Alcazar

전통 모로코식 건물의 숙소로 객실은 현대적으로 꾸며진 것이 특징이다. 복도와 테라스, 외관은 클래식함을 극대화했고 객실 내부는 모던함을 강조했다. 객실 문만 열고 나가면 180도 달라지는 모습에 여행자들은 신선한 충격을 받을지도 모른다. 테라스에서 내려다보이는 메디나 전경도 일품. 특히 저물녘부터 야간까지 멋진 풍경이 약속된다. 모로코 여느 도시나 마찬가지지만 리아드형 숙소의 객실은 많지 않은 편. 이곳 역시 8개의 객실이 준비되어 있다. 늘 인기 있는 숙소라 예약은 필수.

Data 지도 098p-E 가는 법 라바트 메디나 북쪽 위치 주소 4 impasse Benabdellah, Bab Laalou, Hassan, Rabat, 10000 전화 6611-52991 요금 1박 1,400디르함~

가장 완벽한 접근성
오노모 호텔 터미너스 ONOMO Hotel Terminus

라바트 빌역 바로 건너편에 자리한 호텔. 2015년에 생긴 호텔로 깨끗한 시설과 완벽한 서비스를 자랑한다. 118개의 객실은 일반룸과 스위트룸으로 구분되어 있으며 미니바, 무료 와이파이, 위성 TV, 에어컨, 안전 금고가 포함되어 있다. 공항 셔틀버스, 세탁 서비스, 룸서비스, 렌터카 등도 요청하여 이용할 수 있다. 객실에서 모하메드 5세 도로와 왕궁, 멀리 메디나까지의 탁 트인 전망을 볼 수 있는 것이 특징. 또 비즈니스 여행자를 위한 회의실과 분위기 있는 2개의 레스토랑도 눈길을 끈다. 특히 360도 파노라마 전망을 자랑하는 레스토랑의 테라스는 낭만적인 분위기를 약속한다. 라바트 빌 기차역과 트램 정거장, 모하메드 6세 미술관, 왕궁, 메디나 라바트가 모두 걸어서 갈 만한 곳에 위치하여 여행자들에게는 최고의 접근성을 자랑한다. 먼저 다녀간 여행자들에서 높은 지지를 받는 곳인 만큼 썩 만족할 만한 하룻밤을 보낼 수 있을 것이다.

Data 지도 098p-J
가는 법 라바트 빌역에서 도보 1분
주소 384, Rabat
전화 5372-12900
요금 1박 1,200디르함~

합리적인 가격
호텔 발리마 Hotel Balima

라바트 도심의 3성급 호텔. 작은 광장 뒤 가로수 사이에 우뚝 솟은 백색 건물은 멀리서도 한눈에 들어올 만큼 강렬한 인상을 보여준다. 얼핏 보기에는 최고급 호텔로 보여 비쌀 것 같지만 스탠더드 룸 기준, 1박에 250디르함부터 시작하는 매우 합리적인 숙소라고 할 수 있다. 총 71개의 객실이 준비되어 있으며 스위트룸, 특별룸, 비즈니스 센터 등을 보유하고 있다. 발코니에 서면 메디나와 라바트 다운타운이 한눈에 내려다보이는 전망 또한 일품. 도심에 위치하면서 비교적 저렴한 가격 때문에 룸 컨디션은 다소 낮은 편이다. 여행자들의 평을 보면 호불호가 갈리지만 배낭여행자들에게는 최고의 숙소가 된다. 뜨거운 물이 잘 나오고 무료 와이파이에, 최고의 접근성이 다른 불편한 점을 모두 잊게 한다.

Data 지도 098p-J
가는 법 라바트 빌역에서 도보 7분
주소 283 Boulevard Mohamed V, Rabat 10000
전화 6352-65610
요금 1박 250디르함~

최신식 스타일의 객실
호텔 비앤비 메디나 Hotel B&B Medina

라바트 도심에 자리한 3.5성급 호텔. 전 객실 모두 금연실로 패밀리룸과 장애인룸도 보유하고 있다. 라바트 빌역까지 도보 10분, 메디나까지 도보 10분, 하산 타워까지 도보 20분 이내에 있어 언제든 원하는 시간에 관광할 수 있는 것이 장점. 또 주변에 현지인이 입을 모아 추천하는 레스토랑과 카페가 즐비해 맛집 투어를 즐기기에도 좋다. 리노베이션한 지 얼마 되지 않아 최신식 시설과 특유의 깔끔함이 호텔 전역에서 묻어난다. 물가 비싼 라바트에서 이 정도 가격에 이 정도 시설의 호텔을 구하기란 쉽지 않다.

Data 지도 098p-J
가는 법 라바트 빌역에서 도보 10분
주소 Rue Ghandi, Rabat 10000
전화 5377-03074
요금 1박 800디르함~

값싼 숙소를 찾는다면
호텔 캐피톨 Hotel Capitol

시설이 낙후됐지만 도심에 자리하고 저렴한 가격에 만족할 수 있다면 감히 추천해본다. 우리나라의 허름한 모텔 수준이라고 생각하면 된다. 딱 10개의 객실이 준비되어 있다. 라바트 빌역과 메디나에서 가깝고 고급 레스토랑도 지척에 있다. 호텔 대문만 열고 나가면 라바트 도심과 바로 연결된다. 밤늦은 시각에 라바트에 도착했거나 아침 일찍 공항이나 다른 도시로 떠나는 여행자들에게 안성맞춤이다.

Data 지도 098p-F
가는 법 라바트 빌역에서 도보 7분
주소 Avenue Allal Ben Abdellah, Rabat 10000
전화 5377-31236
요금 1박 250디르함~

Morocco by Area

03

마라케시
MARRAKECH

모로코 중남부에 자리한 고대 도시. 9세기 베르베르인이 자신들의 수도로 건설했다. 모로코에서 페스 다음으로 오랜 역사를 자랑한다. 특유의 신비로운 풍광 때문에 트립어드바이저에서 '여행자들이 세계에서 제일 찾고 싶은 도시' 1위에 선정되기도 했다. 진정한 모로코 여행이 시작되는 도시라고도 할 수 있다. 천 년이 지난 지금까지도 잘 보존된 마라케시는 도시 전체가 거대한 박물관이나 다름없다.

Marrakech
PREVIEW

모로코로 들어온 여행자의 9할은 카사블랑카로 들어왔을 것이다. 현대적인 카사블랑카의 모습에 다소 뜨뜻미지근했을 수도 있을 텐데, 마라케시는 그러한 기분을 완벽하게 반전시킬 도시다. 마라케시는 천 년을 버틴 베르베르인들의 도시답게 시간이 멈춘 듯한 착각이 든다. 미로를 방불케 하는 마라케시 수크, 다양한 볼거리로 가득한 제마알프나 광장은 이 도시의 핵심. 사하라 사막으로 가는 관문 도시기 때문에 세계 각국의 여행자가 이곳에 몰린다.

SEE

마라케시 관광은 제마알프나 광장에서 시작해 제마알프나 광장에서 끝난다고 해도 과언이 아니다. 제마알프나 광장을 가운데 두고 마라케시 수크와 크고 작은 명소가 드문드문 있는 형태. 제마알프나 광장을 기준으로 서쪽에 쿠투비아 모스크가 보이고, 동남쪽에는 바히야 궁전, 남쪽에는 엘 바디 궁전이 있다. 조금 멀리 북동쪽에 자리한 마조렐 정원은 붉은 도시로 대변되는 마라케시에서 푸른 감성을 느낄 수 있어 큰 인기를 끌고 있다.

EAT

마라케시는 모로코를 대표하는 전통 도시다. 음식점 역시 모로코 전통 음식을 취급하는 곳이 많다. 대부분의 레스토랑에서 타진과 쿠스쿠스를 저렴하게 맛볼 수 있고, 누스누스와 민트 티 역시 즐길 수 있다. 서양식 레스토랑을 원한다면 제마알프나 광장 주변으로 향하자. 르 마라케시와 같은 고급 레스토랑에서는 여행자를 상대로 맥주를 팔지만 다소 비싼 편.

BUY

거미줄 같은 골목의 마라케시 수크를 걷고 있으면, 개성 넘치는 아이템이 가득해 여행자들의 지갑이 절로 열린다. 추천하는 쇼핑 리스트 아르간 오일은 모로코 특산품으로 '신이 내린 오일'이라는 별칭이 있다. 아르간 오일을 취급하는 상점이 발에 챌 정도. 가짜도 많은 편이라 이왕이면 아르간 오일 전문점에서 사는 것을 추천한다. 형형색색의 베르베르족 액세서리, 기묘한 무늬의 아라빅 그릇도 일품. 흥정만 잘하면 모로코 전통 의상인 질레바와 바부슈를 저렴하게 살 수 있다.

SLEEP

숙박비가 비싼 고급 호텔부터 전통식의 리아드 호텔, 그리고 저렴한 호스텔까지 다양한 가격대의 숙소가 고루 분포되어 있다. 매일 수많은 여행자가 들어오고 나가는 도시인 만큼 숙소 또한 많은 편이다. 룸 컨디션은 위치와 가격에 따라 천차만별. 이왕이면 제마알프나 광장 일대의 숙소를 잡는 편이 좋다. 묵는 숙소에서 사하라 사막 투어와 같은 프로그램을 예약할 수도 있으니 참고하자.

Marrakech
GET AROUND

 어떻게 갈까?

1. 비행기
인천국제공항에서 마라케시 메나라 국제공항까지 바로 연결되는 직항 노선은 없다. 카사블랑카와 마찬가지로 에어프랑스 등을 이용해 1회 이상의 경유로 마라케시까지 연결한다. 모로코를 대표하는 도시인 만큼 공항의 규모도 큰 편. 모로코에서 카사블랑카에 이어 두 번째로 큰 규모를 자랑한다. 유럽의 저가항공사 라이언에어, 이지젯 등을 타고 마드리드와 리스본 등을 통해 입국하는 경우도 많다. 국내선의 경우 로열 에어 모로코를 타고 갈 수 있다.

마라케시행 주요 항공편

항공편	경유(도시 및 공항)	총 비행시간
에어프랑스	파리(CDG)	약 25시간 내외
터키항공	이스탄불	약 30시간 내외

*항공기 출발 시각은 변동될 수 있음

2. 기차

카사블랑카 카사보야지스역에서 마라케시까지 가는 열차가 있다. 아침 4시 40분부터 2시간 간격으로 하루 9회 운행한다. 소요 시간은 약 4시간 정도. 마라케시가 종점이다. 그 밖에 탕헤르, 라바트, 페스 등에서도 마라케시까지 운행하는 열차가 있다. 일등석과 이등석으로 나뉘는데 쾌적함을 추구한다면 일등석을, 현지인과 어울려보고 싶다면 이등석에 오르면 된다. *기차 시간은 변동될 수 있음

3. 버스

카사블랑카 CTM 버스 터미널에서 마라케시까지 운행하는 노선이 있다. 또 국영 버스 회사인 수프라투어Supratours를 비롯한 많은 버스 회사가 모로코 주요 도시에서 마라케시까지 연결하고 있어 선택의 폭이 넓은 편. 기찻길이 없는 아가디르나 에사우이라에서 버스를 타고 오는 여행자가 압도적으로 많다. 카사블랑카, 페스, 탕헤르에서 마라케시를 찾는 여행자들은 기차나 비행기를 타고 오는 것이 일반적이다.

어떻게 다닐까?

1. 택시

대부분 여행자는 마라케시를 걸어서 다닌다. 제마알프나 광장을 기준으로 쿠투비아 모스크, 바히아 궁전, 엘 바디 궁전, 마라케시 수크 등의 주요 명소가 몰려 있기 때문. 하지만 공항이나 CTM 버스 터미널, 마라케시 기차역과 마조렐 정원으로 가려면 택시를 타야 한다. 현지인이 타면 미터기를 켜고 달리는 것이 일반적이지만 외국인 여행자들을 대상으로 할 때는 보통 흥정하려 든다. 50디르함에서 많게는 100디르함까지 기사에 따라 요금은 천차만별. 제마알프나 광장 기준 공항은 30디르함, CTM 버스 터미널과 마라케시 기차역은 20디르함, 마조렐 정원도 20디르함 정도 나온다고 보면 된다. 그 이상을 요구한다면 과감히 돌아서자. 마라케시에 택시는 많다.

2. 버스

주로 마라케시 외곽으로 가는 여행자들이 이용하는 교통수단. 공항버스를 제외한 마라케시 시내버스 요금은 4디르함 내외. 정류장 표시도 찾기 힘들고 손님이 손을 들면 버스가 멈춰 서기도 한다. 안내방송도 없고 시설 또한 낙후된 편. 소매치기와 날치기 같은 생활형 범죄에 직면할 우려가 있으니 특히 조심해야 한다.

3. 도보

제마알프나 광장을 중심으로 마라케시 수크, 쿠투비아 모스크, 바히아 궁전, 엘 바디 궁전 등은 걸어서 둘러볼 수 있을 만큼 서로 가깝다. 덕분에 메디나 일대는 걸어서 둘러보는 것이 일반적. 복잡한 골목을 누비면서 중세 아랍의 흔적을 쫓는 것, 묘한 감동을 선사한다.

Info

마라케시 메나라 국제공항
Marrakech-Ménara Airport
Data 주소 Ménara, Marrakech 40000
전화 5244-47910 홈페이지 www.onda.ma

마라케시역 Marrakech Railway Station
Data 주소 Marrakech Railway Station, Marrakech 전화 5244-46569
홈페이지 www.oncf.ma

마라케시 CTM 버스 터미널
Marrakech CTM Bus Station
Data 주소 Rue Abou Bakr Seddiq, Marrakesh 홈페이지 www.ctm.ma

긴급 전화번호
경찰 190 / 안내 160 / 화재 150

*국제전화
모로코의 국가 번호는 212, 마라케시의 지역 번호는 524. 모로코에서 한국으로 전화할 경우, '국제전화 식별 번호 00+82+0을 뺀 지역 번호와 상대방 번호를 누르면 된다.

MOROCCO BY AREA 03
마라케시

Marrakech
TWO FINE DAYS

마라케시의 주요 명소가 몰려 있는 제마알프나 광장을 중심으로 동선을 짜면 된다. 광장과 마라케시 수크 일대를 느긋느긋 걸으며 쇼핑을 즐겨도 좋고, 메디나의 골목을 따라 걸으며 사진을 찍어도 좋다. 고대 도시 마라케시에서는 뭘 해도 특별한 '그 무엇'이 있다.

1일차

 → 도보 2분 →  → 도보 5분 →

마라케시의 핵심, 제마알프나 광장 거닐기 / 도시의 상징, 쿠투비아 모스크 구경 / 미로와 같은 시장, 마라케시 수크 둘러보기

↓ 도보 15분

 ← 택시 10분 ←  ← 택시 10분 ←

제마알프나 광장에서 노을 및 야경 감상 / 붉은 도시에서 만나는 푸르름, 마조렐 정원 산책 / 화려한 건축미, 벤 유세프 이슬람 학교 구경

2일차

마라케시 여행의 시작,
제마알프나 광장 거닐기

→ 도보 10분 →

비견할 데 없는 건축,
엘 바디 궁전 구경

→ 도보 10분 →

웅장한 백색 건물,
바히아 궁전 구경

↓ 도보 10분

르 마라케시
레스토랑에서의 만찬

← 도보 10분 ←

마라케시 수크
산책

← 도보 1분 ←

마라케시
역사 박물관 관람

↓ 도보 1분

제마알프나 광장
야경 즐기기

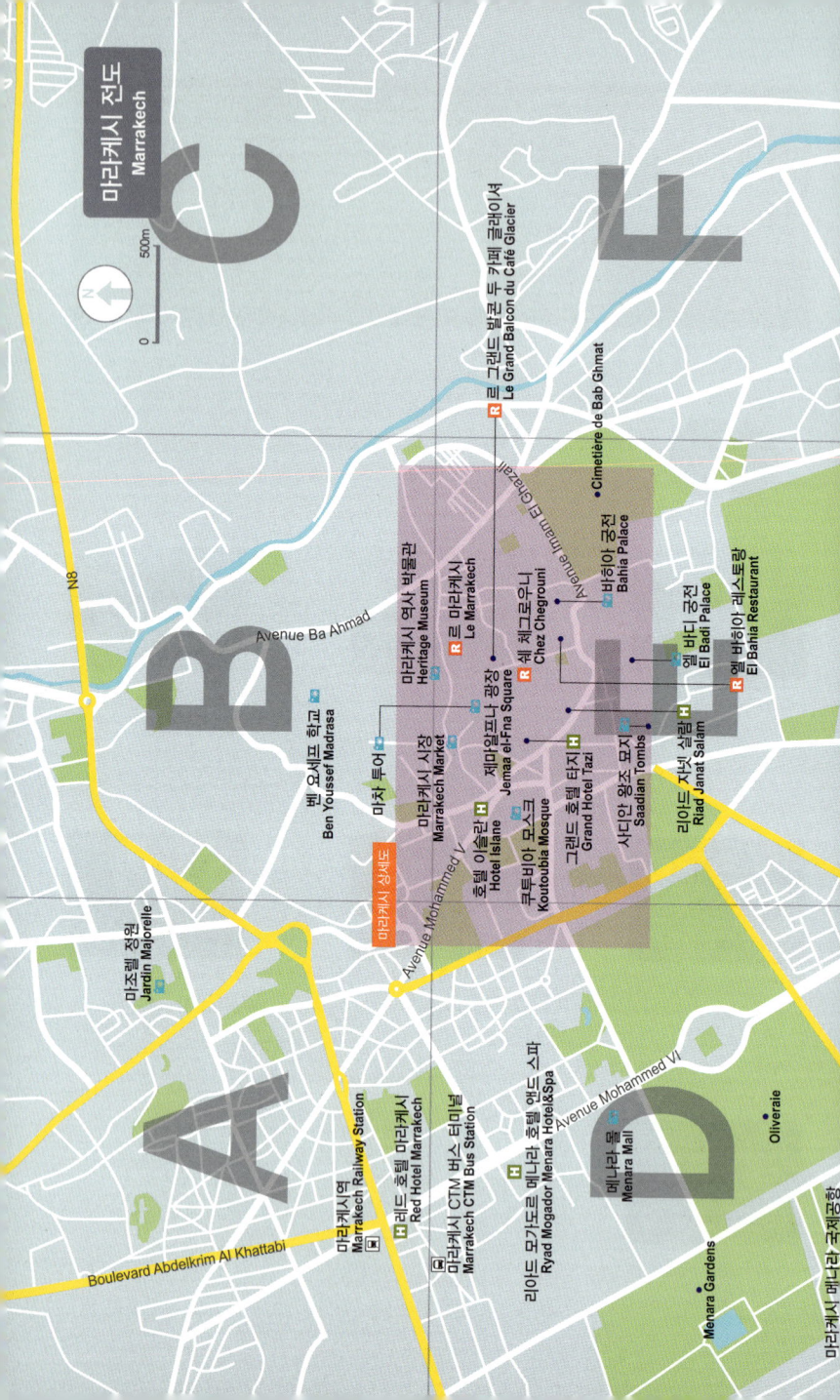

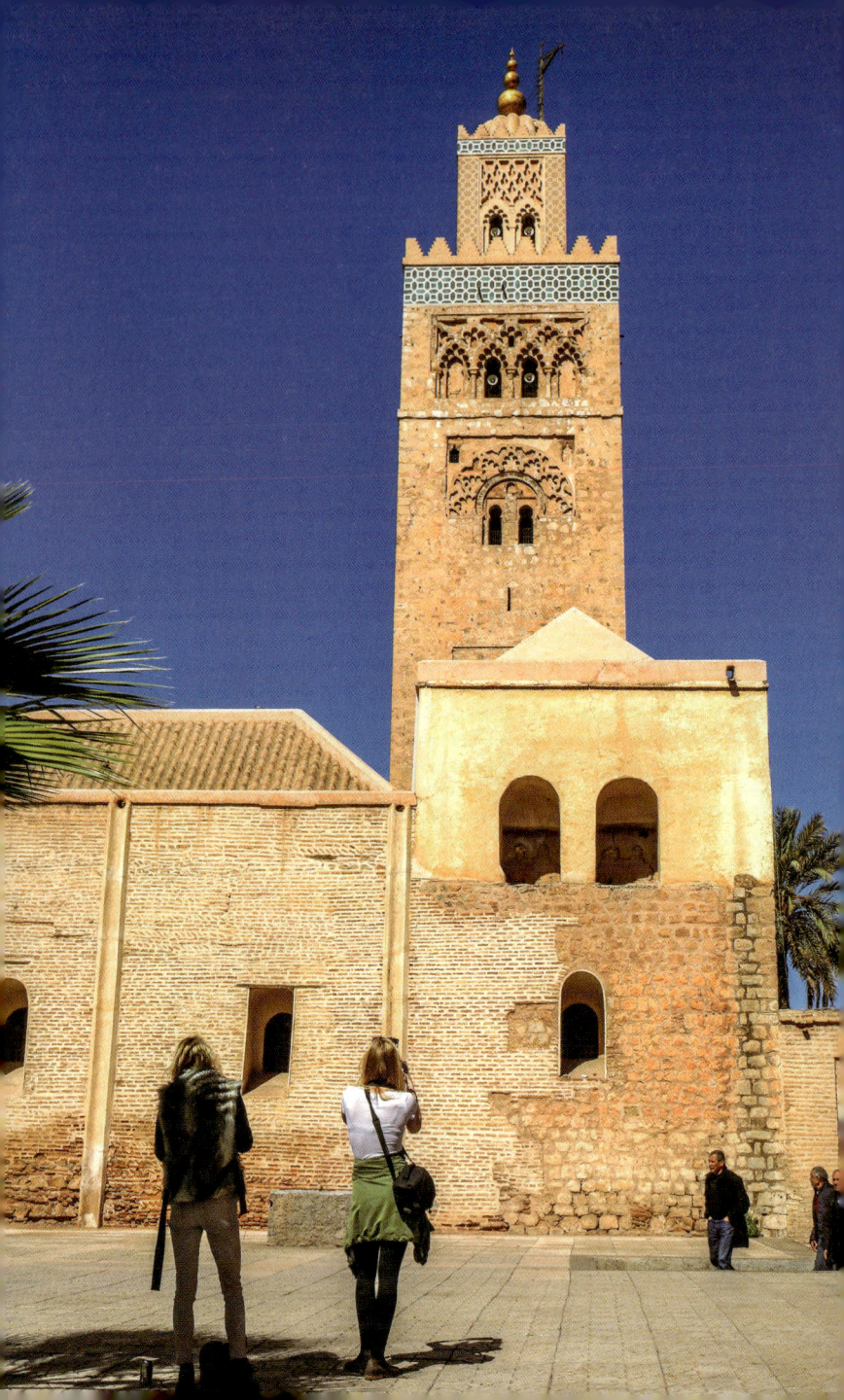

마라케시 여행의 시작
제마알프나 광장 Jemaa el-Fna Square

마라케시의 진정한 중심이 되는 곳. 광장 중앙에는 천막을 친 노점이 끝없이 펼쳐져 있고, 그 사이를 여행자들이 구름 떼처럼 몰려다닌다. 광장 주변으로는 수준 높은 레스토랑과 카페가 모여 있고, 사방으로 대형 시장이 이어진다. 즉석에서 헤나를 해주는 젊은 여인들, 코브라를 바닥에 늘어놓고 볼거리를 선사하는 이들, 기저귀를 채운 원숭이를 데리고 다니며 기념사진 촬영을 유도하는 장사꾼, 구경꾼 가운데 아무나 2명을 불러내 글러브를 주며 싸움을 붙이는 이들, 형형색색의 탄산음료를 바닥에 깔고 커다란 낚싯대로 이것을 낚는 퍼포먼스, 모로코 전통 댄스를 선보이는 무용수 등을 볼 수 있다. 또 그들 사이를 분주히 오가는 마차와 수레들로 발 디딜 틈이 없다. 해가 지면 광장은 더욱 활력이 넘친다. 무더위를 피해 나온 여행자가 가득해지고 광장의 노점엔 형형색색의 전등이 들어온다. 이곳의 명물인 즉석 오렌지 주스를 마셔보는 것도 추천한다. 4디람, 우리 돈 500원 정도에 놀랄 만한 맛을 경험할 수 있다.

Data 지도 126p-E, 127p-A
가는 법 마라케시역에서 택시 10분 주소 Rue el Ksour, Marrakech

> **Tip** *제마알프나 광장에서의 바가지는 늘 주의할 것!*
> 광장의 낮과 밤은 수많은 퍼포먼스의 연속이다. 특히 코브라와 원숭이를 데리고 사진 촬영을 유도하는 사람들의 여행자를 향한 바가지는 꽤 유명하다. 순식간에 뱀을 목에 감아주거나 원숭이를 안기고 자연스럽게 사진기를 가져간다. 그리고 부르는 가격은 100~200디르함. 흥정할 수도 있지만 괜히 언성을 높이게 되고 기분 또한 좋지 않다. 사진을 찍고 싶다면 반드시 흥정한 뒤 신중히 접근하는 것이 좋다.

PLUS 메디나를 즐기는 훌륭한 방법
마차 투어 Carriage Tour

제마알프나 광장 초입에서 마라케시 메디나 일부와 신시가지 일대를 도는 마차 투어에 참여할 수 있다. 보통 두 마리의 말이 이끄는데, 편하게 앉아 마라케시 도심을 엿볼 좋은 기회가 된다. 메디나와 신시가지를 한번에 볼 수 있기 때문에 여행자 사이에서도 반응이 좋은 편. 마부 옆이나 뒷좌석에 앉는 것이 보통이다. 관공서나 왕궁 건물을 지날 때는 건물과 군인 사진을 찍을 수 없으니 주의해야 한다. 한낮에는 햇볕이 강하기 때문에 선크림과 선글라스, 챙이 넓은 모자를 준비하는 것이 좋다. 흥정과 시간에 따라 가격은 그야말로 천차만별. 마부가 처음 부르는 가격에 신청하지 말고, 흥정을 시도해보자.

Data 지도 126p-E, 127p-A
가는 법 제마알프나 광장 초입 **주소** Place de Marché Animée Jemaa el-fna by a-maps, Marrakech 40000 **요금** 투어비 15~30분에 100디르함 내외, 시간과 흥정 여부에 따라 천차만별

신시가지의 쇼핑 명소
메나라 몰 Menara Mall

마라케시 공항 근처, 신시가지에 자리한 4층 규모의 몰. 최근에 지어졌기 때문에 비교적 깔끔한 분위기의 매장이 몰려 있다. 시장이 아닌 몰이기 때문에 상품의 품질도 우수하고 가격 또한 높은 편. 아라비안 그릇, 스카프, 질레바와 바부슈 등 시장보다 좋은 제품을 구매할 수 있다. 4층에는 마라케시에서 보기 어려운 초대형 게임장이 자리하고 있고, 1층 구석에는 일용품을 파는 대형 마트가 있다. 모로코에서 구하기 어려운 맥주와 와인을 살 수 있다. 사하라 투어를 앞두고 있다면, 이곳에서 와인이나 맥주를 구매해보자.

Data 지도 126p-D
가는 법 제마알프나 광장에서 도보 25분, 택시로 10분
주소 Angle Avenue Prince Moulay Rachid et Avenue Mohammed VI, Marrakesh 40000
전화 5243-51050
운영시간 08:30~23:30

미로와 같은 시장
마라케시 시장 Marrakech Souk

마라케시를 대표하는 대형 재래시장. 마라케시는 물론 모로코 최대 규모의 현지 시장으로도 유명하다. 제마알프나 광장을 중심으로 사방으로 뻗어 있다. 조붓한 골목에 거미줄처럼 얽힌 마라케시 시장은 걸어도 걸어도 끝이 보이지 않을 정도. 아무 생각 없이 걷다 보면 금세 길을 잃고 만다. 온갖 향신료를 파는 가게부터 휘황찬란한 무늬의 아라비안 그릇 가게, 구수한 냄새를 풍기는 아르간 오일 전문점, 질레바와 바부슈가 잔뜩 걸린 의류점, 고급 장신구가 늘어선 액세서리점 등이 지나는 여행자들의 발길을 붙든다. 비좁은 시장길을 걷다 보면 상인들이 큰 소리로 호객 행위를 하여 귀가 먹먹해지기도 한다. 아랍 특유의 신비스러운 분위기 때문일까? 세계의 유명 여행가들은 이곳을 가리켜 '가장 모로코다운 장소'라고 극찬한다. 사진 촬영에 민감한 상인이 많으니 인물 사진은 요령껏 찍는 것을 추천한다.

Data 지도 126p-E, 127p-B
가는 법 마라케시역에서 택시 10분 주소 Souk, Marrakech

> **Tip** 마라케시 시장에서는 늘 소매치기 조심!
> 치안이 비교적 좋은 모로코지만 소매치기와 날치기 같은 생활형 범죄는 만연해 있다. 특히 여행자로 북적이는 마라케시 시장에서는 소매치기로 인한 사건이 끊이질 않는다. 가방은 앞으로 메고, 카메라는 꼭 목에 거는 것이 좋다. 여권은 가방 깊숙한 곳에 넣고 휴대전화는 가급적 꺼내지 않는 것을 추천한다.

| Talk |
고대 도시 마라케시 이야기

마라케시는 모로코 중부 내륙에 위치한 도시다. '북아프리카의 척추'로 불리는 아틀라스산맥 북쪽 기슭에 자리해 지리적으로도 요새나 다름없다. 그래서 9세기경 베르베르인들이 건국한 알모라비드 왕국의 수도로 낙점됐고, 현재 페스와 함께 모로코에서 천 년이 넘는 역사를 자랑한다. 9세기에 건설된 뒤 약 400년 정도 융성한 마라케시는 13세기에 메리니드 왕조에 정복됐지만 그 후로도 도시는 아랍 특유의 분위기를 간직한 채 계속 유지, 발전했다. 마라케시를 중심으로 한 이슬람 문화는 오랜 기간 북아프리카에서 스페인 안달루시아 지방에 이르는 서부 무슬림 지역 전역에 영향을 미쳤다. 이는 현재의 마라케시 주요 유적을 통해 알 수 있는데, 제마알프나 광장, 바히아 궁전, 엘 바디 궁전, 쿠투비아 모스크, 벤 유세프 이슬람 학교 등이 바로 그것이다.

마라케시에 메디나Medina(구시가지)가 형성된 것은 알모라비드 왕조 시절인 9~13세기 사이다. 메디나의 흙빛 성벽은 알리 벤 유세프의 명령으로 10세기에 건설됐다. 이때 알모라비드 왕조는 메디나와 더불어 야자 숲도 조성했는데, 숲 일부는 21세기인 지금까지도 남아 있다. 13세기 메리니드 왕조가 도시를 점령하면서 잠시 쇠락의 길을 걸었지만 14세기부터 17세기 후반까지 사디 왕가의 지배 아래 더욱 화려하게 변모했다. 세계 여행자들이 모로코에서 제일 가고 싶은 도시 1위가 된 배경에는 이러한 연유가 숨어 있다.

MOROCCO BY AREA 03
마라케시

|Theme|
쉐 알리 Chez Ali

마라케시는 〈알리바바와 40인의 도적〉의 배경이 된 도시다. 투어를 신청하면 전용 차를 타고 마라케시 근교에 있는 공연장으로 이동하게 된다. 공연은 매일 늦은 밤 펼쳐지는 것이 보통. 저녁 9시가 지나면 공연장에 하나둘 여행자가 모여들기 시작한다. 중앙에 거대한 운동장이 있고 그 주변으로 천막이 형성되어 있는데, 운동장에서 본 공연이 펼쳐지기 전 여행자는 천막에서 맥주와 음료를 마시며 대기하게 된다. 악사와 무용수들은 여행자들이 지루하지 않게 천막을 돌면서 다양한 춤과 노래를 선보이며 흥을 돋운다. 비로소 본 공연을 알리는 안내가 나오면 천막에서 대기하던 여행자들이 일제히 운동장 가장자리로 모여든다. 밸리댄스와 비슷한 현란한 무용수들의 공연과 베르베르 무용수들의 각종 퍼포먼스도 일품이지만, 하이라이트는 단연 달리는 말에서 각종 묘기를 선보이는 베르베르 기수들의 공연이다. 보기만 해도 아찔한 장면이 계속 진행되는데, 지켜보는 여행자들의 두 손은 절로 말아 쥐고 입에선 감탄사가 흘러나온다. 〈알리바바와 40인의 도적〉을 테마로 간판을 걸고 있지만 베르베르족의 마상 묘기가 하이라이트다. 그래도 구색을 갖추기 위해 입구에 알리바바의 동굴이 자리하고 있다. 공연은 1시간 정도 진행되며, 마지막으로 무용수들과의 사진 촬영 시간도 주어진다. 야간에 야외에서 진행되는 공연인 만큼 제법 쌀쌀한 편. 긴 소매의 옷가지나 바람막이 점퍼 등을 준비하는 것이 좋다. 마라케시 수크와 제마알프나 광장 인근의 여행사에서 신청할 수 있다.

Data 가는 법 홈페이지나 마라케시 현지 여행사를 이용하는 것이 보통. 제마알프나 광장, 마라케시 시장 주변에서 여행사를 쉽게 만날 수 있다. 약 50~80유로 선으로, 여행사에서의 가격은 흥정하기 나름 전화 6727-88351 요금 1인 50~80유로 홈페이지 www.chezaliofficiel.com

붉은 도시와 사뭇 대조되는 공간
마조렐 정원 Jardin Majorelle

이국적인 푸른 건물과 한적한 정원이 조화를 이룬 공원. 마라케시 메디나에서 멀찌감치 떨어진 북서쪽에 있다. 다양한 수종의 나무와 선인장으로 가득한 남국의 열대 정원을 천천히 걷고 있노라면 마라케시 시장과 제마엘프나 광장에서 어질어질해진 정신이 비로소 되돌아온다. 프랑스의 영향을 받은 모로코는 '자댕'이라고 불리는 정원이 도시마다 있다. 오래전 이곳을 만든 프랑스 화가의 이름을 따서 지었고 지금은 디자이너 이브 생로랑Yves Daint Laurent이 소유하고 있다. 울창한 정원에 둘러싸인 푸른색의 화려한 건축물은 붉은 도시로 대변되는 마라케시 메디나와 다소 상반되는 분위기다. 건물 곳곳에 아름다운 분수가 있고, 통로마다 놓인 다양한 색깔의 화분도 멋진 피사체가 된다. 정원 한 쪽에는 그를 추모할 수 있는 공간이 있다. 이브 생 로랑에 대해 더 궁금하다면, 마조렐 정원 바깥에 있는 그의 박물관Musee Yves Saint Laurent을 방문하는 것도 좋다.

Data 지도 126p-A
가는 법 제마엘프나 광장에서 택시 10분
주소 Rue Yves Saint Laurent, Marrakesh 40090
전화 5242-98686
운영시간 08:00~17:30
요금 입장료 150디르함(정원)
홈페이지 www.jardinmajorelle.com

Tip 마조렐 정원 박물관 통합 입장료의 가격이 부담스럽다면 정원만 관람해도 충분하다. 박물관 내부는 호불호가 갈리는 편. 평소 이브 생 로랑에 그다지 관심이 없었다면 과감히 패스하자. 이국적인 정원을 배경으로 파란색의 박물관 외관 사진만 찍어도 충분할 테니.

비견할 데 없는 건물
엘 바디 궁전 El Badi Palace

14세기 후반, 건축가 아흐메드 엘 만수르Ahmed El Mansour에 의해 지어진 궁전으로, 흙빛 도시 마라케시에 잘 녹아든 모습이다. 아랍어로 '비견할 데 없는'이라는 뜻. 실제로 궁전에 입장하면 특유의 웅장함에 압도되는데, 왜 그런 별칭이 붙었는지 절로 깨닫게 된다. 폭 150m에 달하는 정원을 가운데 두고 사방으로 흙빛 성벽이 병풍처럼 둘러싸고 있다. 중앙 정원에는 대형 인공 연못과 작은 숲이 있으며, 풍성하게 열린 오렌지 나무가 가득하다. 중앙아프리카 수단에서 공수해온 바닥재가 깔린 내부 구조도 일품. 박물관으로 꾸며진 지하의 방들은 로마의 카타콤을 연상케 한다. 2층 전망대에 오르면 마라케시 전경을 한눈에 감상할 수 있다. 황색 아랍 가옥의 지붕이 물결치고, 멀리 제마알프나 광장과 쿠투비아 모스크의 모습도 눈에 들어온다. 성벽 꼭대기에는 대형 황새가 둥지를 틀고 있는데, 망원 렌즈가 있다면 썩 괜찮은 사진을 건질 수 있다.

Data 지도 126p-E, 127p-E 가는 법 제마알프나 광장에서 도보 10분 주소 Ksibat Nhass, Marrakesh 운영시간 08:00~17:00 요금 입장료 70디르함~ 홈페이지 www.palais-el-badi.com/en

Tip 동절기라면 해 질 녘에 올라가 보자
엘 바디 궁전의 2층 테라스는 마라케시 메디나 일대를 조망할 수 있는 최고의 전망대가 된다. 특히 10~3월에 해당하는 동절기 폐장 시각 즈음 이곳을 찾으면 붉은색 노을과 메디나 일대를 함께 볼 수 있다. 운이 좋다면 메디나 상공을 날아가는 황새를 포착할 수도 있다.

웅장한 자태
바히아 궁전 Bahia Palace

현지어로 '아름다운 궁전'이라는 뜻의 건축물. 흑인 노예 출신이던 시무사Si Musa가 권력을 잡고 술탄의 지위에 오른 장소로, 아내의 이름을 땄다. 제마엘프나 광장 서남쪽, 마라케시 시장 초입에 위치하고 있다. 입구를 통과해 약 100m 정도를 걸으면 우측에 좁은 문이 나오는데, 그곳이 바히아 궁전의 입구다. 좁은 문을 통과하면 아라베스크 문양의 신비로운 내부 장식과 작은 정원이 눈앞에 나타난다. 궁전 곳곳의 벽면을 가득 채운 화려한 타일의 기하학적인 무늬는 이곳의 하이라이트라고 할 수 있다. 바히아 궁전 역시 안뜰에 넓은 정원과 중정이 있는 이슬람 주택 양식의 기본적인 스타일을 잘 따르고 있다. 탐스러운 오렌지가 가득 열린 오렌지 나무와 북아프리카의 희귀한 꽃이 심어진 정원은 멋진 출사 포인트가 되어준다. 마라케시를 대표하는 주요 유적이라 오후에는 세계 각지의 단체 여행자로 붐비는 편이다.

Data 지도 126p-E, 127p-F
가는 법 제마엘프나 광장에서 도보 10분
주소 5 Rue Riad Zitoun el Jdid, Marrakesh 40000
운영시간 09:00~16:30
요금 입장료 70디르함~
홈페이지 www.palais-bahia.com/en

마라케시의 상징
쿠투비아 모스크 Koutoubia Mosque

제마알프나 광장 외곽에 있는 모스크로 77m의 높이에 달하는 뾰족한 첨탑은 광장 어디에서나 쉽게 볼 수 있다. 쿠투비아 모스크는 10세기 무와히둔-알모아데 왕조 시절에 건립됐다. 이곳의 첨탑은 아랍 건축의 진수를 보여주며 마라케시의 상징으로도 통한다. 첨탑의 외벽은 석회암을 베이스로 벽돌과 슬레이트가 추가되어 만들어졌고, 모스크 내부의 전반적인 구조는 스페인 그라나다의 알람브라 궁전을 모델로 삼아 지어졌다. 본래 이 자리에는 다른 모스크가 있었는데, 메카(현재 사우디아라비아)를 향해 지어지지 않아 철거되고 말았다. 지금의 모습은 12세기에 지어진 건물이다. 쿠투비아 모스크에는 17개의 예배소가 있으며, 2만 5천 명의 신도를 한번에 수용할 수 있다. 이슬람 신자가 아니라면, 내부에 들어갈 수 없다. 매일 수차례 제일 높은 곳에서 이슬람 기도 시각을 알리는 아잔 소리가 울려 퍼지기도 한다. 1996년 유네스코 세계문화유산으로 지정되었다. 은은한 조명이 들어오는 저녁에는 매우 멋진 야경 스폿으로 변모한다.

Data 지도 126p-E, 127p-D
가는 법 제마알프나 광장에서 도보 2분
주소 Koutoubia Mosque, Marrakesh

고대 이슬람 학교
벤 요세프 학교 Ben Youssef Madrasa

제마알프나 광장 기준 마라케시 메디나 북쪽에 위치한 유적지. 벤 요세프 마드라사는 마그레브(북아프리카 지역을 지칭)에서 가장 큰 학교 가운데 하나다. 마드라사Madrasa는 현지어로 '신학교'라는 뜻을 지녔는데, 여기서 신학은 이슬람 교리를 뜻한다. 14세기 중반, 마린 왕조의 술탄 아반 엘-하산에 의해 건립됐으며 12세기 알모라비 왕조의 술탄이던 알리 벤 요세프의 이름을 땄다. 1960년에 폐교할 때까지 900명에 가까운 학생들이 이곳에 거주하며 이슬람 교리와 수사학, 코란 율법 등을 공부했다. 크게 1층의 중정과 2층의 거주지로 구분되는데, 1층의 중정을 둘러보고 2층으로 올라가는 것이 일반적이다. 중정의 외벽과 기둥에는 아라베스크 문양과 패턴이 가득해 이국적인 분위기를 선사한다. 2층에는 학생들이 기거했던 곳답게 교실과 기숙사로 추측되는 건물 터가 가득하다. 벤 요세프 학교 바로 옆의 마라케시 박물관Le Musee de Marrakech도 함께 둘러보면 좋다.

Data 지도 126p-B
가는 법 제마알프나 광장에서 도보 20분
주소 Kaat Benahid, Marrakech 40000
운영시간 09:00~17:00
요금 입장료 70디르함~
홈페이지 www.medersa-ben-youssef.com/en

폐허가 된 왕궁
사디안 왕조 묘지 Saadian Tombs | 사디안 툼스

제마알프나 광장 기준 메디나 남쪽에 자리한 무덤. 엘바디 궁전 아래에 있으며, 사디안 왕조의 술탄이었던 아흐메드 알 만수르Ahmed Al Mansour가 16세기에 지은 자신의 묘지다. 사디안 왕조가 융성했던 시기에 술탄 아흐메드 알 만수르의 가족과 친척 등 60여 명이 이곳에 묻혀 있다. 발견되기까지 수백 년 동안 완벽한 상태로 보존되어 있었기에 크게 훼손된 곳은 없는 편이다. 사디안 왕조 이후 마라케시를 점령한 알라위 왕조의 술탄이 이곳을 없애려 했지만, 혹시 모를 불길한 일이 생길 것을 우려한 덕분에 지금까지 묘지가 그대로 보존될 수 있었다. 알라위 왕조의 술탄은 이 무덤을 없애지 않는 대신 묘지 앞에 담을 쌓고 사원을 지었다. 사디안 왕조의 묘지는 이후 수백 년 동안 잊혀졌다가 1917년 항공 촬영을 통해 다시 세상에 모습을 드러내게 된다. 묘지는 모두 사우디아라비아의 메카 쪽을 향하고 있는 것이 특징이다. 모로코식 혹은 아라베스크식 타일의 묘지는 꽤 이국적인 분위기를 선사한다.

Data 지도 126p-E
가는 법 제마알프나 광장에서 도보 15분
주소 Next to Kasbah Mosque, off rue de la Kasbah, Marrakech
운영시간 09:00~16:00
요금 입장료 70디르함~

베르베르 전통을 엿보다
티스키윈 박물관 Musee Tiskiwin | 뮤제 티스키윈

오래된 리아드 가옥을 개조한 박물관. 마라케시에서 오래 거주한 베르베르인들의 문화를 엿볼 수 있다. 2층 규모의 좁은 계단과 복도를 따라 양질의 유물이 가득 전시되어 있다. 입구를 통과해 좌측으로 들어가 리아드 전체를 돌고 다시 우측으로 나오는 동선인데 작지만 매우 알차다. 오랜 리아드 건물 내부를 배경으로 이국적인 사진을 찍을 수 있어 여행자들에게도 큰 인기. 좀 더 자세한 설명을 원한다면 입구에서 영어 가이드 투어를 신청할 수도 있다.

Data 지도 127p-E
가는 법 제마알프나 광장에서 도보 10분
주소 8 Rue de la Bahia, Marrakech
전화 2438-9192
운영시간 10:00~17:00
요금 입장료 30디르함~

오랜 리아드를 개조한 장소
마라케시 역사 박물관 Heritage Museum | 헤리티지 뮤지엄

마라케시 제마알프나 광장 인근에 위치한 작은 박물관. 마라케시 메디나에는 '역사 박물관'이 몇 군데 더 있다. 모두 저마다 자기네 박물관이 원조라며 홍보하는 것이 특징. 이들 대부분 오래된 리아드 건물을 개조해 박물관으로 꾸며놓았다. 마라케시의 어느 역사 박물관을 찾더라도 수준급 유물과 자료를 관람할 수 있는 편이다. 3층 건물과 테라스로 구성되어 있으며 베르베르족의 전통과 생활상을 주로 확인할 수 있다. 이집트 카이로 고고학 박물관, 튀르키예 이스탄불 고고학 박물관, 멕시코시티의 인류학 박물관처럼 거대 박물관이 없는 마라케시에서 역사 박물관은 꽤 쏠쏠한 볼거리를 선사한다. 특히 고고학에 관심이 많다면 반드시 들러보자.

Data 지도 126p-B, 127p-B
가는 법 제마알프나 광장에서 도보 7분
주소 25 Znikt Rahba, Medina Marrakech
전화 5243-90280
운영시간 10:00~17:00
요금 입장료 50디르함~
홈페이지 www.heritage museummarrakech.com

EAT

마라케시 최고의 만찬

르 마라케시 Le Marrakech

마라케시에서 가장 비싸고 맛이 좋은 레스토랑을 꼽으라면 제일 먼저 거론되는 곳이다. 레스토랑 특유의 붉은 건물은 제마엘프나 광장 동쪽에서 가장 눈에 띈다. 레스토랑은 복층으로 제마엘프나 광장이 내려다보이는 창가 자리는 예약 필수다. 타진과 쿠스쿠스, 해산물 요리 등 모로코식이 주 메뉴. 근처의 모로코 음식 전문 레스토랑에서 주문하는 음식과는 차원이 다르다. 가격이 많게는 3배가 넘게 차이 나지만 맛과 만족도는 정점에 달한다. 매일 저녁이면 분위기 있는 조명 속에 아마추어 연주가들의 수준 높은 공연도 감상할 수 있다. 영화 〈아라비안 나이트〉에서나 볼 법한 전통 복장의 종업원들도 눈길을 사로잡는다. 장소가 장소인 만큼 사진 촬영에도 호의적이다. 여행자들이 유독 이곳을 사랑하는 이유는 모로코에서 쉽게 마시기 어려운 맥주를 주문할 수 있기 때문. 제마엘프나 광장을 내려다보며 모로코 음식과 함께 즐기는 맥주는 꿀맛이 따로 없다. 배낭여행자들 주머니 사정을 고려했을 때 가격이 제법 비싸지만 마라케시 최고의 저녁이 완성된다. 선택은 여행자들의 몫.

Data **지도** 126p-E, 127p-B **가는 법** 제마엘프나 광장에서 도보 1분
주소 52, rue des Banques, Marrakech 40000 **전화** 5244-43377 **운영시간** 12:00~24:00
가격 음료 50디르함~, 음식 100디르함~ **홈페이지** www.lemarrakech.com

정통 모로코 음식과 만나다
타진 다르나 Taj'in Darna

제마알프나 광장 동남쪽 입구에서 만날 수 있는 레스토랑이자 카페. 이른 아침부터 밤늦은 시각까지 운영하며, 제마알프나 광장과 바로 붙어 있기 때문에 늘 여행자로 붐빈다. 식사로 주문하는 음식은 주로 타진과 쿠스쿠스. 민트 티와 누스누스 커피도 인기 메뉴다. 빈자리가 없다고 해도 걱정할 필요가 없다. 대부분 차를 마시는 여행자가 많아 자리 회전율은 비교적 빠르니 쉽게 포기하고 돌아서지 말자. 여행자를 향한 직원들의 서비스는 매우 좋은 편. 필자가 소나기를 맞고 들어와 민트 티 한 잔을 주문했는데, 직원이 선뜻 자신의 파카를 벗어주는 것만 보더라도 이곳의 서비스 정신을 알 수 있다. 저렴한 가격에 맛 좋은 한 끼 식사를 즐기고 싶다면 주저 없이 들어가 보자.

Data 지도 127p-B
가는 법 제마알프나 광장에서 바로 **주소** 50 place jamaa el fna, Marrakech **전화** 6611-89482 **운영시간** 08:00~24:00
가격 음료 10디르함~, 음식 40디르함~

최적의 위치
세뜨 생 레스토랑 7 Saints Restaurant

타진 다르나 레스토랑을 등지면 좌측에 분홍색 건물이 바로 보인다. 세뜨 생 레스토랑은 그 건물 1층에 자리한 음식점 가운데 하나다. 야외 테이블에 앉아 제마알프나 광장에서 펼쳐지는 각종 퍼포먼스를 바라보면서 모로코 전통 음식을 맛볼 수 있는 것이 장점. 누스누스 커피와 민트 티, 케이크 등의 카페 메뉴도 준비되어 있다. 광장이 북적북적해지는 해 질 녘부터 밤늦은 시각까지는 빈자리가 없을 정도로 문전성시를 이룬다. 광장에 인접한 야외 테이블에서는 카메라와 지갑, 휴대전화의 분실 우려가 높은 편이니 주의해야 한다.

Data 지도 127p-B
가는 법 제마알프나 광장에서 바로
주소 Place Jema EF N'a, Marrakech
전화 6622-02059
운영시간 08:00~23:30
가격 음료 10디르함~, 음식 50디르함~

고품격 식사의 교과서
엘 바히아 레스토랑 El Bahia Restaurant

1976년에 문을 연 유서 깊은 레스토랑. 마라케시의 주요 명소 가운데 하나인 바히아 궁전 바로 옆에 있다. 제마알프나 광장에 있는 르 마라케시와 함께 마라케시 최고 수준의 레스토랑으로 분류된다. 오랜 역사를 자랑하는 음식점답게 트립어드바이저를 비롯한 다양한 여행 전문 사이트와 여행 잡지로부터 찬사를 받았다. 화려한 카펫과 아라베스크 문양의 타일로 장식된 내부 인테리어도 수준급. 일반적으로 점심과 저녁을 먹을 수 있지만 여행자들은 보통 저녁에 이곳을 찾는다. 점심에는 가벼운 음식에 차 한잔을 즐기는 것이 보통. 타진과 쿠스쿠스, 괴프테, 파스타, 모로코식 피자, 모로코 수프 등 다양한 음식이 준비되어 있는데, 들어가는 재료에 따라 세분화된다. 리아드를 개조한 레스토랑이라 분위기 하나만큼은 일품. 게다가 잔잔한 모로코 전통 음악과 함께하는 다이닝은 더욱 특별하다. 마라케시에서 분위기 있는 식사를 하고 싶다면 엘 바히아 레스토랑을 주목해보자.

Data 지도 126p-E, 127p-E
가는 법 제마알프나 광장에서 도보 10분
주소 Ansa el Bahia, Marrakesh 40000
전화 5243-78679
운영시간 09:00~13:00, 16:00~20:00
가격 음료 10디르함~, 음식 60디르함~
홈페이지 www.restaurantelbahia.ma

분위기 있는 테라스
라 테이블 데 마라케시 La table de Marrakech

마라케시 남쪽 수크와 바히아 궁전 사이에 있는 음식점이다. 트립어드바이저를 보면 여행자들의 압도적인 칭찬을 쉽게 발견할 수 있다. 이로 미루어 보아 라 테이블 데 마라케시의 음식 맛과 분위기는 어느 정도 증명된 셈. 아침부터 늦은 밤까지 언제든 모로코 음식을 맛볼 수 있고 강한 향신료를 사용하지 않아 여행자의 입맛에 잘 맞는다. 오렌지 주스, 아보카도 주스, 민트 티 등의 음료도 일품. 메디나가 한눈에 내려다보이는 테라스 자리를 원한다면 혼잡한 식사 시간을 피해 방문하는 것이 좋다.

Data 지도 127p-E
가는 법 제마엘프나 광장에서 도보 10분
주소 178 Hay Essalame, Marrakech 52602
전화 6255-55051
운영시간 11:30~23:00
가격 음료 10디르함~, 음식 40디르함~

제마엘프나 최고의 전망
르 그랜드 발콘 두 카페 글래이셔 Le Grand Balcon du Café Glacier

제마엘프나 광장과 면한 카페이자 음식점. 복층 구조로 이루어져 있으며, 1층에는 실내와 야외 테이블이 있고 별도의 테라스 테이블로 나뉜다. 제마엘프나 광장 주변 대부분의 레스토랑이 그렇겠지만 이곳 역시 멋진 전망을 자랑하는 테라스 테이블이 일품. 특히 은은한 조명이 들어오는 야간에 이곳을 찾으면 꽤 근사한 저녁을 먹을 수 있다. 모로코식 샐러드와 타진, 쿠스쿠스 등의 모로코 음식을 맛볼 수 있고 간단한 차를 마실 수도 있다. 긴 웨이팅이 싫다면 식사 시간보다 일찍 방문하는 것을 추천한다.

Data 지도 126p-E, 127p-B
가는 법 제마엘프나 광장에서 바로
주소 Jemaa El Fna, Marrakech
전화 5244-42193
운영시간 07:00~20:00
가격 음료 10디르함~, 음식 40디르함~

브런치 전문 카페
호텔 레스토랑 카페 드 프랑스 Hotel Restaurant Café de France

오랜 기간 프랑스의 지배를 받은 모로코는 유독 프랑스어를 사용한 레스토랑과 호텔이 많다. 마라케시에서도 프랑스어로 된 간판을 쉽게 발견할 수 있는데, 그중 제마알프나 광장에 면한 호텔 레스토랑 카페 드 프랑스는 아예 '프랑스'라는 이름을 붙여놓았다. 이름에서 짐작할 수 있듯 호텔과 레스토랑, 카페 모두를 겸하는 장소다. 야외 테이블이 많아 현지인들도 애용하는 편. 광장이 한눈에 내려다보이는 테라스에도 자리가 있다. 대낮에는 야외 테이블이 현지인으로 꽉 찬 모습을 볼 수 있다. 음식 맛과 서비스는 호불호가 나뉘는 편. 무엇보다 제마알프나 광장을 멋지게 조망할 수 있는 것만으로도 방문해볼 가치는 충분하다.

Data 지도 127p-B 가는 법 제마알프나 광장에서 바로
주소 Place Jemaa El Fna, Marrakech 2034 전화 6747-47464
운영시간 10:00~11:30 가격 음료 10디르함~, 음식 40디르함~
홈페이지 www.cafe-france-marrakech.com

이탈리안 요리 전문점
아쿠아 카페 Aqua Cafe

모로코 음식 일색인 제마알프나 광장 인근에서 유독 눈에 띄는 서양 음식 전문점. 이탈리안 음식을 주로 취급한다. 리소토와 파스타, 피자, 햄버거, 지중해식 샐러드가 주메뉴라고 할 수 있겠다. 부담 없는 서양식에 테이블도 많아 패키지로 온 대규모 여행자 무리도 이곳을 자주 찾는다. 아침 식사와 점심 식사는 예약 없이 찾아도 자리 잡기가 쉬운 편이지만 많은 인파로 북적이는 저녁 시간에는 예약하는 것이 좋다.

Data 지도 127p-B
가는 법 제마알프나 광장에서 바로
주소 Place jamae lafna, Marrakech
전화 6777-10417
운영시간 10:30~00:00
가격 음료 10디르함~,
음식 40디르함~

여행자들에게 최적화된 음식
야미스 Yamy's

제마알프나 광장과 마라케시 북쪽 수크가 연결되는 지점에 위치한 퓨전 음식점. 모로코 음식부터 서양 음식, 튀르키예 음식 등 다양한 음식이 준비되어 있고 카페의 역할도 한다. 중동식 햄버거와 감자튀김, 콜라를 주문하면 영락없는 패스트푸드점과 같다. 덕분에 야미스 레스토랑은 단숨에 여행자들에게 큰 인기를 얻었다. 믹스 그릴, 파니니, 각종 과일 스무디 등 젊은 여행자들의 입맛에 맞는 메뉴를 자주 개발하는 것이 특징. 광장이 한눈에 보이는 야외 테이블에 앉아 한 끼 식사를 즐기기에 그만이다.

Data 지도 127p-B
가는 법 제마알프나 광장에서 바로
주소 111 Place Jamaa El Fna, Marrakech 40000
전화 662-3300
운영시간 10:00~23:00
가격 음료 10디르함~, 음식 40디르함~

중동 요리의 진수
쉐 체그로우니 Chez Chegrouni

제마알프나 인근에 자리한 중동 음식 전문점. '중동 햄버거'로 불리는 샤와르마부터 튀르키예에서 주로 맛볼 수 있는 괴프테와 되네르 케밥 같은 음식이 준비되어 있다. 물론 타진과 쿠스쿠스 등의 기본적인 모로코 음식도 준비되어 있다. 비교적 저렴한 가격에 배를 든든하게 채울 수 있어 배낭여행자들에게 특히 인기. 제마알프나 광장이 한눈에 내려다보이는 테라스 전망 또한 일품. 오후에 이곳을 찾아 간단한 음식을 주문하고 민트 티나 커피 한잔을 마셔도 좋다. 테라스에 앉아 바쁘게 움직이는 광장의 인파를 내려다보면 다큐멘터리의 한 장면을 보는 듯한 착각을 준다.

Data 지도 126p-E, 127p-B **가는 법** 제마알프나 광장에서 바로 **주소** Place Djemaa Al Fnaa, Marrakech **전화** 6730-35187 **운영시간** 12:00~00:00 **가격** 음료 10디르함~, 음식 40디르함~

배낭여행자들의 성지
영 앤드 해피 호스텔 Young&Happy Hostel

마라케시를 찾은 배낭여행자들에게 최적화된 호스텔. 모든 객실은 4~6인 베드가 놓인 도미토리 혼성룸으로 준비되어 있다. 객실 어디서나 무료 와이파이를 쓸 수 있고, 모로코 전통 빵과 민트 티가 나오는 아침 식사도 눈길을 끈다. 객실에서 창문만 열면 엘 바디 궁전의 흙벽이 바로 보이는데, 꼭대기에 둥지를 튼 황새의 모습도 볼 수 있다. 샤워장과 화장실은 모두 공용. 꽤 분위기 있는 옥상 테라스도 있다. 또 마라케시에서 출발하는 사하라 사막 투어 2박 3일 코스도 예약할 수 있다. 마라케시 도심의 여행사에서 예약하려면 골치 아픈 흥정의 과정을 거쳐야 하지만, 이곳에서 예약하는 경우 그러한 걱정이 없다. 또 숙소에서 만난 반가운 외국인 친구들과 같이 팀을 꾸려 여행할 수 있다는 것도 장점. 건물 입구는 철문으로 잠겨 있는 경우가 보통인데, 이때 철문 좌측 상단의 초인종을 누르면 직원이 문을 열어준다.

Data 지도 127p-E
가는 법 제마알프나 광장에서 도보 15분, 엘 바디 궁전에서 도보 5분
주소 113 Rue Berrima, Marrakech 40000
전화 5243-83388
요금 1박 80디르함~

메나라 공항 인근 최고 숙소
리아드 모가도르 메나라 호텔 앤드 스파 Ryad Mogador Menara Hotel&Spa

신시가지에서 만날 수 있는 최고급 호텔 가운데 하나. 신시가지에 위치하여 메나라 공항과 마라케시 기차역, CTM 버스 터미널과 가까운 것이 특징이다. 모하메드 6세 거리와 의회 궁전과 야외 수영장이 한눈에 내려다보이는 발코니가 일품이다. 싱글룸과 트윈룸으로 구분되며, 또 수영장 전망과 도로 전망으로 나누어진다. 모든 객실은 에어컨, 위성 TV, 무료 와이파이 시설을 보유하고 있다. 화려한 궁전에 초대된 착각을 주게 하는 로비의 대형 샹들리에와 레스토랑 옆 응접실의 아라베스크 문양은 카메라를 절로 꺼내 들게 할 정도. 로비 바로 옆 환전소에서 유로와 달러를 모로코 디르함으로 바꿀 수 있으니 참고할 것.

Data 지도 126p-D
가는 법 제마알프나 광장에서 차로 7분
주소 Avenue Mohamed VI, Hivernage, Marrakech 40000
전화 5305-30530
요금 1박 900디르함~

메디나의 중심
호텔 위쌈 Hotel Wissam

마라케시 제마알프나 기준, 동쪽 수크 중심에 위치한 호텔. 메디나 한가운데에 있어 마라케시 수크, 쿠투비아 모스크, 광장, 마라케시 역사 박물관, 바히아 궁전 등으로의 접근성이 좋다. 건물은 가운데 대형 정원을 두고 사방으로 둘러싼 형국. 메디나 수크 일대를 걷다가 이곳을 만나면 마치 오랜 박물관이나 유적지와 만난 기분이 절로 든다. 입구로 들어서면 마치 옛 저택에 초대받은 느낌이 든다. 싱글룸과 더블룸이 있으며, 성수기와 비수기에 따라 가격이 약간 달라진다. 2013년에 문을 연 호텔이라 내부 시설도 비교적 깔끔한 편.

Data 지도 127p-B
가는 법 제마알프나 광장에서 도보 7분
주소 51, Rue Kennaria, Marrakesh
전화 5243-90821
요금 1박 200디르함~

훌륭한 접근성
안달루시아 호텔 Andalousia Hotel

제마알프나 광장 남쪽 도로에 위치한 호텔. 주변에 바히아 궁전, 엘 바디 궁전이 있고 마켓과 노점시장이 가득해 부담 없이 쇼핑을 즐기기 좋다. 객실은 싱글룸과 더블룸, 트리플룸으로 구분되며, 발코니와 위성 TV, 에어컨, 무료 와이파이 서비스를 받을 수 있다. 약간의 비용으로 공항과 각 명소로의 셔틀 서비스, 세탁 서비스도 신청할 수 있다. 또 1일 5유로의 사용료를 내면 주차장도 이용할 수 있다. 어린이는 호텔에 투숙할 수 없으며, 엑스트라 베드 신청 또한 쉽지 않은 것이 이 호텔의 유일한 단점이다.

Data 지도 127p-D
가는 법 제마알프나 광장에서 도보 10분
주소 7 houmane fatouaki arest maach jamaa elfena, Marrakesh
전화 6615-23457
요금 1박 350디르함~

이국적인 테라스
리아드 자넷 살람 Riad Janat Salam

분위기 있는 파티오와 테라스를 보유한 모로코 특유의 리아드 전통 숙소. 마라케시 메나라 공항과 CTM 버스 터미널, 마라케시 기차역까지 차로 10분 정도 소요되며, 제마알프나 광장, 바히아 궁전, 엘 바디 궁전, 마라케시 수크 등의 명소와도 가깝다. 객실에는 위성 TV와 무료 와이파이가 제공되며, 조식은 유럽식과 모로코식 가운데 선택할 수 있다. 또한 필요 시 요청하면 수제 요리를 즐길 수도 있다. 급하게 오느라 미처 환전을 못했다면 숙소에서 썩 괜찮은 환율로 돈을 바꿔주니 참고하자.

Data 지도 126p-E, 127p-E
가는 법 제마알프나 광장에서 도보 5분 주소 53, Avenue Houmane Fetouaki Arset Lamaach Medina, Marrakesh 40000 전화 6614-77333
요금 1박 250디르함~

깔끔한 객실
호텔 로욱스 Hotel Roux

제마알프나 광장과 쿠투비아 모스크 인근에 위치한 호텔. 깔끔한 시설을 추구하는 여행자들에게 추천할 만하다. 마라케시 메디나 주변에는 허름하고 전통적인 리아드 숙소가 많은 편인데, 호텔 로욱스는 깨끗하고 현대적인 시설의 객실을 다수 보유하고 있다. 흰색 페인트로 칠해진 객실에는 킹사이즈 침대와 위성 TV, 원목 의자가 놓여 있고, 벽면에는 분위기 있는 그림들이 걸려 있다. 마치 아기자기한 디자인 호텔을 찾은 듯한 느낌도 있어 여성 여행자들이 선호한다.

Data 지도 127p-D
가는 법 제마알프나 광장에서 도보 5분
주소 Avenue Mouahidine, Immeuble Roux Médina, Marrakech 40000
전화 5244-45681
요금 1박 500디르함~

가격 대비 훌륭한
호텔 시티엠 Hotel CTM

비교적 저렴한 가격에 접근성이 좋아 배낭여행자들이 선호하는 숙소다. 문만 열고 나가면 제마알프나 광장과 쿠투비아 모스크, 마라케시 수크를 바로 만날 수 있다. 가격이 저렴한 만큼 룸 컨디션은 주변 호텔에 비해 다소 떨어지는 편. 아랍 느낌의 객실과 정원을 보유하고 있고, 제마알프나 광장을 조망할 수 있는 테라스도 일품이다. 여행자들의 호불호가 극명하게 갈리지만 입을 모아 칭찬하는 것은 바로 테라스다. 이곳에 묵는다면 테라스에 꼭 올라가보자.

Data **지도** 127p-E **가는 법** 제마알프나 광장에서 도보 1분 **주소** Djamaa El Fna Square, Marrakech **요금** 1박 200디르함~

모로코 전통 호텔의 정석
리아드 네스마 Riad Nesma

마라케시 남쪽 수크 입구에 자리한 고급 리아드 호텔. 중앙의 안뜰을 기준으로 모로코 전통 리아드 형식으로 지어졌으며, 아랍 스타일을 한층 극대화한 객실을 다수 보유하고 있다. 모든 객실은 개별적으로 디자인하고 설계되어 구조가 조금씩 다른 것이 특징. 전용 욕실과 위성 TV, 라디오, 무료 와이파이 등이 포함되어 있다. 옥상의 수영장도 일품. 무료 조식이 제공되고 투숙객이 요청할 경우 합리적인 가격에 점심과 저녁 식사로 다양한 모로코 요리를 맛볼 수도 있다. 날이 맑으면 멀리 아틀라스산맥이 한눈에 보이는 테라스에 앉아 누스누스 한잔을 즐겨도 좋다.

Data **지도** 127p-E **가는 법** 제마알프나 광장에서 도보 7분 **주소** Riad Zitoun Lakdim, Marrakech 40040 **전화** 5244-44442 **요금** 1박 1,000디르함~

도심에서 즐기는 수영
그랜드 호텔 타지 Grand Hotel Tazi

마라케시 도심에 위치한 호텔로 '관광'과 '휴양'이라는 두 마리 토끼를 모두 잡을 수 있다. 주요 명소가 근거리에 위치해 있어 관광에 유리하고, 호텔에 대형 풀장과 파라솔이 설치되어 있어 따스한 햇볕을 받으며 휴식을 취할 수도 있다. 이러한 환경 덕분에 유럽 여행자들에게 특히 인기 있는 호텔이다. 객실은 개인룸, 더블룸, 트리플룸으로 구분되며 스낵바, 호텔 전용 레스토랑을 보유하고 있다. 또 24시간 언제든지 환전, 룸서비스, 무료 와이파이 등의 서비스를 받을 수 있다. 렌터카 여행자의 경우 1일 3유로만 내면 전용 주차장을 이용할 수 있다.

Data 지도 126p-E, 127p-D
가는 법 제마알프나 광장에서 도보 7분
주소 Bab Agnaou,, Marrakech40000
전화 5244-42787
요금 1박 450디르함~

저가 호텔의 정석
호텔 센트럴 팰리스 Hotel Central Palace

제마알프나 광장 바로 옆 메디나 골목 사이에 있는 저가 호텔. 오래된 건물을 숙소로 개조했으며, 객실에서 쿠투비아 모스크, 제마알프나 광장이 한눈에 들어온다. 이곳의 장점은 저렴한 가격과 접근성이라고 할 수 있다. 저렴한 가격이 말해주듯 호텔 룸 컨디션은 떨어지는 편. 객실은 개인룸, 패밀리룸으로 나뉘며 무료 와이파이, 유료 주차, 유료 공항 셔틀 등의 서비스를 제공한다. 호텔만 나서면 휘황찬란한 제마알프나 광장과 바로 연결되기 때문에 밤늦은 시각까지 관광을 하기에 문제없다.

Data 지도 127p-E
가는 법 제마알프나 광장에서 도보 2분
주소 Bouloukate,, Marrakesh 40000
전화 5244-40235
요금 1박 250디르함~

마라케시의 심장에 위치
호텔 이슬란 Hotel Islane

제마알프나 광장 바로 옆에 있는 3.5성급 호텔. 쿠투비아 모스크를 등지고 대로 건너편에 있어 찾기 쉽다. 접근성과 시설도 우수하지만, 이곳이 유독 눈길을 사로잡는 이유는 마사지와 사우나(하맘) 시설을 구비하고 있기 때문. 튀르키예식 전통 마사지가 북아프리카로 전해지면서 변형된 느낌이 짙지만, 심신의 피로를 푸는 데는 일품이다. 객실은 싱글룸, 더블룸, 트리플룸, 그리고 가족룸으로 나뉘며 호텔 전용 레스토랑과 테라스도 준비되어 있다. 이곳 역시 테라스에 오르면 쿠투비아 모스크가 한눈에 내려다보이는데, 특히 은은한 조명이 켜지는 야간에 올라보는 것을 추천. 테라스에 앉아 마라케시 야경을 감상하며 아랍 전통 물담배 시샤도 도전해보자.

Data 지도 126p-E, 127p-A
가는 법 제마알프나 광장에서 도보 2분 주소 279 Avenue Mohamed V, Medina, 40000 Marrakech 전화 5244-40081
요금 1박 600디르함~

마라케시역 바로 옆
레드 호텔 마라케시 Red Hotel Marrakech

마라케시는 물론 페스, 라바트 등 일반적으로 모로코 도시의 호텔은 메디나에서 벗어날수록 시설이 좋아진다. 복잡한 골목으로 정신없는 메디나보다 비교적 개발이 쉬운 외곽에 있기 때문이다. 레드 호텔 마라케시 역시 마찬가지다. 초대형 샹들리에가 매달린 화려한 로비, 현대적인 객실, 우아한 조명의 레스토랑 등이 최고급임을 증명하고 있다. 마라케시역과 CTM 버스 터미널, 메나라 공항이 가까운 것도 장점. 주요 명소로의 접근성을 과감히 포기한다면 마라케시 최고의 호텔로 손색없다.

Data 지도 126p-A
가는 법 마라케시역에서 바로 주소 Avenue Hassan II (en face de la Gare), Hivernage, 40000 Marrakech
전화 5243-51500
요금 1박 800디르함~

Morocco by Area
04
사하라 지역
SAHARA AREA

여행자들이 모로코를 찾는 가장 큰 이유는 바로 사하라 사막 방문이다. 사하라는 세계에서 제일 큰 사막. 동쪽 모로코에서부터 서쪽 이집트까지 북아프리카 전반에 걸쳐 초대형 규모를 자랑한다. 보통 마라케시에서 2박 3일짜리 투어에 참여하는데, 10여 명의 여행자를 모아 함께 이동한다. 단순히 사막만 보고 오는 것이 아니다. 사하라 사막을 비롯해 남부 모로코 곳곳의 개성 넘치는 도시와 대자연을 경험하는 보너스도 주어진다.

Sahara Area
PREVIEW

사하라 사막 투어는 사막만 들르는 것이 아니다. '북아프리카의 척추'로 불리는 아틀라스산맥, 베르베르족의 거점 도시 아이트벤하두, 명품 카펫 마을 팅히르, 웅장한 토드라 협곡, 사하라로 가는 전진 기지 메르주가 등을 두루 둘러보게 된다. 보통 사하라 사막과의 만남은 2일 차 오후에 이루어진다. 여행자들은 낙타 사파리를 경험하고 환상적인 노을과 밤하늘을 보게 된다. 또 베르베르족이 선사하는 저녁 식사와 그들의 공연은 멋진 추억이 된다.

SEE

보통 2박 3일 동안 이루어지는 사하라 사막 투어는 다양한 도시와 명소를 두루 거치게 된다. 아틀라스산맥에서는 북아프리카 산세의 진수를 감상할 수 있는 전망대가 곳곳에 있다. 아이트벤하두와 팅히르, 토드라 계곡, 다데스 협곡 등을 방문하면 모로코 현지 가이드가 합류해 상세한 지역 설명을 곁들인다. 메르주가의 하이라이트는 낙타 사파리와 베르베르족의 공연으로 나누어진다. 낙타를 타고 만나는 사하라의 노을은 2박 3일 투어의 백미. 사하라의 일출을 볼 수 있는 랜드크루저 투어에도 참여할 수 있다.

EAT

사막 투어에 참여하게 되면 아침 식사와 저녁 식사는 나오지만 점심 식사는 대부분 여행자가 직접 사먹어야 한다. 여행자들이 주로 신청하는 사막 투어에는 점심 식비가 포함되어 있지 않다. 1일 차 아이트벤하두에서의 점심을 시작으로 2~3일 차 점심도 휴게소에서 먹게 되는데, 이 지역에서 먹는 식사 비용은 모로코 물가 대비 매우 비싸다. 이처럼 사막 투어 여행자를 향한 여행지 물가는 해마다 올라가는 편. 울며 겨자 먹기로 사먹는 여행자도 있지만 슈퍼에서 빵과 과자로 때우는 이들도 있다. 마라케시에서 미리 장을 보는 것도 하나의 방법.

SLEEP

사막 투어 1일 차는 보통 와르자자트 인근의 호텔에서 묵게 된다. 와르자자트는 아이트벤하두와 메르주가 사이에 위치한 도시. 아무래도 협곡에 지어진 호텔이다 보니 룸 컨디션은 떨어지는 편이고 정전이 일상이다. 사막 한가운데 천막형 베이스캠프에서 보내는 2일 차는 더욱 특별하다. 천막 안에서 베르베르인들의 공연을 즐기고 그들의 음식을 맛보게 된다. 사막 한가운데인지라 화장실은 자연에서 해결해야 하고 샤워장도 없는 곳이 태반. 이런 것이 불편하다면 고품격 사막 오아시스 호텔을 눈여겨보자. 가격이 높은 만큼 최고의 시설과 서비스를 자랑한다.

Sahara Area
GET AROUND

 **어떻게 갈까?**

1. 마라케시에서 시작
마라케시의 제마엘프나 광장과 마라케시 수크 일대를 걷다 보면 수많은 여행사를 볼 수 있는데, 대부분의 여행사에서 사하라 사막 투어를 신청할 수 있다. 방문하는 도시와 일정에 따라 가격은 천차만별. 흥정은 필수다. 여행자들이 주로 신청하는 2박 3일짜리 투어 프로그램의 가격은 1,000디르함 내외. 여행사가 아닌 숙소에서도 신청할 수 있다. 이럴 경우 숙소에서 만난 반가운 외국인 여행자들과 한 팀이 되어 투어에 참여할 수 있다. 제마엘프나 광장이나 마라케시 수크 일대의 일반 여행사보다 바가지의 염려도 적다.

2. 메르주가에서 시작
대중교통으로 메르주가에 간 다음 사막 투어에 참여하는 방법이다. 마라케시에서 출발하는 사막 투어 프로그램과 달리 아이트벤하두, 팅히르, 토드라 협곡, 다데스 협곡, 아틀라스산맥 등을 구경하지 못하는 대신 사막에 좀 더 집중할 수 있다. 외국인 여행자로 가득했던 마라케시 출발 투어와는 달리 한국 여행자를 많이 만날 수 있다. 한국인 여행자들이 주로 이용하는 투어 회사는 '알리네'다. 사하라 전문 투어 여행사로 모로코를 찾은 국내 여행자들 사이에서는 꽤 명성이 높다. '수프라 투어'라는 이름이 붙은 마라케시에서 메르주가로 떠나는 버스는 매일 아침 8시에 출발하며 약 250디르함 내외의 요금이 붙는다. '알리네'는 메르주가 근처 하실라비드라는 마을에 있는 숙소 이름인데, 1박 2일 일정의 프로그램으로 사막 투어를 할 수 있다. 투어 가격은 500디르함 내외. 사막에서의 시간이 많아 낙타 사파리는 물론 샌드보딩 등의 다양한 액티비티를 체험할 수 있다. 알리네 페이스북 페이지를 통해 사막 투어를 신청할 수 있다.

Data 알리네(Auberge L'oasis) www.facebook.com/aubergeoasis

MOROCCO BY AREA 04
사하라 지역

Sahara Area
THREE FINE DAYS

마라케시에서 출발하는 여행사 프로그램에 참여하는 것이 일반적이기 때문에 동선에 대한 걱정은 접어두자. 여행자를 태운 버스가 알아서 각 도시로 데려다줄 테니. 마라케시에서 출발하는 2박 3일 짜리 투어 기준이다. 메르주가에서 출발하는 일정은 2~3일 차 일정과 비슷하다고 볼 수 있다. 사하라는 투어로 참여하는 것이 보통이지만 개별적으로 갈 경우에도 이 루트가 기본이다. 사하라를 전방위로 둘러보고 싶다면 1일 차부터, 사막만 보고 싶다면 2일 차부터 진행하면 된다.

1일차

마라케시 출발

→ 차로 3시간 →

북아프리카의 척추,
아틀라스산맥 관람

→ 차로 2시간 →

건조한 흙빛 도시,
아이트벤하두 둘러보기

↓ 차로 2시간

와르자자트 호텔 투숙

← 차로 1시간 ←

황량한 사막 도시,
와르자자트 방문

2일차

와르자자트 출발

→ 차로 2시간

명품 카펫 마을, 팅히르 방문

→ 차로 1시간

웅장한 기암괴석, 토드라 협곡 산책

↓ 차로 3시간

사하라의 노을, 베르베르족 만찬과 공연 즐기기

← 낙타로 1시간

사하라의 하이라이트, 낙타 사파리 투어

← 도보 10분

사하라로 가는 관문, 메르주가 방문

3일차

사하라의 일출 감상

→ 낙타로 1시간 or 랜드크루저 30분

메르주가 출발

→ 차로 5~6시간

마라케시 도착 (또는 페스로 이동)

MOROCCO BY AREA 04
사하라 지역

마라케시 Marrakech
아틀라스산맥 Atlas Mountains
아이트벤하두 Aït Ben Haddou
와르자자트 Ouarzazate
다데스 협곡 Dades Valley
토드라 협곡 Todra Valley
팅히르 Tingir
메르주가 Merzouga
사하라 Sahara
50km

💬 | Talk |
베르베르족 이야기

베르베르족은 북아프리카 서쪽 지방의 토착 민족이다. 동쪽의 이집트에서부터 서쪽의 대서양, 남쪽의 니제르강, 북쪽의 지중해까지 사하라 전역에 불규칙적으로 분포하고 있는 것이 특징이다. 오랫동안 베르베르인들은 사하라를 본거지로 유목 생활을 했다. 사하라 일대를 침공한 이민자들에 의해 지배를 당하며 사하라 깊숙한 곳으로 쫓겨나기도 했다. 이집트, 튀니지, 알제리 등지를 방문한 뒤 사막 투어에 참여하면 주로 이들이 안내하는데, 이는 모로코 역시 마찬가지다. 사하라 투어의 중심이 되는 메르주가는 이들이 터를 잡고 여행자를 상대하고 있다.

모로코의 베르베르인들은 아틀라스산맥을 기준으로 서쪽에 대거 분포하고 있는데, 반대쪽에 자리한 아랍인들과 조화롭게 살아가는 편이다. 두 민족 모두 이슬람교를 믿고 있어서 그런지 특별한 갈등도 없다. 하지만 생활 수준은 천지 차이. 안 그래도 가난한 베르베르족은 아틀라스산맥이 가로막고 있는 오지에 살고 있어 교육 수준 또한 매우 낮다. 베르베르인이 출세해서 라바트나 카사블랑카에 진출하는 길은 말 그대로 '개천에서 용 난다'는 방법뿐이다. 생활 수준은 낮지만 행복 지수는 매우 높은 편. 메르주가를 비롯한 근교 마을을 둘러볼 때 만나는 베르베르족들은 대부분 표정이 밝다.

|Theme|
사하라 사막 투어 A~Z

꿈에 그리던 사하라 사막과 마주하는 시간. 과연 준비할 것은 무엇이며 무엇을 할지 궁금한 여행자가 많을 것이다. 그런 여행자들을 위해 준비했다.

Q. 사하라 투어는 2박 3일밖에 없나요?

A. 보통 여행자들은 마라케시에서 2박 3일짜리 혹은 메르주가에서 1박 2일짜리 프로그램에 참여한다. 마라케시에서는 주로 외국인 여행자들, 메르주가에서는 한국인 여행자들과 어울리게 된다. 각각의 장단점이 있다. 이들 프로그램 외에도 3박 4일, 길게는 2주까지 다양한 프로그램이 마련되어 있다. 마라케시나 메르주가 여행사에서 체크할 수 있다. 단, 가격 흥정은 여행자의 몫.

Q. 마라케시에서 참여하는 투어 멤버들은 어떻게 정해지나요?

A. 일반적으로 15명 내외의 멤버로 구성된다. 여행사를 통해 신청하거나 인근 숙소에서 신청한 멤버들끼리 모은다. 다양한 국적의 사람들이 참여하기 때문에 이색적인 여행길이 완성된다. 함께 어울려 즐기는 2박 3일 동안 최고의 기억을 선물 받을 수 있다.

Q. 영어를 못해도 투어에 참여할 수 있나요?

A. 영어가 서툴러도 문제없다. '여행'이라는 공통분모로 한자리에 모였기 때문에 서로 다른 언어와 문화, 종교 등은 금세 허물어지고 하나가 된다. 그래도 간단한 인사말과 회화 정도 알아두면 더 즐거운 여행을 보낼 수 있다.

Q. 사막 투어에 참여하면 어떤 음식을 먹게 되나요?

A. 사하라 사막으로 가는 길에 들르는 도시들에서는 모로코 현지식 타진과 쿠스쿠스 등을 먹는다. 간혹 서양식 파스타나 피자 등이 나오는 경우도 있지만, 대부분 모로코 음식이 제공된다. 사막 한가운데서 즐기는 2일 차의 저녁에는 베르베르 음식을 맛본다. 고소한 맛을 내는 베르베르식 수프와 양고기가 듬뿍 들어간 베르베르식 피자는 여행자들에게 큰 인기. 음료는 주로 오렌지 주스, 콜라, 누스누스 커피, 민트 티 등이 제공된다.

Q. 사하라에서는 술을 먹지 못하나요?

A. 모로코는 이슬람권 문화가 강하기 때문에 음주를 엄격히 금한다. 하지만 대도시나 고급 호텔

의 경우 여행자들에게 간혹 판매를 하는 경우도 있다. 사하라 사막으로 가는 길은 작은 도시와 시골의 연속이다. 당연히 술을 파는 곳을 찾긴 어렵다. 사막에서 노을 혹은 밤하늘을 보며 술 한 잔을 즐기고 싶다면 모로코 입국 전 면세점에서 보드카 한두 병 정도 사오는 것을 추천한다. 오렌지 주스나 레몬 주스와 섞으면 꽤 많은 양이 된다. 투어 멤버들과 함께 즐길 수 있을 것이다.

Q. 투어에서의 잠자리는 어떤가요?

A. 2박 3일 투어 기준, 1일 차는 와르자자트 인근의 협곡 호텔에서 머문다. 룸 컨디션은 호불호가 갈리지만 따듯한 물이 잘 나오고 음식도 훌륭한 편. 여행자들이 하루 묵어가기엔 최적의 호텔이다. 사막 한가운데 베이스캠프 천막에서 머무는 2일 차는 경우에 따라 불편할 수도 있다. 화장실과 샤워장이 없기 때문. 특히 무더운 여름에는 더욱 불편하다. 쾌적한 숙소를 원한다면 개인 투어에 참여해 초특급 오아시스 호텔에 묵는 방법도 있다.

Q. 낙타 사파리, 초보자도 쉽게 탈 수 있나요?

A. 매일 수많은 여행자를 태우는 낙타는 완벽하게 조련되어 있다. 초보자의 경우 긴장한 상태로 오르기 때문에 사타구니 부분이 아플 수 있는데, 금세 낙타의 움직임에 적응하게 된다. 또 베르베르인 인솔자가 수시로 체크해 사고의 위험도 없다. 낙타의 걸음은 느리지만 키가 커 제법 빠르게 느껴진다. 긴장이 풀리면 주변 경치에 홀려 사진 촬영에 열중하게 되는데, 반드시 한 손은 손잡이를 꼭 잡고 있도록 하자.

Q. 베르베르족의 공연 분위기는 어떤가요?

A. 낙타 사파리가 끝나고 베이스캠프에 도착하면 베르베르식 저녁을 먹는다. 저녁을 먹자마자 공연과 파티가 이어지는데, 베르베르인들은 나란히 앉아 전통 노래와 연주를 시작한다. 북과 피리 등이 동반되어 금세 흥이 난다. 연주가 끝나면 대규모 춤판이 펼쳐지고 여행자들도 함께 춤을 추게 된다. 베이스캠프가 클럽으로 변모하는 순간이다.

Q. 큰 짐을 모두 들고 사막에 가야 하나요?

A. 마라케시나 메르주가에서 투어를 시작하기 전에 큰 짐은 두고 오는 것이 좋다. 숙소나 여행사 사무실에 짐을 보관하는 곳이 따로 있다. 짐이 많아지면 기동력이 떨어지니 작은 배낭이나 카메라 가방 정도만 들고 참여하도록 하자.

Q. 사막에서 기념품을 살 수 있을까요?

A. 사하라 사막을 가기 전 들르는 도시에서 기념품을 구매할 수 있다. 아이트벤하두, 팅히르, 와르자자트와 같은 마을에서 각종 액세서리, 아르간 오일, 아라비안 그릇, 질 좋은 스카프나 카펫, 모로코 전통 의상 질레바 등을 살 수 있다. 아틀라스산맥을 넘어가는 전망대에도 기념품 가게가 있다. 가격은 마라케시보다 높은 편.

Q. 사막 투어에 참여하면, 따로 발생하는 비용이 있나요?

A. 기본적으로 투어에 숙박과 이동, 아침, 저녁 식사가 포함된다. 점심 식사는 중간에 들르는 마을이나 휴게소에서 따로 사 먹어야 한다. 투어가 끝난 뒤에는 장거리 운전으로 2박 3일간 고생한 운전사에게 약간의 팁을 주는 것이 좋다.

SEE

북아프리카의 척추
아틀라스산맥 Atlas Mountains

아프리카 북서부 모로코에서부터 알제리에 걸쳐 동서로 길게 뻗은 산맥. 아프리카에서 가장 긴 산맥이다. 마라케시에서 사하라 사막으로 가는 길에 아틀라스산맥을 무조건 넘어야 하는데, 특유의 장엄한 절경이 일품이다. 보통 마라케시에서 사하라로 향하는 길목을 하이 아틀라스산맥, 사하라에서 페스로 향하는 길목을 미들 아틀라스산맥이라고 부른다. 붉은 협곡을 옆에 끼고 구불구불한 산길을 넘어가는 동안 멋진 풍경을 감상할 수 있다. 도로 곳곳에는 잠시 쉬면서 산맥을 내려다볼 수 있는 포인트가 많다. 보통 사하라 투어 운전사가 자신이 잘 아는 포인트에 세운 뒤 사진 찍는 시간을 주는데, 멤버들이 요청할 경우 몇 군데 더 세워주기도 한다. 아틀라스산맥 포인트마다 각종 액세서리와 아라비안 그릇, 아르간 오일, 질레바 등을 파는 상인이 있다. 가격은 부르는 게 값. 물건들은 마라케시 수크에 비해 퀄리티가 떨어지는 편이니 이왕 살 것이라면 마라케시 수크에서 사는 것을 추천한다. 1~2월에 사하라 투어에 참여하게 되면 새하얗게 눈 덮인 아틀라스산맥을 만날 수도 있다. 간혹 폭설로 도로가 막히기도 하지만 전망대에서 내려다보는 설경은 뜻밖의 선물로 다가온다.

Data **지도** 160p **가는 법** 마라케시에서 차로 2시간

마을 전체가 영화 세트장
아이트벤하두 Ait Benhaddou

마라케시 남부에 있는 사막 도시. 이 지역 일대에 머물던 베르베르족이 11세기에 건설했고, 마라케시와 사하라 사막을 오가는 상인들이 주로 머물렀다. 마을 전체가 흙으로 지어졌지만, 지금까지 버텨온 것은 비가 거의 내리지 않기 때문. 현재는 10여 가구의 베르베르족 후손이 살고 있으며, 가옥 중 일부만 단체 여행자를 위해 공개하고 있다. 대문을 열고 좁은 통로를 지나면 가축 우리와 주방, 마당이 보이고 거주민이 선한 웃음으로 낯선 이방인을 맞이한다. 2, 3층에 자리한 방에는 화려한 프린트의 카펫이 깔려 있고, 창문이 없는 것이 독특한 분위기를 자아낸다. 성채 꼭대기에 서면 황량한 대지가 끝없이 펼쳐지고 발아래로는 실개천이 유유히 흐른다. 이러한 이국적인 풍광 덕분에 아이트벤하두는 예전부터 수많은 할리우드 영화의 배경이 되었다. 1962년 아카데미 작품상을 수상한 <아라비아의 로렌스>와 <미이라> 등이 대표적. 그중 제일 유명한 영화는 바로 리들리 스콧 감독이 연출하고 러셀 크로우가 열연한 <글래디에이터>다. 당시 영화는 2000년 아카데미 작품상을 비롯해 남우 주연상 등을 휩쓸었다. 그래서인지 마을 곳곳에서 검투사 복장 포스터와 관련 기념품을 쉽게 볼 수 있다.

Data 지도 160p 가는 법 마라케시에서 차로 3시간

MOROCCO BY AREA 04
사하라 지역

마라케시와 사하라의 중간 거점
와르자자트 Ouarzazate

마라케시 남쪽, 모로코 내륙부터 대서양 연안까지 길게 분포한 수스마사드라Souss-Massa-Drâa 지방의 중심에 있는 사막 도시. 예부터 마라케시와 사하라 사막을 잇는 거점 도시로 유명했다. 마라케시와 사하라 일대를 오가는 베르베르족 상인들이 주로 머물렀으며, 프랑스 식민 시절에는 주둔군의 요새가 있는 등 군사적 요지였다. 와르자자트는 사하라 투어에 참여하는 여행자들이 지나는 길목 정도지만, 구시가지 일대는 한 번쯤 둘러볼 만하다. 모로코 시골 특유의 정취가 골목마다 가득하고 현지인들도 호의적이다. 단, 인물 사진 촬영에는 민감한 편이니 주의해야 한다. 마라케시에서 시작하는 2박 3일짜리 사하라 투어에 참여했다면, 보통 이곳 시내 관광을 잠시 한 다음 인근에 있는 호텔에서 투숙할 것이다. 시내 외곽 붉은색 협곡 주변의 경치가 일품. 협곡 주변은 아침저녁으로 매우 쌀쌀한 편이니 긴 소매의 옷가지를 미리 준비하는 것이 좋다. 주변에 '알리우드'라고 불리는 영화 세트장이 있는데, 함께 둘러봐도 좋다.

Data 지도 160p **가는 법** 마라케시에서 차로 4시간 **주소** Ouarzazate, Souss-Massa-Drâa

천 개의 카스바 계곡
다데스 협곡 Dades Valley

삐죽삐죽 하늘을 찌를 듯 높게 솟은 황토색 절벽과 기기묘묘한 바위들이 모여서 만들어진 협곡. 아틀라스산맥의 지류인 하이 아틀라스산맥High Atlas Mountains과 제벨 사흐로 산맥Jabel Sarhro Mauntains 사이에 위치한다. 다데스 협곡 주변으로 수많은 카스바가 있고 대규모의 오아시스가 드문드문 흩어져 있어 '수천 개의 카스바 계곡'이라는 별칭도 붙었다. 마라케시에서 출발해 와르자자트를 들른 뒤 다데스 협곡으로 향하는 것이 일반적이다. 스쿠라Skoura, 엘케라 음구나El-Kella M'gouna, 부만 다데스Boumalne du Dades를 비롯한 여러 오아시스 타운이 형성되어 있고, 이들 주변으로 카스바가 펼쳐져 있다. 여러 오아시스 타운 가운데 가장 인기 있는 지역은 부만 다데스 인근이다. 다데스 협곡의 끄트머리에 자리한 음셈리르Msemrir를 지나면 카펫으로 유명한 마을 팅히르Tinghir와 연결된다. 특히 주변 바위가 분홍색에서 붉은색으로 바뀌는 노을 질 무렵에 찾으면 환상적인 풍경을 볼 수 있다.

Data 지도 160p **가는 법** 마라케시에서 차로 5시간 30분

명품 카펫 마을
팅히르 Tinghir

와르자자트와 메르주가, 두 마을 사이에 있는 모로코 남부의 작은 마을. 얼핏 들으면 모로코 북쪽의 지브롤터 해협에 면한 항구 도시 탕헤르Tanger와 헷갈리기 쉽지만 엄연히 다른 마을이다. 팅히르는 척박한 사막에 인근 토드라 계곡의 물을 끌어와 크게 조성한 마을이다. 이 작은 마을이 유명한 이유는 모로코 명품 카펫이 생산되기 때문이다. 튀르키예의 카펫보다는 명성이 덜하지만, 모로코의 카펫은 소리 없이 강하다. 2박 3일 사하라 투어에 참여한 여행자들은 대부분 2일 차 오전에 이곳에 들르게 된다. 패키지 여행 상품의 쇼핑 코스라고 생각하면 이해가 쉽다. 마을의 어느 카펫 전문점에 초대되어 민트 티 한잔을 대접하고, 여행자들에게 다양한 카펫을 보여준다. 카펫에 수놓인 문양 또한 매우 독특하다. 행운을 불러오는 무늬, 사막의 물을 상징하는 문양, 사하라 사막의 낙타를 새긴 것도 눈에 띈다. 팅히르 특산 카펫의 가격은 크기에 따라 50~150유로 선. 비싼 편이지만 두고두고 훌륭한 인테리어 아이템이 되니 큰맘 먹고 하나쯤 기념으로 구매하는 것도 좋다. 시간이 많은 자유 여행자라면 서쪽의 에라시디아Errachidia, 남쪽의 자고라Zagora 등의 소도시를 둘러보는 것도 좋다. 모로코 시골 특유의 고즈넉한 분위기는 모두 일품일 테니.

Data 지도 160p **가는 법** 마라케시에서 차로 6시간

북아프리카의 그랜드캐니언
토드라 협곡 Todra Valley

팅히르 마을 인근에 자리한 초대형 협곡. 높이 160m가 넘는 토드라 협곡의 붉은 바위는 보는 것만으로도 아찔한 기분이 들게 한다. 높이 솟은 절벽은 하늘을 찌를 듯하고, 협곡 사이로는 맑은 개천이 흘러 신비로움을 한층 드높인다. 토드라 협곡은 아틀라스산맥이 빚은 거대한 작품. 2억 년 전 지각 변동으로 생긴 이 협곡은 여행자들 사이에서 '북아프리카의 그랜드캐니언'이라는 별명을 얻었다. 계곡 사이로 우뚝 선 2개의 바위는 당장에라도 눈앞으로 다가올 것처럼 상당히 위압적이다. 협곡 단면에는 2억 년이 넘는 지구의 역사가 그대로 새겨져 있고, 계곡 너머로는 장대한 사하라 사막이 시작된다. 이곳의 맑은 물은 팅히르를 비롯해 주변 마을의 주요 식수원이 된다. 계곡물은 바로 떠서 마셔도 될 만큼 깨끗한 수질을 자랑하지만, 간혹 배탈의 우려가 있으니 선택은 여행자들의 몫. 협곡 사이 도로변을 따라 걸으며 이곳을 둘러보게 되는데 어마어마한 바람이 불어오는 것이 특징. 하절기에는 시원하지만 동절기에는 추위로 고생할 수도 있다. 토드라 협곡의 바위는 세계적인 암벽 등반 코스로도 유명하다. 깎아지를 듯한 바위를 오르는 경험은 말로 표현하기 어려울 정도의 감동을 선사한다.

Data 지도 160p 가는 법 마라케시에서 차로 6시간, 팅히르에서 차로 30분

사하라 사막으로 가는 마지막 관문
메르주가 Merzouga

메르주가는 광대한 사하라 사막으로 들어가는 전진 기지 성격의 도시다. 예전에는 소수의 베르베르인이 살았지만 지금은 여행자를 위해 존재하는 상업 도시로 변모했다. 사막 한가운데 덩그러니 자리한 건물 몇 동이 메르주가임을 알려준다. 마라케시에서 메르주가까지는 무려 620km 거리, 서울에서 부산까지 달리고도 대전까지 다시 달려야 하는 거리와 맞먹는다. 마라케시에서부터 사하라 투어에 참여한 여행자들은 2일 차 오후에 이곳에 도착한다. 또 여기서부터 투어에 참여하는 여행자들은 1박 2일 코스로 움직인다. 메르주가 자체에는 볼거리가 딱히 없는 편. 여행자들이 이곳에 도착하면 대기하던 베르베르인들과 만나 바로 낙타 사파리로 향하는 것이 일반적이다. 이때 마라케시에서부터 이곳까지 수고한 운전사는 하루 동안 쉬고, 다음 날 아침까지의 사막 일정은 베르베르인들이 진행하게 된다. 혹시 무거운 짐을 들고 왔다면 메르주가 캠프에 두고 사막으로 떠날 수 있으니 참고하자. 메르주가 시내의 가게에서 생수를 포함한 간단한 간식을 살 수 있다.

Data 지도 160p **가는 법** 팅히르에서 차로 2시간 30분

사막 투어의 꽃
사하라 낙타 투어 Sahara Camel Safari

메르주가에 도착하면, 바로 사하라 낙타 사파리에 참여하게 된다. 햇볕이 비교적 약하고 노을을 볼 수 있는 오후 5시 전후로 진행되는 것이 일반적. 마라케시에서 2박 3일짜리 사하라 투어 프로그램에 참여했다면 2일 차 오후에 대부분 진행한다. 여행자들은 차례대로 훈련된 낙타 등에 올라 깊숙한 사막으로 천천히 들어간다. 낙타 사파리는 1시간 정도 소요되는데, 사막에 들어갈 때 한 번, 나올 때 한 번 탄다. 낙타가 사구를 하나둘 넘어갈수록 사하라는 제 속살을 유감없이 보여준다. 모래언덕이 끝없이 펼쳐지고, 어느 순간 방향 감각도 사라지게 된다. 낙타 사파리의 하이라이트는 사하라의 노을과 마주하는 순간. 해가 지면 하늘은 황금색에서 짙은 황색으로 변하고 다시 다홍색, 그리고 빨간색으로 바뀌는 놀라운 스카이 쇼를 선보인다. 훈련된 낙타는 비교적 안전한 편. 낙타를 때리거나 묘기에 가까운 기념사진을 찍는 등의 과도한 행동은 삼가자. 또한 낙타를 타고 내릴 때 안전바를 두 손으로 꼭 잡는 것도 중요하다. 자칫 떨어지게 되면 안전사고를 유발할 수 있다. 다음 날 새벽, 다시 낙타를 타고 나오는 길에 밤새 맺힌 이슬로 바지가 온통 젖을 수가 있다. 이슬을 닦을 수 있는 손수건 등을 미리 준비하는 것이 좋다.

Data 지도 160p **가는 법** 메르주가에서 도보 5분

사막에서의 낭만적 하룻밤
사하라 베이스캠프 Sahara Basecamp

낙타 사파리의 하이라이트. 백만 불짜리 사하라 노을을 만나는 지점을 통과하게 되면, 오늘 하룻밤 묵어갈 천막형 베이스캠프가 눈에 들어온다. 낙타에서 내린 여행자들은 모두 약속이라도 한 듯 사구 이곳저곳을 뛰어다니며 노을을 배경으로 기념사진을 찍는다. 그사이 베르베르인들은 천막으로 들어가 저녁을 준비한다. 베이스캠프 안에서 다국적 여행자들과 이야기꽃을 피운 지 약 1시간이 되었을까. 베르베르인들은 저녁 준비를 완료하고 음식을 나르기 시작한다. 화덕에 구운 베르베르식 피자와 육즙이 듬뿍 밴 양고기, 렌즈콩 수프와 베르베르식 샐러드까지 연이어 제공된다. 여행자의 입맛에 맞춘 음식의 맛은 하나같이 수준급. 식사가 끝나면 베르베르인들의 기묘한 연주와 함께 밤늦도록 춤판이 벌어진다. 새벽에는 은하수와 별똥별이 선사하는 환상적인 밤하늘이 선물처럼 펼쳐진다. 삼각대를 준비했다면 은하수를 배경으로 멋진 인생 사진을 건질 수 있다. 화장실과 샤워장은 없는 곳이 많으니 참고할 것. 용변은 자연에서 해결하는 수밖에 없다. 이것 역시 사막 여행의 한 부분. 메르주가 가게에서 구매한 생수로 간단한 세수와 양치질을 할 수 있다.

Data **지도** 160p **가는 법** 메르주가에서 낙타로 1시간

| Talk |
사하라 사막 사진 팁

*사하라 사막과의 만남. 누구에게나 인생 최고의 순간일 것이다.
큰 비용과 시간을 투자하고 이곳까지 온 만큼 꽤 근사한 사진을 남기고 싶은 마음은
누구나 매한가지일 터. 멋진 사진을 남기기 위한 쏠쏠한 정보를 모아봤다.*

카메라 기능이 내장된 휴대전화부터 미러리스 카메라, 보급기 DSLR, 액션캠, 최고급 풀프레임 카메라까지 여행자들이 사하라에 들고 오는 장비는 천차만별이다. 그중 여행자들이 가장 많이 선택하는 장비는 보급기, 중급기, 고급기로 나뉘는 DSLR 카메라다. 물론 고급기로 올라갈수록 사진의 퀄리티도 올라가는 것이 사실. 하지만 보급기 DSLR이나 미러리스 카메라로도 충분히 멋진 사진을 찍을 수 있다. 일단 멋진 풍경이 약속되기 때문에 대충 찍어도 훌륭한 사진을 얻을 수 있다. 사막 사진 대부분은 낙타 위에서 찍기 때문에 흔들림을 최소화하는 것이 중요하다. 또 표준 렌즈보다 광각 렌즈를 준비했을 경우, 사막에서 보다 역동적인 사진을 찍을 수 있다. 낙타 행렬 그 뒤의 사구, 그리고 사구를 넘어가는 붉은 노을까지. 광각 렌즈로 와이드한 컷을 찍은 뒤 약간의 보정 작업만 거치면 전문 사진작가가 부럽지 않은 사진을 건질 수도 있다. 이때 베르베르인들은 낙타 행렬을 여러 갈래로 나뉘어 걷게 하는데, 이는 보다 멋진 사진을 찍게 하려는 일종의 배려다. 풍경 자체가 멋지기 때문에 인물 사진은 구도만 잘 잡으면 훌륭한 사진을 찍을 수 있다. 낙타에 올라 앞에서 혹은 뒤에서 지인이 찍어주는 경우나 셀카봉 등을 이용해서 혼자 찍을 경우 모두 최대한 흔들림을 최소화하는 것이 가장 중요하다. 은하수를 관측할 수 있는 야간은 무거운 삼각대가 비로소 빛을 발하는 시간이다. DSLR 카메라를 삼각대에 튼튼히 고정시킨 다음 조리개를 최대한 개방해서 촬영하면 된다. 은하수의 별 궤적 사진, 혹은 쏟아지는 별을 배경으로 인물 사진을 찍으면 평생 잊지 못할 사진이 완성될 것이다.

사막을 달리다
사하라 랜드크루저 투어 Sahara Land Cruiser Tour

사막에서 즐길 수 있는 액티비티는 낙타 사파리만 있는 것이 아니다. 사하라 랜드크루저 투어는 개조한 사륜구동 자동차를 타고 다이내믹한 사막을 종횡무진 질주하는 프로그램이다. 두바이나 이집트 사막에서 진행하는 투어처럼 모로코 메르주가에서도 스릴 넘치는 랜드크루저 투어를 즐길 수 있다. 랜드크루저는 새벽 일출을 보는 프로그램과 아침나절의 메르주가 인근 포인트 관광 프로그램으로 나뉜다. 일출을 보는 랜드크루저는 매일 아침 4시 30분경에 출발하며, 사하라 사구 포인트에 도착해 일출을 기다린다. 사구 너머로 올라오는 장엄한 일출은 생애 최고의 기억이 될 것. 또 메르주가 인근 포인트 서너 군데를 둘러보는 프로그램은 약 2시간 정도로 이루어지며, 옛 베르베르 마을 터, 유목민 천막 탐방, 알제리, 모리타니와 분쟁 중인 석유 시추 터 등을 둘러보게 된다. 덜컹거리는 좌석에 앉아 시끄러운 북아프리카 음악과 함께하는 랜드크루저 투어는 젊은 베르베르인들의 흥을 '제대로' 느낄 수 있다. 또한 사하라 구석구석 쉽게 가보기 어려운 포인트를 두루 둘러보기에 썩 괜찮은 모험이 된다.

Data 지도 160p 요금 흥정에 따라 30~50유로 선

> **Tip** ***모래 폭풍을 조심할 것!***
> 새벽에 진행되는 일출 랜드크루저 프로그램에 참여했을 경우 주의해야 할 사항이 하나 있다. 새벽녘 아침에는 모래 폭풍이 매우 강하게 불 확률이 높기 때문에 카메라를 비롯한 전자기기 간수에 주의해야 한다. 카메라가 모래 폭풍에 노출되면 고운 모래 입자가 들어가 망가질 확률 또한 높아진다. 사구에서의 멋진 사진 한두 컷을 건지고 싶다면 방수 캡과 같은 특수 장비를 챙기는 것을 추천한다.

💬 | Talk |
사막에서의 먹거리

사하라 투어에 참여했을 때 일반적으로 먹게 되는 음식을 알아보자. 마라케시를 뒤로하고 사하라의 본거지라고 할 수 있는 메르주가까지 가는 동안 아틀라스산맥, 아이트벤하두, 팅히르, 토드라 협곡, 다데스 협곡 등을 두루 거치게 되는데 이들 지역에서 맛보게 되는 음식은 마라케시와 큰 차이가 없다. 주로 타진과 쿠스쿠스를 쉽게 접할 수 있으며, 양고기구이와 같은 고급 요리를 맛볼 수도 있다. 식전에는 모로코 전통 빵이 올라오고 누스누스 커피와 민트 티를 즐길 수 있는 디저트 역시 비슷하다.

베르베르족이 거주하는 메르주가에 도착했다면 음식의 맛이 약간 바뀌는 것을 경험할 수 있을 것이다. 이는 오랫동안 유목 생활을 했던 베르베르식 음식의 영향을 받았기 때문이다. 베르베르식 화덕에 구운 피자와 수프가 올라오고 베르베르 전통 타진과 쿠스쿠스도 맛볼 수 있다. 이는 마라케시나 카사블랑카, 페스 등에서 맛봤던 그것과는 약간 다른데, 양념이 과하지 않은 것이 특징. 이들 음식은 사막 호텔을 비롯한 숙소나 천막에서 맛보는 것이 보통이다. 최근에는 사하라를 찾는 여행자들의 입맛에 맞춰 퓨전 음식으로 변모되었다.

SLEEP

화려한 사막 호텔
카페 두 수드 Café du Sud

메르주가에서 보낼 수 있는 가장 화려한 선택이다. 씻지도 못하고, 화장실도 불편한 사막 베이스캠프가 꺼려지는 여행자들은 이곳이 최고의 대안이 될 수 있다. 정통 아랍 스타일의 근사한 분위기 속에서 하룻밤을 묵어갈 수 있는데, 샤워장과 화장실도 완벽하게 구비되어 있다. 객실은 더블룸과 트윈룸, 트리플룸, 가족룸으로 나뉘며 테라스와 모로칸 라운지를 보유하고 있다. 낙타 사파리 등의 사막 투어를 마치고 돌아와 묵을 수 있는 것도 장점. 이곳의 자랑은 호텔 한가운데에 있는 대규모 야외 수영장. 수영장 너머로는 광대한 사하라 사막이 펼쳐진다. 사막 한가운데서 즐기는 수영, 생각만 해도 짜릿하지 않은가. 대규모 수영장과 파라솔, 그리고 선베드는 여느 해변 휴양 리조트 못지않은 시설을 자랑한다. 사하라에서 태닝과 수영을 즐기는 것, 꽤 이색적인 경험이 될 것이다. 투숙객이라면 낙타 사파리를 비롯해 사륜구동 랜드크루저 투어, 사막 텐트 체험 등의 프로그램도 신청할 수 있다.

Data 가는 법 메르주가에서 차로 15분
주소 Ras el Erg Chebbi, Merzouga 52202
전화 6616-02885
요금 500디르함~ **홈페이지** www.aubergedusud.com

다데스 협곡에서의 하룻밤
르 비유 샤또 두 다데스 Le Vieux Château du Dadès

다데스 협곡 근처에 위치한 3성급 호텔. 보통 마라케시에서 출발하는 2박 3일짜리 사하라 투어에 참여했을 때, 첫날 묵어가는 호텔 가운데 하나다. 아틀라스산맥을 넘어 아이트벤하두와 와르자자트를 둘러보고 다데스 협곡에 도착하면 노을 질 무렵이 된다. 붉은 노을로 물든 협곡을 구경한 뒤 호텔에 도착하면 어느새 저녁이 되어 있을 것이다. 주로 단체 여행자들을 상대로 하는 곳인 만큼 개별적으로 가면 방이 없을 가능성도 높다. 고품격 레스토랑도 겸하고 있는데, 타진과 쿠스쿠스 등의 모로코 음식을 주로 내놓는다. 룸 컨디션은 전체적으로 호불호가 갈리는 편이며 무료 와이파이도 없다. 주변 전력 사정이 좋지 않아 정전도 잦다. 레스토랑에서 저녁을 먹고 있으면 정전되는 경우가 많은데, 종업원들은 촛불을 켜며 "인샬라(신의 뜻)"라고 말하곤 웃는다. 이 또한 여행의 일부라고 생각하면 마음이 한결 가벼워진다. 은은한 촛불이 켜진 레스토랑에서의 만찬은 오히려 더 분위기 있다. 오지에 있는 호텔인 만큼 그 정도는 여유롭게 이해해주자.

Data 가는 법 와르자자트에서 차로 2시간 30분 **주소** Le Vieux Château du Dadès, Dadès Gorge **전화** 5248-31261 **요금** 300디르함~

궁전으로의 초대
노마드 팰리스 Nomad Palace

카페 두 수드와 마찬가지로 사막 한가운데서 최고의 시설과 서비스를 받으며 묵어갈 수 있는 고급 호텔이다. 카페 두 수드보다 더 사막 깊숙한 곳에 위치하여 보다 멋진 전망이 약속된다. 사막 한가운데서 수영을 즐길 수 있는 것은 물론 베르베르족 공연과 캠프파이어, 낙타 사파리, 사륜구동 랜드크루저 일출 투어, ATV 투어 등 각종 사막 액티비티를 신청할 수 있다. 호텔 로비 주변의 무료 와이파이 서비스도 눈길을 끄는데, 사막 한가운데서 즐기는 인터넷이라 기분 또한 남다르다. 아라비아 분위기가 물씬 풍기는 다양한 객실이 준비되어 있으며 조식도 일품. 사막 투어에서 천막에 지내는 것이 꺼려지거나 인생 최고의 하룻밤을 원하는 여행자들에게 가장 이상적인 호텔이 된다.

Data
가는 법 메르주가에서 차로 7분
주소 Nomad Palace Khamlia Ksar, Merzouga
전화 6621-91244
요금 850디르함~ **홈페이지** www.hotelnomadpalace.com

와르자자트 최고의 선택
호텔 카람 팰리스 Hotel Karam Palace

와르자자트에서 1박을 계획하고 있다면 호텔 카람 팰리스가 좋은 선택이 될 수 있다. 도심에 있어 공항과도 가까워 주변 도시로의 이동이 편리하다. 객실은 싱글룸, 더블룸, 트윈룸, 트리플룸, 스위트룸으로 나뉘며, 아틀라스Atlas라는 이름의 레스토랑이 있다. 명품 카펫이 깔린 로비와 은은한 조명의 객실, 아라베스크 문양의 타일이 붙은 욕실은 정통 모로코 스타일에 최대한 맞춘 느낌. 야외 수영장 옆에 있는 분위기 있는 바에서는 매일 밤 고품격 즉흥 연주가 펼쳐진다. 정원과 테라스, 나이트클럽을 보유하고 있으며, 투숙객이 원하면 유료로 마사지, 골프, 자전거 대여 등의 서비스를 받을 수 있다.

Data
가는 법 와르자자트 도심 인근, 와르자자트 공항에서 차로 7분
주소 Avenue Moulay Rachid, Ouarzazate 45000
전화 6678-34142
요금 500디르함~

Morocco by Area

05

에사우이라
ESSAOUIRA

에사우이라는 모로코 서부, 대서양 연안에 자리한 고즈넉한 항구 도시로 오랫동안 모가도르 Mogador로 불렸다. 도시 자체의 규모는 작지만 바다에 인접한 메디나가 선사하는 이국적인 풍광 덕분에 세계 여행자를 불러 모으게 되었다. 항구와 면한 메디나는 존재 자체가 곧 위대한 유산이다. 실제로 에사우이라 메디나는 유네스코 세계문화유산에 지정되기도 했다. 골목마다 아랍 특유의 신비한 분위기를 만날 수 있고, 메디나 밖으로 벗어나면 사람 냄새 가득한 항구와 연결된다.

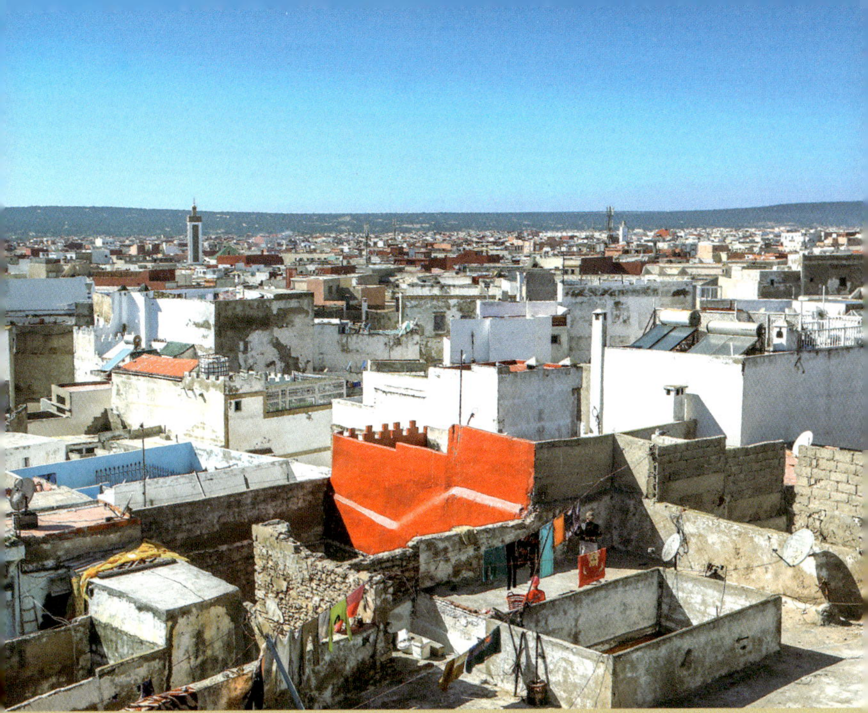

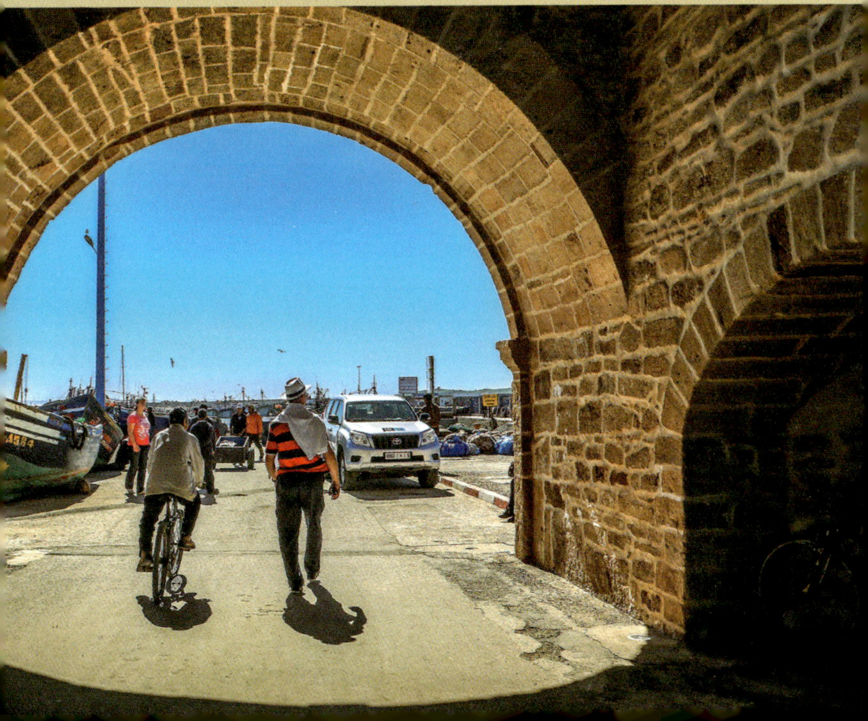

MOROCCO BY AREA 05
에사우이라

Essaouira
PREVIEW

모로코 여행의 큰 축으로 통하는 마라케시와 페스에 비해 규모는 작은 편. 하지만 여행자들에게 꾸준히 사랑받는 이유는 대서양과 메디나의 조화로운 모습 때문일 것이다. 광장에서는 비둘기가 아닌 갈매기를 볼 수 있고, 항구 도시 특유의 비린내가 곳곳에 스며 있다. 마라케시에서 차로 3시간 거리, 여행자들은 당일치기 혹은 1박 2일 코스로 이곳을 찾는다.

SEE

에사우이라 관광은 메디나와 항구로 나뉜다고 할 수 있다. 메디나는 항구와 맞물려 있는 물라이 하산 광장과 연결된 중심 도로를 기준으로 다니면 된다. 중심 도로를 기준으로 중앙에는 메디나 재래시장이 형성되어 있고, 주변으로 각종 기념품 판매점, 레스토랑, 카페, 숙소 등이 있다. 메디나의 규모가 작은 편이라 느긋느긋 두 시간 정도 다니면 모두 둘러볼 수 있다. 항구 쪽 시타델에 오르면 메디나와 대서양이 선사하는 멋진 전망을 한눈에 감상할 수 있다.

EAT

에사우이라는 항구 도시다. 에사우이라 메디나의 골목을 걷고 있으면 대서양에서 갓 잡은 싱싱한 해산물 요리의 고소한 냄새가 코끝을 간질인다. 웬만한 레스토랑에서 초대형 생선구이, 모둠 새우구이, 킹크랩찜 등을 주문할 수 있다. 모로코 전통 음식인 타진과 쿠스쿠스 역시 기본적으로 준비되어 있다. 휴양지 물가로, 음식값은 마라케시 대비 높은 편. 해산물을 좀 더 저렴하게 맛보고 싶다면 시타델 근처의 항구로 향해보자. 어부에게 싱싱한 해산물을 구매하면 바로 옆에 준비된 식탁에서 즉석요리를 맛볼 수도 있다.

BUY

메디나 메인 도로를 따라 각종 기념품 판매점이 늘어서 있다. 아르간 오일과 모로칸 전통 의류 상점, 아라빅 그릇 가게, 각종 액세서리 매장 등이 흩어져 있는데, 가격은 마라케시 수크보다 약간 비싸고 품질은 마라케시 수크와 비슷한 편. 두 도시를 모두 방문한다면 마라케시 수크에서 사는 것을 추천한다.

SLEEP

에사우이라를 찾는 여행자의 절반은 마라케시에서 당일치기로 온다. 숙박하는 경우 메디나에는 저렴한 호스텔에서부터 고급 호텔까지 다양한 숙소가 있어 찾기 어렵지 않다. 호스텔은 대부분 모로코 전통 리아드 형태. 길쭉길쭉 직사각형 형태의 높은 구조로 이루어져 있으며, 메디나를 한눈에 내려다볼 수 있는 테라스를 보유하고 있다. 메디나 중심 도로를 따라 쉽게 볼 수 있는 중저가 호텔에서는 현대적인 객실을 만나볼 수 있다.

Essaouira
GET AROUND

 어떻게 갈까?

1. 버스

카사블랑카나 마라케시, 아가디르 CTM 버스 터미널에서 에사우이라까지 운행하는 노선이 있다. 또 국영 버스 회사인 수프라투어Supratours를 비롯한 많은 버스 회사가 모로코 주요 도시에서 에사우이라까지 연결하고 있다. 에사우이라는 기찻길이 없기 때문에 버스를 타고 오는 여행자가 많아 금세 매진되기도 한다. 적어도 하루 이틀 전에는 예매하는 것이 좋다. 에사우이라 CTM 버스 터미널은 메디나에서 차로 10분 거리인 신시가지에 있고, 국영 버스 회사 터미널은 메디나 바로 옆 해변 인근에 위치한다.

2. 비행기

카사블랑카, 라바트, 마라케시, 페스 등에서 에사우이라 모가도르 공항까지 국내선을 탈 수 있다. 에사우이라가 작은 도시라 모가도르 공항 역시 아담한 편. 카사블랑카와 탕헤르 등에서 에사우이라까지 비행기를 타면 편하게 이동할 수 있다.

에사우이라 모가도르 공항(ESU)에서 시내로 가기

에사우이라 모가도르 공항은 메디나와 도심 기준 동남쪽으로 16km 지점에 있다. 차로는 약 20분 거리. 에사우이라 공항에 도착한 여행자들은 대부분 택시를 타고 이동한다. 일반적으로 에사우이라 지방에서 운행하는 택시는 파란색. 공항을 나와 한쪽에 주차된 파란색 택시를 많이 볼 수 있다. 택시 기사들이 알아서 달라붙으니 느긋한 마음으로 가격을 흥정해보자. 처음에 100디르함 내외를 부르지만 매우 비싼 것이 사실. 장소가 공항인 점을 감안했을 때 50디르함 정도로 흥정했다면 성공했다고 볼 수 있다.

어떻게 다닐까?

1. 택시
에사우이라에서는 구시가지 기준 외곽에 있는 공항과 CTM 버스 터미널을 오갈 때 택시를 탄다. 에사우이라 메디나 찻길에서도 파란색 택시가 많다. 에사우이라의 택시 요금은 매우 저렴한 편. 흥정에 따라 제각각이지만, 시내 이동 시 10분 거리 기준 약 10~20디르함 정도라고 생각하면 된다.

2. 버스
간혹 에사우이라 구시가지와 신시가지를 연결하는 버스에 오르는 여행자들이 있다. 시내버스 요금은 4디르함 내외. 정류장 표시도 찾기 힘들고 손님이 손을 들면 버스가 중간에 멈춰 서기도 한다. 다른 도시와 마찬가지로 에사우이라의 버스 역시 안내 방송이 없고 시설 또한 낙후된 편. 소매치기나 날치기 같은 생활형 범죄에 직면할 우려가 있으니 늘 조심해야 한다.

3. 도보
에사우이라 메디나에서는 도보 외에 선택할 수 있는 교통수단이 없다. 중앙 도로를 따라 움직이면서 골목을 둘러보는 것이 일반적. 메디나, 대서양 쪽의 항구와 해변, 시타델 역시 걸어서 둘러볼 수 있을 정도로 가깝다.

Info

에사우이라 모가도르 공항
Essaouira Mogador Airport
Data 주소 Essaouira Mogador Airport, Essaouira 전화 5244-76704
홈페이지 www.onda.ma

에사우이라 CTM 버스 터미널
Essaouira CTM Bus Station
Data 주소 Essaouira CTM Bus Station, Essaouira 전화 5247-84764
홈페이지 www.ctm.ma

긴급 전화번호
경찰 190 / 안내 160 / 화재 150

＊국제전화
모로코의 국가 번호는 212, 에사우이라의 지역 번호는 524. 모로코에서 한국으로 전화할 경우 '국제전화 식별 번호 00+82+0을 뺀 지역 번호와 상대방 번호를 누르면 된다.

Essaouira
ONE FINE DAY

에사우이라 메디나의 중심, 물라이 하산 광장을 중심으로 동선을 짜면 된다. 바다 쪽으로 향하면 시타델, 항구, 에사우이라 해변과 연결되고 메디나 쪽으로 방향을 잡으면 재래시장, 박물관, 성벽 등과 만나게 된다.

에사우이라 여행의 시작,
메디나 중심 거리 둘러보기

도보 1분

사람 냄새 가득,
메디나 재래시장 구경

도보 5분

만남의 장소,
물라이 하산 광장 방문

도보 5분

조용한 에사우이라
해변 거닐기

도보 10분

고즈넉한 풍경들,
에사우이라 항구 방문

도보 3분

최고의 전망대,
시타델 구경

도보 10분

오랜 역사를 훔쳐보다,
에사우이라 박물관 관람

도보 5분

에사우이라의 자랑,
메디나 성벽 둘러보기

여행이 시작되는 곳
메디나 Medina

마라케시, 페스, 라바트, 카사블랑카, 탕헤르, 셰프샤우엔 등 모로코 도시들은 공통점이 있다. 바로 '구시가지'로 불리는 메디나가 꼭 있다는 것. 이들 메디나는 공통점이 있다. 차량은 절대 들어갈 수 없으며, 골목은 하나같이 매우 복잡하다. 외세에 대항하기 위한 모로칸만의 생존 전략이었던 메디나의 복잡한 구조는 이국적인 풍경이 더해져 세계 여행자를 모으게 되었다. 이는 에사우이라 또한 마찬가지. 에사우이라는 대서양에 면한 항구 도시다. '에사우리아 메디나'는 모로코 전통 메디나에 바다 풍광이 조화롭게 스며들어 더욱 유니크한 곳으로 평가받는다. 메디나 중심 도로를 기준으로 대형 재래시장이 자리하고, 한쪽에는 레스토랑과 기념품 전문점이 자리한 상권이, 반대편에는 모로칸 가옥이 형성되어 있다. 동쪽의 물라이 하산 광장에서 바다 쪽으로 접근하면 시타델과 항구, 에사우이라 해변과 연결된다. 얼핏 보면 마라케시나 페스의 메디나와 비슷해 보이지만 항구 특유의 정취와 풍부한 해산물 요리 등으로 이젠 제법 유명한 지역으로 거듭났다. 휴양지 성격이 짙어서 그런지 다른 도시와 달리 인물 사진 촬영에 비교적 관대한 편이다.

Data 지도 186p-B
가는 법 에사우이라 CTM 버스 터미널에서 택시 10분
주소 Medina, Essaouira

|Theme|
에사우이라 항구에서 해산물을 맛보자!

에사우이라 메디나 동쪽 출입구를 빠져나가면 특별한 볼거리를 만날 수 있다. 도시 이름이 모가도르로 불리던 시절부터 오랜 세월을 버틴 에사우이라의 전통 항구가 바로 그것. 에사우이라는 대항해 시대 이후 유럽과 북아프리카를 연결하던 주요 무역항이기도 했다. 이러한 배경을 바탕으로 예부터 에사우이라는 대서양에서의 어업이 발달했다. 현재도 에사우이라 주민 대다수가 어업에 종사하고 있다. 대형 어선이 정박해 있는 항구 도로를 따라 걸으면 오늘 갓 잡은 해산물을 좌판에 늘어놓고 파는 어부들을 쉽게 볼 수 있다. 수박만 한 킹크랩과 팔뚝 크기의 대형 새우들, 그리고 초대형 생선들의 향연에 여행자들의 카메라는 잠시도 쉴 틈이 없다. 이왕이면 제일 분주한 아침에 찾아야 활력 넘치는 장면을 볼 수 있다. 운이 좋다면 수확한 해산물을 배에서 내리는 모습도 만날 수 있다. 흥정하기에 따라 약간씩 가격이 달라지겠지만, 일반적으로 어부와 소비자가 직거래하기 때문에 매우 싸게 살 수 있는 것이 특징. 놀라운 사실은 저렴하게 산 해산물을 즉석에서 조리해 맛볼 수 있다는 것. 보통 요리에 능한 어부들이 대형 선박 근처에 테이블을 두어 개 놓은 다음 즉석요리를 선보이며 여행자를 호객한다. 킹크랩과 생선구이 등을 저렴하게 맛보면서 이색적인 분위기를 만끽할 수 있다.

서핑의 천국
에사우이라 해변 Essaouira Beach

'바닷가의 푸른 도시'라는 별명의 에사우이라는 예전 포르투갈의 해적들이 주로 머물던 장소였다. 이처럼 유서 깊은 항구 풍경에 이국적인 메디나가 만나 아랍과 유럽이 섞인 듯한 도시로 재탄생했다. 이러한 배경을 등에 업고 에사우이라는 지난 2001년 유네스코 세계문화유산에 등록되었다. 에사우이라 메디나와 항구가 있는 지역을 등지면 끝없이 펼쳐진 해변과 마주하게 된다. 해변 자체만으로 놓고 보면 분명 큰 임팩트 있는 곳은 아니다. 아랫동네 아가디르Agadir와 같은 화려함도 없고 북쪽의 카사블랑카, 라바트 해변과 같은 현대적인 느낌 또한 없다. 에사우이라 해변의 매력은 날것 그대로의 순수함이라고 할 수 있겠다. 바닷가에 높이 솟은 호텔이나 빌딩이 없고, 오랜 항구와 메디나 건물이 보여서 그런지 중세 시대의 해변으로 시간 여행을 온 느낌도 든다. 여행자들이 이곳에서 즐기는 것은 바로 해양 액티비티. 에사우이라 앞바다는 서핑과 카이트서핑, 윈드서핑으로 유럽인들에게 꽤 유명하다. 기본 강습을 받으면 초보자도 누구나 서핑에 도전할 수 있다. 해변을 오가는 낙타에 올라 트레킹을 즐기는 프로그램도 있다.

Data 지도 186p-F 가는 법 에사우이라 메디나에서 도보 10분

> **Tip** **에사우이라 해변에서 서핑 도전하기!**
> 메디나 반대편으로 향하면 서퍼 보드 대여 숍이 몰려 있다. 보통 2시간 동안 서핑 강습을 받고 타는데 300디르함 내외의 비용이 든다. 카이트서핑과 윈드서핑은 500디르함 내외. 평소 서핑 마니아라면 강습 없이 바로 탈 수 있는데, 이 경우엔 30~50디르함 정도의 대여비만 든다.

대서양과 메디나를 한눈에
에사우이라 시타델 Essaouira Citadal

에사우이라 메디나 동쪽의 물라이 하산 광장을 등지고 나서면 메디나 서쪽 입구와 만나게 되는데, 입구 바로 우측에 유독 눈길을 사로잡는 성채가 있다. 대항해 시대, 즉 중세 이후 세워져 도시를 방어하는 시타델은 요새의 목적으로 오랜 시간을 버텨왔다. 에사우이라 시타델은 본 요새 건물과 직사각형 형태의 성벽으로 이루어져 있다. 성벽에는 대서양을 향해 설치된 옛 대포가 드문드문 있는데 갈매기들이 모여 휴식을 취한다. 장난기 가득한 여행자들은 대포에 걸터앉아 기념사진을 찍기도 한다. 에사우이라 시타델의 하이라이트는 본 요새 건물 꼭대기라고 할 수 있다. 제일 높은 곳에 오르면 바로 앞에 에사우이라 항구의 모습과 멀리 대서양의 수평선이 한눈에 들어온다. 반대편으로 돌아서면 에사우이라 메디나의 물라이 하산 광장의 수많은 인파를 볼 수 있다. 오래된 요새와 성벽 자체의 분위기도 일품이지만, 이곳의 또 다른 재미는 갈매기를 비롯한 바닷새에서 찾을 수 있다. 다양한 바닷새들은 사람을 전혀 두려워하지 않기에 가까이 다가가도 도망가지 않는다. 요새 성벽에 위풍당당하게 앉아서 낯선 여행자를 바라보는 바닷새들을 보면 찍어달라고 이야기하고 있는 듯한 착각을 느낀다.

Data 지도 186p-C 가는 법 에사우이라 메디나 서쪽 입구 주소 Essaouira Citadal, Essaouira 운영시간 09:00~16:30(변동 가능성 있음) 요금 입장료 60디르함

현지인을 훔쳐보다
메디나 재래시장 Medina Old Market(Medina Souk) | 메디나 수크

에사우이라 메디나 중심 도로인 시디 모하메드 벤 압델라Avenue Sidi Mohamed Ben Abdellah를 중심으로 양쪽에 펼쳐진 시장을 가리킨다. 모하메드 벤 압델라 도로의 중간을 기점으로 동쪽은 여행자를 위한 기념품 가게, 레스토랑, 숙소 등이 많고, 서쪽은 현지인을 상대로 한 생필품, 식료품 매장이 대부분이다. 동쪽의 기념품 가게는 아라빅 그릇 가게, 질레바와 바부슈(모로코 전통 옷과 신발) 매장, 아르간 오일 전문점, 베르베르식 액세서리 가게, 각종 갤러리와 공방이 가득하다. 거리를 걷는 것만으로도 눈이 즐거울 정도. 서쪽의 현지인 시장 구역을 지날 땐 모로코 사람들의 치열한 삶의 현장을 엿볼 수 있다. 1디르함짜리를 두고 줄다리기하는 상인과 모로칸을 엿보는 재미가 쏠쏠하다. 모하메드 벤 압델라 도로를 기준으로 남쪽과 북쪽 블록이 모두 재래시장 구역이라고 봐도 무방하다. 중간중간 만나는 조붓한 골목 안에도 매장이 가득 들어서 있으니 말이다. 서쪽 현지인 시장 구역의 상인들은 인물 사진 촬영에 민감한 편이니 주의하자.

Data 지도 186p-B
가는 법 에사우이라 메디나 중심
주소 Medina, Essaouira

> **Tip 에사우이라 메디나 재래시장에서 흥정하기**
> 모로코 어느 도시나 마찬가지겠지만, 재래시장에서 물건을 사는 것은 흥정의 연속이다. 가격표는 절대 붙어있지 않으며 여행자들의 사전 정보와 태도에 따라 가격은 천차만별로 달라진다. 일단 마음에 드는 물건을 발견하면 가격을 물어보고 돌아서자. 그러면 대부분 처음 부른 가격보다 훨씬 저렴해진다. 고민하는 척하고 다시 한 번 돌아서보자. 그러면 가격은 더욱 내려가는 놀라운 상황과 직면하게 된다. 흥정은 여행자들의 태도에 달려 있다. 일반적으로 여행자들이 주로 사는 아르간 오일은 100ml에 200디르함, 질레바 200~300디르함 정도의 가격이니 참고하자.

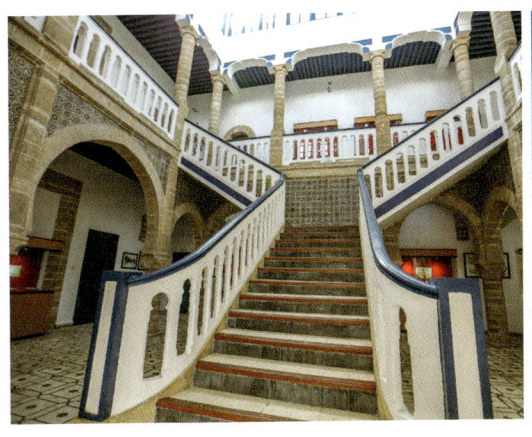

항구 도시의 역사
에사우이라 박물관 Sidi Mohammed ben Abdallah Museum | 시디 모하메드 벤 압델라 뮤지엄

정확한 명칭은 시디 모하메드 벤 압델라 뮤지엄. 16세기 모로코를 통치했던 국왕의 이름을 딴 박물관이다. 에사우이라 메디나 중앙에 있는 도로와 이름이 같다. 다소 어려운 이름 때문인지 여행자들 사이에서는 '에사우이라 박물관'이라고 불린다. 일반 기념품 가게들 사이에 위치하며, 박물관 간판이 작게 붙어 있어 의식하지 않으면 그냥 지나치기 쉽다. 베르베르족의 유물과 중세 에사우이라의 역사 관련 자료가 다수 소장되어 있다. 박물관은 2층 규모로, 모로코 전통 리아드를 개조해 박물관으로 만든 것이 특징이다. 위로 길쭉한 직사각형 형태의 구조와 높은 천장으로 이루어져 있다. 입구로 들어가면 거대한 계단이 눈앞에 나타나고 계단을 오르면 2층의 전시 공간과 바로 연결된다. 아쉽게도 전시 자료와 유물은 사진 촬영 금지. 하지만 전체적인 내부 건물 계단이나, 천장 등의 사진은 찍을 수 있다. 박물관 내부 중앙 계단을 배경으로 기념사진 정도는 찍을 수 있다는 것. 2층 난간에 기대서서 박물관 천장을 배경으로 썩 괜찮은 사진을 건질 수 있다.

Data 지도 186p-B
가는 법 에사우이라 메디나 중심 도로에서 도보 5분
주소 Sidi Mohammed ben Abdallah Museum, Essaouira
운영시간 08:30~17:30
요금 입장료 60디르함~

이국적인 풍경
메디나 성벽 Medina City Walls

에사우이라 메디나를 둘러싸고 있는 흙벽을 가리킨다. 그중 대서양과 면하고 있는 메디나 동북쪽 성벽은 여행자가 직접 오를 수 있어 눈길을 끈다. 에사우이라 박물관을 등지고 북쪽으로 길을 따라 걸으면 골목 끝에 작은 아치형 통로가 보이게 된다. 그 통로만 지나면 바로 메디나 성벽 입구와 만날 수 있다. 오랜 세월을 견딘 성벽이라 해풍과 비로 인해 흙벽이 부분적으로 무너지기도 했다. 그 때문에 끊임없는 보수가 이루어지면서 지금의 모습으로 재탄생하게 되었다. 성벽에서 내려다보는 케케묵은 메디나 전경은 바로 옆의 푸른 대서양과 상당히 대조적이다. 좁은 골목 사이로 길쭉길쭉한 건물이 드문드문 솟아 있고 전깃줄이 아무렇게나 칭칭 감겨있지만, 아랍 특유의 도시가 선사하는 분위기만큼은 엄지를 치켜세워 줄 만하다. 메디나를 등지고 바라보는 대서양의 전망 또한 일품. 에사우이라 메디나와 멀리 보이는 시타델, 그리고 대서양을 파노라마 전망으로 한눈에 볼 수 있는 것이 최고의 장점이다. 유럽에서 온 여행자들은 '크로아티아에 두브로브니크 성벽이 있다면 모로코에는 에사우이라 성벽이 있다'는 말을 할 정도. 그만큼 이곳이 선사하는 특유의 아름다움 때문. 리노베이션이 지속적으로 진행 중이기 때문에 간혹 문을 닫고 운영을 하지 않는 경우도 있으니 참고할 것.

Data 지도 186p-A 가는 법 에사우이라 메디나 중심 도로에서 도보 5분
주소 Medina City Walls, Essaouira 운영시간 09:00~18:00 요금 입장료 60디르함~

언제나 북적북적
물라이 하산 광장 Moulay Hassan Square

메디나 서쪽 입구가 있는 항구와 시타델부터 중심 도로가 시작되는 부분까지 넓게 형성되어 있는 초대형 광장. 에사우이라에서 가장 넓은 광장으로, 현지인에게는 소중한 휴식처가 되고 여행자들에게는 만남의 광장 또는 여행이 시작되는 장소로 선택된다. 온종일 많은 유동 인구를 보여주는 곳으로 광장 곳곳에서 각종 거리 공연, 집회, 축제 등이 펼쳐지기도 한다. 양탄자를 깔고 메카 방향으로 기도를 올리는 이슬람교도의 모습도 보이고, 갈매기에게 먹이를 던져주며 뛰어다니는 어린아이도 눈에 들어온다. 방파제를 등지고 드문드문 벤치가 설치되어 있어 지친 다리를 잠시 달래며 망중한을 즐기기에 좋다. 특히 에사우이라는 햇볕이 따스해 벤치에 앉거나 방파제에 기대어 일광욕을 즐기는 이들이 많다. 방파제 너머 바위 해변에 접근해 대서양의 거친 파도를 구경해볼 수도 있다. 메디나 서쪽 입구와 가까운 쪽에는 해산물을 파는 상인과 즉석 오렌지 주스를 갈아주는 이들이 몰려 있다. 오렌지 주스 가격은 한 잔에 10디르함 내외. 마라케시의 오렌지 주스보다 비싼 편이지만 맛은 그에 못지않게 좋으니 마셔보자.

Data 지도 186p-C **가는 법** 에사우이라 메디나 중심 도로에서 도보 5분
주소 Moulay Hassan Square, Essaouira

> **Tip** *광장 벽화를 배경으로 사진 찍기*
> 에사우이라 물라이 하산 광장의 대서양 쪽 외벽에는 다양한 벽화가 그려져 있다. 여행자들 사이에서 고양이 벽화가 가장 큰 인기를 얻는데, 고양이 벽화 위로 갈매기가 한두 마리 앉으면 꽤 인상적인 상황이 연출되기 때문. 마치 벽화 속 고양이가 튀어나와 갈매기를 낚아챌 것만 같은 재미있는 사진을 찍을 수 있다.

EAT

모로코 현지식 전문
레스토랑 다르 무니아 Restaurant Dar Mounia

에사우이라 박물관 인근에 있는 모로코 음식 전문점. 레스토랑은 1층에 위치하고 있으며 같은 이름의 숙소가 2, 3층에 자리한다. 1층 내부와 야외, 옥상 테라스에 테이블이 준비되어 있어 원하는 곳에서 식사할 수 있다. 햇볕이 따스한 동절기에는 야외에서 먹는 것을 추천하지만 무더운 하절기에는 시원한 내부에서 먹는 것이 좋다. 모로코 음식과 해산물 요리가 주메뉴. 모로코식 수프, 튀르키예식 쾨프테와 같은 메뉴도 준비되어 있다. 음식 맛과 퀄리티는 마라케시 일반 레스토랑보다 조금 높은 편이지만 휴양지 물가가 더해져 약간 비싼 편이다. 에사우이라 인근 레스토랑과 마찬가지로 맥주와 와인은 판매하지 않는다.

Data 지도 186p-B
가는 법 메디나 중앙 도로 인근
주소 Rue Laalouj, Essaouira 44000
전화 5244-72988
운영시간 10:00~11:30
가격 음료 10디르함~, 음식 60디르함~

정통 모로칸 식탁으로의 초대
레스토랑 카페 데 자르 Restaurant Café Des Arts

프랑스어로 직역하면 '예술의 레스토랑' 또는 '예술이 있는 레스토랑'이란 뜻을 지니고 있다. 음식점 내부에 걸린 수준 높은 그림과 모로코 스타일의 우아한 인테리어가 제법 조화롭다. 여행자들이 주로 주문하는 음식은 모로코 전통 음식 타진과 쿠스쿠스. 새우튀김, 각종 생선구이 등 대서양 연안에서 잡은 해산물 요리도 준비되어 있다. 레스토랑 내부에 흐르는 모로코풍의 음악도 일품. 까다로운 여행자들의 입맛을 고려해 같은 음식도 재료에 따라 천차만별로 세분화되는 것이 특징이다. 같은 타진을 주문하더라도 채소, 닭고기, 생선 등 기호에 따라 주문할 수 있다.

Data 지도 186p-B
가는 법 메디나 중앙 도로에서 도보 3분
주소 Avenue de l'Istiqlal, Essaouira **전화** 6061-22709
운영시간 10:00~23:00 **가격** 음료 10디르함~, 음식 60디르함~

모로칸 채식을 맛보다
미야메 Miyame

모로코 전통 음식점으로, 메디나 동쪽 입구의 물라이 유세프 거리Avanue Moulay Youssrf에서 건너면 바로 찾을 수 있다. 얼핏 보면 일반 모로코 음식점과 다른 것 같지 않지만, 자세히 들여다보면 특별한 메뉴가 준비되어 있다. 바로 채식주의자를 위한 요리. 같은 타진과 쿠스쿠스라도 고기보단 채소 위주의 음식을 주문할 수 있다. 그렇다고 고기가 든 음식이 아예 없는 것은 아니다. 가격은 매우 저렴한 편이며 잔잔한 모로코 음악이 흐르는 분위기도 일품. 특히 어린이를 동반한 가족에게 인기다.

Data 지도 186p-B **가는 법** 메디나 동쪽 입구에서 도보 1분
주소 26 Rue Jbala, Essaouira 44000 **전화** 6555-87961
운영시간 12:00~15:00, 19:00~23:00
가격 음료 10디르함~, 음식 40디르함~

멋진 전망은 보너스
라 렌콘트레 La Rencontre

에사우이라 메디나 성벽 바로 옆에 위치한 해산물 정통 레스토랑. 실내는 복층 형태로 이루어져 있으며 테라스 역시 이중으로 준비되어 있다. 해산물을 주로 하는 곳답게 대부분 새우튀김, 문어찜, 생선 요리 등을 주문한다. 간단한 모로코 음식도 주문할 수 있다. 이왕이면 2층 테라스에서 식사하는 것을 추천한다. 에사우이라 메디나 성벽보다 높은 곳에 자리하고 있어 굳이 성벽에 오르지 않아도 될 정도로 멋진 전망을 약속한다. 테라스에서는 대서양의 바닷바람이 비교적 매서운 편. 하절기에는 시원하지만 동절기에는 쌀쌀해 긴 소매의 옷가지를 준비하는 것이 좋다.

Data 지도 186p-A
가는 법 메디나 중심 도로에서 도보 5분
주소 88 Rue Laaluj, Essaouira 44000
전화 6630-08961
운영시간 10:00~23:30
가격 음료 10디르함~, 음식 60디르함~
홈페이지 restaurant-larencontre.eresto.net

모로코 최고의 해산물 요리 전문점
르 샬레 데 라 플라주 Le Chalet de la Plage

맛 좋은 음식과 최고의 서비스, 그리고 낭만적인 분위기까지. 이 모든 것을 경험하고 싶다면 에사우이라 메디나 남쪽 문으로 나가서 해변으로 접근해보자. 해변 북쪽 끄트머리에 꽤 괜찮은 레스토랑을 바로 만날 수 있을 것이다. 르 샬레 데 라 플라주 레스토랑은 해산물을 전문으로 취급하는 음식점으로, 에사우이라에서 가장 신선한 요리를 즐길 수 있다. 해변에서의 멋진 전망과 수준 높은 서비스를 경험할 수 있는 곳이라 가격대는 제법 높은 편. 일반적으로 아침 식사도 할 수 있지만 종종 문을 열지 않는 경우도 있다. 또 레스토랑 우측에 있는 야외 테라스는 저녁에만 오픈하는 경우가 많으니 참고할 것.

Data 지도 186p-D
가는 법 메디나 해변 북쪽 끝
주소 Blvd Mohammed V, Essaouira 44000
전화 5244-75972
운영시간 10:00~22:30
가격 음료 15디르함~, 음식 150디르함~

우아한 다이닝
라 테이블 바이 마다다 La Table by Madada

에사우이라에서 경험할 수 있는 고품격 레스토랑 가운데 하나. 모로코 물가 대비 꽤 비싼 가격이 말해주듯 최고의 시설과 신선한 음식 재료, 고품격 서비스를 느낄 수 있다. 더구나 와인과 맥주를 마실 수 있는 것도 눈길을 사로잡는다. 음식 맛도 일품이지만 우아한 분위기가 큰 비중을 차지한다. 은은한 조명의 실내에는 잔잔한 음악이 흐르고 기분 좋은 향기가 코끝을 감돈다. 한 끼 식사보다 분위기를 우선시하는 여성 여행자들이 특히 좋아할 만한 레스토랑이다. 테이블에 올라오는 음식들도 하나같이 수준급. 세련된 장식으로 플레이트된 요리는 먹기 아까울 정도. 그러다 보니 먹기 전 인증 사진은 필수다. 함께 주문할 수 있는 최고급 와인 리스트도 테이블의 품격을 높인다.

Data 지도 186p-D 가는 법 물라이 하산 광장에서 도보 2분 주소 7 Rue Youssef El Fassi, Essaouira 44000 전화 5244-72106 운영시간 19:00~23:00 가격 음료 50디르함~, 음식 165디르함~ 홈페이지 www.latablemadada.com/en

유서 깊은 명품 빵집
파티세리 드리스 Patisserie Driss

에사우이라 메디나 서쪽 끝의 물라이 하산 광장이 시작되는 지점에 자리한 빵집. 프랑스어를 직역하면 '드리스네 빵집'이란 뜻이다. 1928년부터 시작됐다는 흰색 간판이 유독 눈에 띄는데, 그만큼 오랜 역사를 자랑하고 있음을 증명한다. 매일 아침이면 이곳에서 빵을 사려는 현지인과 여행자들로 비좁은 입구는 매우 혼잡해진다. 크루아상과 카스텔라, 모로코식 전통 빵 등 종류가 다양해 빵을 골라 먹는 재미가 쏠쏠하다. 함께 나오는 오렌지 주스와 누스누스 커피도 일품. 테이크아웃이 가능해 인근에 있는 물라이 하산 광장 벤치에서 아침이나 브런치로 즐겨도 좋다.

Data 지도 186p-C 가는 법 물라이 하산 광장에서 도보 1분 주소 10 rue El Hajjali, Essaouira 전화 5244-75793 운영시간 07:00~20:00 가격 커피 10디르함~, 빵 20디르함~

메디나의 숨은 맛집
쉐 알리 Chez Ali

에사우이라 메디나의 중심 도로인 모하메드 벤 압델라 거리를 등지고 북쪽 에사우이라 박물관과 성벽 쪽으로 향하면 우측으로 작은 광장을 만나게 된다. 작은 광장을 중심으로 레스토랑과 카페가 병풍처럼 둘러싸고 있는데, 체즈 알리 레스토랑은 좌측 2층 테라스에 자리하고 있다. 초행자라면 입구를 찾는 것이 좀 헷갈릴 수 있는데, 파란색 벽화가 그려진 계단으로 오르면 된다. 현지인들이 인정하는 맛집으로 특히 치킨 타진이 일품이다. 모로코식 수프, 쿠스쿠스, 각종 샐러드, 해산물 요리도 수준급. 오후에는 테라스 난간에 있는 테이블에 앉아 따스한 햇살을 맞으며 커피 한잔을 즐겨도 좋다.

Data **지도** 186p-B **가는 법** 메디나 중심 도로에서 도보 5분 **주소** Plage, Essaouira 44000 **전화** 6020-64190 **운영시간** 11:00~20:30 **가격** 음료 12디르함~, 음식 45디르함~

언제나 북적북적
쉐 아메드 Chez Ahmed

모하메드 벤 압델라 거리 인근에 위치한 노천형 레스토랑. 모로코 음식과 해산물 요리가 두루 준비되어 있으며, 커피나 차 한잔을 마실 수도 있다. 넓은 광장에 비슷한 레스토랑 몇 개가 옹기종기 붙어 있다. 체즈 아메드 레스토랑을 비롯해 주변에 음식점들은 가격과 음식, 서비스가 비슷한 편. 그렇기 때문에 만약 체즈 아메드 레스토랑에 자리가 없다면 주변의 다른 레스토랑을 찾아도 좋다. 이곳 일대는 아마추어 거리 연주자들의 공연도 심심찮게 펼쳐진다. 괜찮은 공연을 관람했다면 약간의 팁을 주는 센스를 보이자.

Data **지도** 186p-B **가는 법** 메디나 중심 도로에서 도보 1분 **주소** 222 Place Marché aux Grains, Essaouira 44000 **전화** 5244-74419 **운영시간** 10:00~17:30 **가격** 음료 10디르함~, 음식 40디르함~

광장에서의 망중한
카페 드 프랑스 Café de France

에사우이라 메디나, 물라이 하산 광장 초입에 위치한 레스토랑. 마라케시 제마엘프나 광장에 있는 동명의 레스토랑 에사우이라 지점. '카페'라는 타이틀을 달고 있지만 이곳 역시 엄연한 레스토랑이다. 아침부터 오후까지는 물라이 하산 광장이 한눈에 보이는 야외 테이블에 커피를 즐기는 여행자로 가득하고, 저물녘부터는 식사하는 이들로 가득 찬다. 타진과 쿠스쿠스, 해산물 요리가 준비되어 있고 누스누스 커피와 민트 티도 별미다. 특히 에사우이라의 백만 불짜리 노을을 감상할 수 있는 저녁에는 자리를 잡기가 쉽지 않다. 이곳에서 노을을 감상하고 싶다면 이른 시간에 찾는 것을 추천한다.

Data 지도 186p-C
가는 법 물라이 하산 광장에서 도보 1분
주소 Piazza Mulay Hassan, Essaouira 44000
운영시간 07:00~01:00
가격 음료 10디르함~, 음식 50디르함~

정통 레바논 식당으로의 초대
레바니즈 레스토랑 Libanais Restaurant

레바논 레스토랑으로 중동식 요리를 선보인다. 물라이 하산 광장과 메디나 중심 도로에서 가까워 접근이 쉽다. 누구나 쉽게 상상할 수 있는 아랍 스타일의 레스토랑에 근접한 인테리어를 선보이는 것이 특징. 아랍 전통 특유의 내부 장식과 타일, 식탁이 선사하는 분위기가 절반 이상은 먹고 들어간다. 레바논 음식, 해산물 요리를 주로 주문할 수 있으며 모로코 요리도 준비되어 있다. 여행자들이 주로 주문하는 음식은 아랍식 샌드위치와 햄버거, 그리고 해산물 요리다. 아무래도 모로코에서 맛보는 레바논 음식이라 그런지 호불호는 갈리는 편. 모로코 음식이 질렸다면 한번쯤 도전해볼 만하다.

Data 지도 186p-D
가는 법 물라이 하산 광장에서 도보 5분
주소 5 Rue Youssel El Fassi, Essaouira 44000
운영시간 11:00~23:00
가격 음료 15디르함~, 음식 70디르함~

SLEEP

여행자들의 성소
아틀란틱 우드스탁 호스텔 Atlantic Woodstock Hostel

배낭여행자들 사이에서 저렴하면서 제일 유명한 호스텔. 모로코 여행에 있어 호스텔을 주로 이용하는 여행자들에게는 에사우이라 숙박의 교과서와 같은 곳이다. 모로코 전통 리아드를 개조한 호스텔로 직사각형 형태의 길쭉길쭉한 구조를 선보인다. 도미토리룸과 개인룸이 있으며, 에사우이라 메디나 전체를 조망할 수 있는 테라스도 갖추고 있다. 매일 아침 테라스에서 모로코식 빵과 커피를 먹을 수 있다. 1층 카운터 직원에게 물어보면 에사우이라 명소와 맛집 정보도 가르쳐준다. 와이파이는 다소 약한 편. 1층과 2층에서는 잘 터지는 편이지만 3층 이상은 불편을 감수해야 한다. 개인 보관함을 이용하려면 자물쇠를 미리 준비해야 한다. 다소 불편한 점이 있지만 가격이 저렴하고 외국인 친구를 쉽게 사귈 수 있는 것이 장점이다.

Data 지도 186p-B 가는 법 메디나 동쪽 입구에서 도보 5분
주소 Rue El Abbana, Essouira 44000
전화 7116-63670
요금 도미토리 1박 75디르함~, 개인룸 1박 250디르함~

배낭여행자들에겐 최고의 선택
클라우드 나인 호스텔 Cloud Nine Hostel

아틀란틱 우드스탁 호스텔 바로 건너편에 있는 호스텔. 아틀란틱 우드스탁 호스텔 주인의 친척이 경영하고 있다. 두 호스텔 간 교류도 활발한 것이 특징인데, 만약 자리가 없으면 서로의 호스텔을 소개해주기도 한다. 전체적인 호스텔 정책은 아틀란틱 우드스탁 호스텔과 비슷하며, 최근 리노베이션을 마쳐 조금 더 깔끔한 편이다. 형형색색의 벽화 등 알록달록한 색감의 인테리어가 눈길을 사로잡는다. 조식이 포함되어 있으며 여행 정보를 쉽게 얻을 수 있다. 여행자들은 보통 저렴한 도미토리 객실을 이용하며, 개인 보관함을 쓰려면 자물쇠를 따로 준비하는 것이 좋다.

Data 지도 186p-B 가는 법 메디나 동쪽 입구에서 도보 5분 주소 Rue El Abbana, Essouira 44000 전화 6932-46850 요금 도미토리 1박 75디르함~, 개인룸 1박 250디르함~

모로코식의 교과서적인 하룻밤
리아드 알 메디나 Riad Al Madina

메디나 중심에 자리한 3성급 호텔. 에사우이라 메디나 한가운데에 있어 주요 명소로의 접근이 쉽다. 밤늦은 시각에 주변 레스토랑이나 카페를 찾아도 부담이 없다. 호텔 전체는 리아드식 구조지만 객실은 현대적이다. 2층 건물에 54개의 객실이 준비되어 있으며, 싱글룸과 스탠더드룸, 스위트룸, 가족룸으로 나뉜다. 객실마다 침대와 소파, 베개, 이불 같은 디자인으로 통일한 것이 특징. 샤워룸과 화장실도 깔끔하고 테라스 시설도 완벽히 갖추고 있다. 무료 와이파이 서비스도 완벽한 편. 조식은 1층 혹은 테라스에서 맛볼 수 있는데 투숙객이 많으니 서두르자.

Data 지도 186p-B 가는 법 메디나 중심 도로에서 도보 2분 주소 9 rue Attarine, Essaouira 44000 전화 5244-75907 요금 450디르함~

클래식과 모던의 조화
카사 릴라 앤드 스파 Casa Lila&Spa

전반적으로 클래식한 모로코 리아드식 구조에 현대적인 객실 시설이 갖춰진 호텔. 에사우이라 메디나 중앙에 있어 유명 명소로의 접근성도 좋은 편이다. 은은한 조명의 분위기 있는 객실이 다수 준비되어 있는데, 슈피리어룸, 트윈룸, 더블룸, 스위트룸 등으로 나뉜다. 추가 요금을 내면 엑스트라 베드가 주어진다. 발코니가 딸린 룸은 인기가 매우 높은 편. 마치 튀르키예의 전통 스파에 온 듯한 느낌을 주는 목욕탕도 눈길을 끈다. 호텔 내 흡연 구역이 지정되어 있다. 옥상 테라스에 오르면 메디나와 대서양이 한눈에 들어오는 멋진 전망을 만날 수 있다. 요청하면 드라이클리닝과 세탁 서비스도 받을 수 있다.

Data 지도 186p-D 가는 법 메디나 중앙 도로에서 도보 5분 주소 94 rue Mohamed El Qorry Bab Marrakech, Essouira 44000 전화 5244-75545 요금 650디르함~

완벽한 위치, 깔끔한 시설
리아드 뭄타즈 마할 Riad Mumtaz Mahal

메디나 물라이 하산 광장과 매우 근접한 곳에 있는 호텔. 에사우이라 해변과 메디나, 항구 어디든 최고의 접근성을 자랑한다. 총 10개의 객실이 모두 럭셔리 스위트룸으로 준비된 것이 눈길을 끈다. 매일 유럽식 아침 식사가 무료로 제공되며, 무료 실내 수영장을 이용할 수 있다. 또 투숙객이 원할 경우 약간의 비용을 추가하면 스파, 자전거 대여, 스쿠버다이빙 등의 서비스를 받을 수 있다. 모로코 전통 리아드의 장점을 극대화했기 때문에 숙소 자체가 오랜 명소를 찾은 듯한 느낌을 준다.

Data 지도 186p-D **가는 법** 물라이 하산 광장에서 도보 1분 **주소** 5 rue Youssef El Fassi, Essouira 44000 **전화** 5244-73277 **요금** 600디르함~

메디나에서 찾은 낭만
리아드 벨 에사우이라 Riad Belle Essaouira

리아드 전통 숙소를 기본으로 한 4성급 호텔. 메디나 북쪽 성벽 근처에 있다. 총 6개의 객실을 보유한 아담한 숙소로 객실마다 특성이 명확하다. 소규모로 운영되는 곳인 만큼 투숙객을 향한 서비스는 최고급 수준을 유지하는 편. 유아용 침대가 무료로 제공되며, 약간의 비용을 추가하면 엑스트라 베드도 신청할 수 있다. 서양식 아침 식사가 제공되며 무료 와이파이, 테라스를 이용할 수 있다. 에사우이라 박물관, 메디나 성벽, 재래시장, 물라이 하산 광장이 가까운 것도 장점.

Data 지도 186p-B **가는 법** 메디나 중앙 도로에서 도보 7분 **주소** 7 rue Ceuta, Derb Mokite, Essaouira 44000 **전화** 5244-74041 **요금** 800디르함~

정통 게스트하우스로의 초대
빌라 가란스 Villa Garance

메디나 중앙에 위치한 3성급 게스트하우스. 2층 건물 규모에 총 10개의 객실이 준비되어 있다. 스탠더드룸, 스탠더드 더블룸, 트윈룸, 슈피리어 더블룸, 스위트룸 등으로 구분되며 깔끔한 전용 욕실이 딸려 있다. 객실마다 가구와 배치, 스타일이 모두 다른 것이 특징. 모로코식 아침 식사가 준비되며 2개의 바를 이용할 수 있다. 호텔 리셉션에서 자전거 대여, 스쿠터 대여, 윈드서핑, 에코 투어 등 다양한 프로그램을 신청할 수 있다. 추가 비용을 내면 객실 내 마사지 서비스도 받을 수 있다.

Data 지도 186p-B 가는 법 메디나 중앙 도로에서 도보 1분 주소 10 Rue Eddakhil, Essaouira 44000 전화 6775-41563 요금 650디르함~

깔끔한 백색 건물
리아드 리옹 모가도르 Ryad Lyon Mogador

빌라 가란스와 마찬가지로 메디나 중심에 자리한 3성급 게스트하우스. 13개의 객실이 준비되어 있으며 3층 건물에 싱글룸, 스탠더드룸, 스탠더드 더블룸, 컴포트룸, 패밀리룸으로 구분된다. 복층 규모의 시설이 눈길을 끄는데, 온통 하얀색으로 칠해져 있어 상당히 이국적이다. 건물 중앙에 서면 파란 하늘이 마치 손에 잡힐 듯 보이는 것도 눈길을 끈다. 아침 식사가 포함되어 있으며 24시간 룸서비스를 이용할 수 있다. 테라스에서 내려다보는 메디나 전망 또한 일품. 렌터카 여행자라면 24시간당 2유로 혹은 20디르함의 요금으로 주차할 수 있다.

Data 지도 186p-B 가는 법 메디나 중앙 도로에서 도보 3분 주소 39 rue Ceuta, Essaouira 44000 전화 6509-52426 요금 650디르함~

Morocco by Area

06

아가디르
AGADIR

모로코 서부의 에사우이라 남쪽, 대서양 연안에 자리한 휴양 도시. 14세기 초반 포르투갈인들에게 점령당한 뒤 대항해 시대까지 군사적 요충지였다. 이후 북아프리카와 유럽 사이에 꽤 중요한 장소로 발전했지만, 1960년대 모로코 서부를 강타한 대지진으로 도시 대부분이 폐허가 됐다. 다시 반세기가 지난 지금, 대지진의 아픔을 극복한 뒤 유럽인들이 사랑하는 휴양 도시로 재탄생했다.

Agadir
PREVIEW

아직 우리에겐 생소하지만 유럽인들 사이에서는 꽤 유명한 도시라고 할 수 있다. 대서양 연안, 남북으로 길게 뻗은 아가디르 해변을 따라 고급 리조트와 레스토랑, 카페가 빽빽하게 들어서 있다. 해변에는 서핑과 수상 액티비티를 즐기는 이들로 가득하고, 매일 밤이 되면 시끄러운 음악 소리가 가득한 축제의 현장으로 변모한다. 자타공인 모로코 최고의 휴양지인 만큼 '쉼休'에 포커스를 맞춘 여행자들에게 큰 사랑을 받고 있다.

SEE

아가디르 관광은 해변에서 시작해 해변에서 끝난다고 해도 과언이 아니다. 휴양 도시답게 아가디르 해변을 중심으로 볼거리도 집중되어 있기 때문. 적어도 이곳에서만큼은 수영을 즐기고 선베드에 누워 늘어지게 낮잠도 자야 한다. 그러다 심심해지면 해변 근처의 여행자를 상대로 한 놀이공원을 찾아 관람차나 범퍼카를 즐겨도 좋다. 그 밖에 아가디르 해변을 한눈에 내려다볼 수 있는 카스바 우플라 전망대와 해변 북쪽에 자리한 항구 지역 일대, 그리고 신시가지 지역의 모하메드 5세 모스크, 전통 박물관 등이 주요 관광 포인트다.

EAT

아가디르 해변을 중심으로 수준급 레스토랑이 곳곳에 있다. 유럽인들이 사랑하는 휴양지답게 서양식 레스토랑을 쉽게 발견할 수 있다. 스테이크 전문점, 해산물 요리 전문점, 그리고 모로코 레스토랑이 주를 이룬다. 여행자들은 대서양에서 갓 잡은 싱싱한 해산물로 만든 요리를 주로 먹는다. 휴양지 물가가 적용되기 때문에 가격은 높은 편이다. 신시가지 지역의 레스토랑은 해변보다 저렴하니 참고할 것. 일반적으로 야외 테이블이 있는 레스토랑은 레스토랑과 카페를 겸하여, 커피나 민트 티만 마셔도 된다. 맥도날드를 비롯한 패스트푸드 체인점도 곳곳에 있어 부담 없는 식사를 즐길 수 있다. 또 휴양지답게 맥주와 와인을 파는 레스토랑이 많다. 적어도 아가디르에서만큼은 끼니마다 맥주나 와인 한잔 같이 즐기는 것을 추천한다.

SLEEP

아가디르를 찾은 여행자 십중팔구는 휴양을 즐기기 위함일 것이다. 아가디르 해변을 따라 최고급 리조트부터 중저가 호텔까지 다양하게 있다. 해변과 가까울수록 가격대는 올라가는 편. 해변에 있는 리조트는 대부분 조식이 포함되어 있으며 최고급 레스토랑과 바, 수영장 등을 보유하고 있다. 화려한 시설을 자랑하는 곳이 많아 경비 또한 삼엄하다. 그렇기 때문에 방해받지 않는 온전한 휴식이 약속된다. 저렴한 숙소를 원하는 배낭여행자들의 경우 해변과 멀리 떨어진 신시가지 근처의 숙소를 구하는 것을 추천.

Agadir
GET AROUND

 어떻게 갈까?

1. 버스

카사블랑카, 라바트, 마라케시, 에사우이라 CTM 버스 터미널에서 아가디르 신시가지까지 운행하는 노선이 있다. 또 국영 버스 회사인 수프라투어Supratours 등 여러 버스 회사가 아가디르와 모로코의 각 도시를 연결하고 있다. 국영 철도 회사와 국영 버스 회사의 환승 시스템이 잘 되어 있어 카사블랑카나 페스, 탕헤르 등에서 아가디르까지 오는 철도+버스 통합 티켓을 끊을 수도 있다. 아가디르 역시 에사우이라와 마찬가지로 기찻길이 없기 때문에 버스를 타고 오는 여행자가 대다수. 아가디르로 떠나기 며칠 전에 미리 예매하는 것이 좋다. 아가디르 버스 터미널은 해변에서 차로 10분 정도 떨어진 신시가지에 있다.

2. 비행기

카사블랑카, 라바트, 마라케시, 페스, 탕헤르 등에서 아가디르 인츠게인이나 알마시라 공항까지 국내선으로 이용할 수 있다. 아가디르의 공항들 역시 작은 편. 비교적 거리가 먼 카사블랑카, 탕헤르, 페스 등에서 아가디르로 이동 시 비행기를 타면 시간을 절약할 수 있다.

아가디르 인츠게인 공항(GMAA)에서 시내로 가기

아가디르 인츠게인 공항은 해변 기준 남쪽으로 10km 지점에 있다. 차로는 약 20분 거리. 아가디르 공항에 도착했다면 택시를 타는 것이 보통이다. 공항을 나서면 택시가 많은데 반드시 흥정하자. 공항인 만큼 100디르함 정도의 말도 안 되는 가격을 부르는 악질 택시 기사도 많다. 50디르함 정도로 흥정했다면 무난한 편. 일행이 많다면 어느 정도만 흥정한 뒤 그냥 타고 가는 편이 마음 편할 수도 있다.

아가디르 알마시라 국제공항(AGA)에서 시내로 가기

아가디르 알마시라 국제공항은 도심 기준 동남쪽으로 26km 지점에 있다. 차로 약 35분 거리. 알마리사 공항은 국제공항으로 주로 유럽에서 들어오는 여행자들이 이용한다. 유럽을 여행한 국내 여행자가 남부 모로코로 입국한다면 이곳이 시작 포인트가 될 수도 있다. 반대로 모로코 여행을 아가디르에서 마친 뒤 유럽으로 건너가는 여행자도 많다. 도심까지 택시로 이동하는 것이 일반적이며 흥정에 따라 요금이 천차만별. 기본 200~300디르함 정도 든다.

MOROCCO BY AREA 06
아가디르

 어떻게 다닐까?

1. 택시
아가디르 북쪽 끝에서 남쪽 끝으로 가거나 해변에서 신시가지로 이동하는 경우는 택시를 타는 것이 좋다. 또 북쪽 언덕 꼭대기에 있는 카스바 우플라 전망대나 신시가지의 버스 터미널, 외곽의 공항 등을 가려면 택시가 유용하다. 아가디르 시내 어디서나 빨간색 프티 택시를 쉽게 발견할 수 있다. 여행자가 타면 보통 흥정하려 드는데, 해변과 신시가지의 거리는 약 20디르함 정도면 갈 수 있다. 합승은 기본.

2. 버스
아가디르 해변과 신시가지, 외곽 일대를 연결하는 버스가 있지만 정보가 부족한 여행자들이 이용하기엔 무리가 있다. 시내버스 요금은 4디르함 정도. 다른 도시와 마찬가지로 아가디르 버스 역시 안내 방송이 없고 각종 범죄에 노출될 우려가 있으니 조심해야 한다.

3. 도보
아가디르 해변 일대는 걸어서 다닐 만하다. 해변 남쪽 끝에서 북쪽 끝 항구 지역까지 걸어서 30분 정도 걸리는 편. 또한 해변 중간 즈음에서 신시가지의 하산 5세 모스크 지역까지도 걸어서 갈 만한데 역시 약 30분 정도가 걸린다.

Info

아가디르 인츠게인 공항
Agadir Inezgane Airport
Data 주소 Agadir Inezgane Airport, Agadir
홈페이지 www.onda.ma

아가디르 알마시라 국제공항
Agadir-Al Massira Airport
Data 주소 Agadir Al Massira 80000
전화 5288-39152 홈페이지 www.onda.ma

아가디르 버스 터미널
Gare Routière de Voyageurs Agadir
Data 주소 Gare Routière de Voyageurs Agadir, Agadir 전화 5288-22077

긴급 전화번호
경찰 190 / 안내 160 / 화재 150

＊국제전화
모로코의 국가 번호는 212, 아가디르의 지역 번호는 528. 모로코에서 한국으로 전화할 경우 '국제전화 식별 번호 00+82+0을 뺀 지역번호와 상대방 번호를 누르면 된다.

Agadir
ONE FINE DAY

아가디르 해변과 항구, 신시가지 중심으로 동선을 짜면 된다. 아가디르 해변을 한눈에 내려다볼 수 있는 카스바 우플라 전망대는 이른 아침 혹은 저물녘에 오르는 것을 추천한다. 동선이 겹치지 않으려면 해변 북쪽 끝 혹은 남쪽 끝부터 움직이는 것이 좋다.

여행의 시작,
아가디르 북쪽 해변 거닐기

도보 10분

깔끔한 현대 시설,
마리나 아가디르 방문

택시 10분

시원한 절경, 카스바
우플라 전망대 오르기

택시 10분

환상의 일몰,
아가디르 남쪽 해변 거닐기

택시 10분

아가디르 옛 문화를 엿보다,
아가디르 박물관 관람

도보 10분

신시가지의 중심,
모하메드 5세 모스크 구경

212 | 213

역사 박물관
Musée de la Mémoire

C

모하메드 5세 모스크
Mosquée Mohamed V

Avenue Kadi Ayad

유로파 호텔
Europa Hotel

라 투르 데 바벨
La Tour de Babel

베르베르 문화 박물관
Musée de la Culture Amazigh

F

토로
Toro

라야 레스토랑
Raya Restaurant

아가디르
Agadir

르 맥스웰 레스토랑
Le Maxwell Restaurant

클럽 마르마라 레스 자딘스 드 아가디르
Club Marmara Les Jardins d'Agadir

아딜 비치 호텔
Adil Beach Hotel

플라주 블루 레스토랑
Plage Bleue Restaurant

레스토랑 라운지 바
Restaurant Lounge-bar

라 스위트 호텔 부티크
La Suite Hotel Boutique

골든 비치 아파트 호텔
Golden Beach Apart Hotel

호텔 레지던스 리합
Hotel Residence Rihab

오메가 호텔
Omega Hotel

MOROCCO BY AREA 06
아가디르

모로코표 휴양의 정석
아가디르 해변 Plage Agadir | 플라주 아가디르

휴양을 즐기려는 여행자들이 아가디르를 찾는 가장 큰 이유다. 해변 남쪽 끝에서 북쪽 끝까지 직선 거리가 무려 6km가 넘는 어마어마한 규모를 자랑한다. 고급 리조트와 레스토랑이 해변을 따라 형성되어 있다. 한낮에는 해변을 따라 대형 파라솔, 선베드가 잔뜩 늘어서 있고, 수영과 태닝을 즐기는 여행자들로 가득하다. 파도가 높은 편이라 서퍼들에게도 훌륭한 장소가 된다. 서핑 초보라고 해도 걱정하지 말자. 해변 중간 즈음에 서핑 스쿨이 있는데, 한두 시간 정도 강사에게 수업을 받으면 누구나 서핑에 도전해볼 수 있다. 해변을 기준으로 우측에는 자전거와 스쿠터, 그리고 보행자를 위한 전용 도로가 있다. 해변이 남북으로 꽤 길기 때문에 스쿠터나 자전거를 대여해서 둘러보는 것도 아가디르를 즐기는 하나의 방법이다. 이색 여행을 계획하고 있다면 주변 여행사를 통해 말타기 투어를 신청해보자. 아가디르 해변과 인근 산에서 즐기는 승마 체험은 즐거운 추억을 선사한다.

Data 지도 212p-E
가는 법 아가디르 버스 터미널에서 택시 10분
주소 Plage Agadir, Agadir

> **Tip 아가디르 놀이공원 이용해보기**
> 아가디르 해변 중간 즈음에는 작은 놀이공원이 있다. 모로코 국기의 별 모양이 새겨진 대형 관람차, 아가디르 휠Agadir Wheel과 범퍼카가 있다. 보통 오후부터 밤늦게까지 운행하며 가족 여행자들에게 큰 사랑을 받는다. 밤에 아가디르 휠에 오르면 아가디르의 야경을 한눈에 내려다볼 수 있다. 가격은 30디르함 내외.

|Theme|
아가디르 사건 이야기

아가디르는 예부터 군사적 요충지였다. 세계사에서 의미 있는 도시라고 할 수 있는데, 1911년 7월 1일에 벌어진 이른바 '아가디르 사건Agadir Crisis'은 제1차 모로코 위기를 불러왔다. 열강들의 아프리카 진출이 절정을 이루던 20세기 초, 모로코의 지배를 두고 프랑스와 독일이 충돌한다. 1905년 그리고 1911년, 두 차례나 모로코의 분할을 두고 분쟁이 일어났다. 첫 번째 충돌을 '탕헤르 사건', 그리고 두 번째 충돌을 '아가디르 사건'이라고 부른다. 1911년 모로코에서 베르베르인들이 반란을 일으키자 진압을 위해 프랑스가 군대를 파견했다. 이때 독일이 군함을 파견해 프랑스를 위협하게 된다. 당시 독일 군함이 갑자기 모습을 드러낸 곳이 바로 아가디르 해변이다. 말 그대로 일촉즉발의 상황. 결국 영국의 중재로 독일-프랑스 간 협정이 체결됐고, 프랑스는 지금의 콩고 북부 지방을 독일에 넘기는 대신 모로코 보호권을 따냈다. 이후 또다시 모로코를 두고 프랑스-스페인 조약이 체결되었고, 결국 프랑스 보호령이 되었다. 이처럼 모로코를 비롯한 아프리카의 여러 나라는 유럽 열강들의 땅따먹기에 굴욕적인 시대를 보냈다. 20세기 중반 이후 아프리카의 국가들은 하나둘 독립에 성공했고, 모로코 역시 오랜 독립운동 끝에 1956년 완전한 자유를 얻었다.

깔끔한 항구 지역
마리나 아가디르 Marina Agadir

아가디르 해변 북쪽 끝에는 작은 항구가 있는데, 주변으로 꽤 현대적인 건물과 거리가 조성되어 있다. 작은 항구는 대서양을 향한 ㄷ자 형태의 구조로, 크고 작은 동력선과 각종 요트가 정해진 규칙에 맞게 묶여 있다. 오후가 되면 삼삼오오 요트를 빌려 가까운 바다로 나가 파티를 즐기는 여행자도 눈에 띈다. 주변에 여행사 사무소가 많아 요트 투어에 참여할 수도 있으니 참고할 것. 일행이 많다면 한 번쯤 올라볼 만하다. 항구 주변에는 제법 현대적인 쇼핑가가 들어서 있는데, 여행자들이 사랑하는 세계적인 중저가 의류 브랜드 매장이 입점해 있다. 쇼핑가 끝에는 흰색 등대 하나가 외로이 서 있고 그 너머로 바로 대서양이 시작된다. 반대편에는 항구 주변을 따라 분위기 있는 레스토랑과 카페가 드문드문 있다. 해변과 마찬가지로 아가디르 휴양지 물가가 들어가 가격대는 높은 편이다. 마리나 아가디르 초입에 마록 텔레콤Maroc Telecom이라는 모로코 통신사무소가 있다. 아직 모로코 유심이 없다면 100디르함 내외의 저렴한 가격에 살 수 있다. 항구를 등지면 카스바 우플라 전망대가 눈앞에 보이는데, 택시를 타고 10분 정도면 오를 수 있다. 거리상으로 전망대에서 가장 가까운 곳인 만큼 이곳에서 이동하는 것을 추천한다.

> **Data** 지도 212p-A
> 가는 법 아가디르 해변 북쪽 끝
> 주소 Marina Agadir, Agadir
> 전화 6224-70545

아가디르의 오랜 흔적들
역사 박물관 Musée de la Mémoire | 뮤제 데 라 메모리어

아가디르 해변에 질렸다면 신시가지에 위치한 박물관을 찾아보자. 모하메드 5세 모스크 인근에 있는 아가디르 역사 박물관은 얼핏 보면 중세의 오래된 저택을 찾은 듯한 느낌이 든다. 작은 정원을 통과해 입구로 들어서면 아가디르의 역사와 관련된 사진 자료와 유물을 볼 수 있다. 다소 엉성하고 조잡하게 전시된 느낌이지만 둘러볼 만한 가치는 충분하다. 박물관 내 에어컨 시설이 없어 여름에는 후텁지근한 편. 매표 직원이 자리를 비우는 경우가 종종 있는데 큰 소리로 부르면 직원이 웃으며 나타날 것이다. 약간의 비용을 추가하면 영어 가이드 투어를 신청할 수도 있다. 아가디르에 대해 좀 더 알고 싶다면 신청해보자.

Data 지도 213p-C
가는 법 아가디르 해변에서 차로 5분 **주소** Avenue Mohammed V, Agadir 80000 **운영시간** 09:30~17:00, 월요일 휴무 **요금** 입장료 20디르함~

베르베르의 삶을 엿보다
베르베르 문화 박물관 Musée de la Culture Amazigh | 뮤제 데 라 컬쳐 아마지흐

아마지흐Amazigh란 모로코에서 오래전부터 터를 잡고 부족 생활을 해온 베르베르인들을 가리키는 말이다. 아가디르 인근에서도 베르베르인들의 흔적을 발견할 수 있는데, 그들의 유물과 사진 자료를 다수 보관하고 있다. 무려 200점이 넘는 자료를 전시한 곳이라 평소 베르베르 문화에 관심이 많았다면 반드시 들러보자. 아쉽게도 내부 사진 촬영은 불가. 아가디르 해변에서도 가까운 편이라 느긋하게 걸어서 찾을 수 있다.

Data 지도 213p-F **가는 법** 아가디르 해변에서 차로 5분 **주소** Avenue hassan 2, Agadir **전화** 5488-21632 **운영시간** 10:00~18:00, 일요일 휴무 **요금** 입장료 20디르함~

신시가지의 중심
모하메드 5세 모스크 Mosquée Mohamed V

아가디르 신시가지에 위치한 대규모 모스크. 아가디르에서 가장 큰 규모의 모스크로, 멀리서도 한눈에 들어올 만큼 웅장하다. 카사블랑카의 하산 2세 모스크와 비교했을 때 크기 면에서는 작지만, 자세히 들여다보면 더욱 알찬 것을 느낄 수 있다. 이슬람 신도가 아니라면 입장은 어려운 편이지만 외부에서 보는 것만으로도 훌륭한 관광이 된다. 이름에서 눈치챌 수 있듯 모하메드 5세는 격동의 20세기 초반 모로코 국왕으로 있었던 인물. 여러모로 모로코의 독립을 이룬 데 큰 공헌을 했다. 그는 독립군을 지지했고 독려했으며 결국 1956년 모로코 독립을 이끌었다. 그래서인지 모로코 곳곳에는 모하메드 5세란 이름의 지명이 많다. 그중 카사블랑카 국제공항과 라바트의 화려한 무덤이 먼저 떠오르는데, 이곳 아가디르에서 제일 큰 모스크 역시 그의 이름을 땄다. 신시가지에서 가장 유명한 명소답게 동선을 짤 때 유용한 장소가 되기도 한다. 아가디르 해변에서 택시에 올라 신시가지로 가고 싶은데 마땅한 장소가 떠오르지 않는다면 모하메드 5세 모스크를 말하면 수월하다.

Data 지도 213p-C
가는 법 아가디르 해변에서 차로 5분
주소 Mosquée Mohamed V, Agadir

환상적인 전망
카스바 우플라 전망대 Agadir Oufella | 아가디르 우플라

아가디르의 해변 어디서나 북쪽을 바라보면 이곳이 보인다. 현지인과 여행자들 사이에서 카스바 우플라 전망대 혹은 아가디르 우플라라고 불리는데 최고의 전망이 약속되는 곳이다. 아가디르를 찾았다면 반드시 올라봐야 하는 곳이기도 하다. 이곳에 오르면 눈앞에 아가디르 시내와 해안선이 한눈에 내려다보이는데, 입이 떡 벌어지고 감탄사가 절로 나올 만큼 최고의 풍광을 보여준다. 전망대 뒤쪽은 카스바라고 불리는 옛 성채가 있는데 지금은 폐허만 남아 있다. 대항해 시대에 이곳 성채는 요새의 역할을 하면서 해안선을 감시했다. 휴양 시설이 밀집한 해안과 신시가지, 그리고 주변의 작은 마을까지 한눈에 감상할 수 있다. 이왕이면 환상적인 일몰을 볼 수 있는 노을 질 무렵에 찾는 것을 추천한다. 카스바 성벽 앞에는 낙타 몇 마리가 있는데, 약간의 비용을 내면 아가디르 시내와 대서양을 뒤로하고 낙타에 올라 기념사진을 찍을 수 있다. 온종일 대서양에서 시원한 바람이 줄기차게 불어와 선글라스와 모자는 벗는 것이 좋다. 동절기에는 매우 쌀쌀하니 바람막이는 필수. 아가디르 시내에서 이곳까지 걸어서 오르기는 힘든 편. 택시 기사와 흥정한 뒤 전망대를 왕복하는 것이 일반적이다. 전망대에서 택시를 그냥 내려 보내면 다음 택시를 기다리기가 쉽지 않으니 왕복으로 흥정할 것. 50디르함 내외로 흥정했다면 성공했다고 볼 수 있다.

Data 지도 212p-A
가는 법 마리나 아가디르에서 차로 10분, 아가디르 해변에서 차로 15분
주소 Hotil, Aurobindo Marg, Bengaluru 560011

야생 악어가 한자리에
크로코팍 Crocoparc

아가디르 도심 기준 외곽에 자리한 대형 테마파크. 여행자들에게는 아직 생소하지만 현지인들에게는 꽤 유명한 곳이다. 에사우이라와 마라케시 같은 가까운 도시는 물론 멀리 카사블랑카, 라바트에서 이곳을 방문하기 위해 아가디르를 방문하는 모로코인들이 제법 많다. 예를 들면, 부산이나 광주 시민이 서울대공원에 방문하는 것과 같은 맥락이라고 보면 된다. 테마파크 이름에서 보면 알 수 있듯 아프리카의 야생 악어를 한데 모아놓은 것이 특징이다. 모로코 성채를 상징하는 황토색 건물에 대형 악어의 머리를 장식한 입구부터 범상치 않다. 악어들이 사는 성이 있다면 아마 이곳 정문과 같을 것이다. 이곳에 서식하는 악어는 자그마치 300마리 내외. 악어들이 선사하는 역동적인 장면은 아이는 물론 어른들도 단숨에 사로잡는다. 아프리카 열대 우림의 소리를 녹음한 스피커가 산책로 곳곳에 배치되어 있어 보다 현실적인 느낌을 받게 된다. 기본적으로 열대 우림과 열대 정원을 테마로 꾸며 대형 식물원에 초대된 느낌도 받는다. 실제로 희귀한 열대 식물도 만날 수 있다. 반나절 정도 투자해서 둘러보는 것을 추천하며, 아가디르 시내에서 택시로 이동하면 된다.

Data 가는 법 마리나 아가디르에서 차로 10분, 아가디르 해변에서 차로 15분 **주소** RN8-PK16, Agadir 80040 **전화** 5282-97931 **운영시간** 10:00~20:00 **요금** 입장료 어른 85다르함~, 어린이 55다르함~ **홈페이지** www.crocoparc.com

EAT

해적들의 식탁
파이레트 펍 레스토랑 라운지 바 Pirate Pub Restaurant Lounge-bar

아가디르 해변에는 내로라하는 세계적인 수준의 레스토랑이 즐비하다. 아가디르는 유럽인들이 사랑하는 휴양지인 만큼 서양 음식점이 더 많을 정도다. 아가디르 해변 가운데 자리한 파이레트 펍 레스토랑 라운지 바도 그중 하나다. 해적이 그려진 간판이 여행자를 이끈다. 마치 중세 해적의 소굴로 초대되어 한 끼 식사하는 기분도 절로 들 것. 스테이크와 햄버거 등 서양식 음식이 준비되어 있으며 맥주와 칵테일, 위스키 등의 주류도 갖추고 있다. 좀처럼 술 한잔하기 어려웠던 모로코지만 아가디르에서는 원 없이 즐길 수 있다.

Data **지도** 213p-l **가는 법** 아가디르 해변 가운데 지점
주소 Front de mer N° 4 Zone Touristique, Agadir Sea Beach, Agadir 80010 **전화** 6672-53304
운영시간 10:00~02:00 **가격** 음료 15디르함~, 음식 70디르함~
홈페이지 www.facebook.com/thepirate.pub

부담 없는 한 끼
플라주 블루 레스토랑 Plage Bleue Restaurant

파이레트 펍 레스토랑 라운지 바 바로 옆에 있는 음식점. 아가디르 해변이 한눈에 보이는 곳에 있어 여행자들이 많다. 전체적으로 푸른색의 시원시원한 인테리어가 눈길을 사로잡는다. 외벽은 물론 파라솔과 식탁보도 모두 푸른색으로 통일했다. 그리스 산토리니나 이탈리아 소렌토 등 지중해의 여느 휴양지 레스토랑을 찾은 듯한 느낌도 받는다. 모로코 정통 음식은 물론 피자와 파스타, 유럽식 샐러드도 주문할 수 있다. 커피와 주스의 종류도 자그마치 20여 가지에 달한다. 음료만 주문할 수도 있다.

Data **지도** 213p-l **가는 법** 아가디르 해변 가운데 지점
주소 2 Front de Mer Secteur Touristique, Agadir 80000
전화 5288-42902 **운영시간** 07:00~02:00 **가격** 음료 15디르함~, 음식 70디르함~ **홈페이지** www.facebook.com/Plagebleue.officielle/?fref=t

서양식 그릴 전문점
오 플라야 레스토랑 Ô Playa Restaurant

주변에 아가디르 해변과 리조트가 몰려 있어서 그런지 손님이 끊이질 않는다. 서양인의 입맛에 맞춘 음식이 많은데, 스테이크와 햄버거, 스파게티, 해산물 요리, 모로코 요리 등이 준비되어 있다. 시설과 서비스, 음식의 맛 등 압도적으로 높은 평점을 자랑하는 곳답게 실패할 확률은 극히 낮다. 아침부터 자정까지 식사는 물론 커피, 맥주, 와인 등의 음료와 주류를 마실 수 있다. 눈부신 조명과 시끄러운 음악이 흘러나오는 저녁이 되면 많은 여행자들이 술을 마시기 위해 이곳을 찾는다. 무료 와이파이도 제공되기 때문에 인터넷에 목말랐던 여행자들에게는 오아시스 같은 곳.

Data 지도 213p-E
가는 법 아가디르 해변 가운데 지점
주소 Front de mer, lot N°5 plage d'Agadir, Agadir 80000 전화 5288-45867
운영시간 09:00~24:00
가격 음료 15디르함~, 음식 80디르함~ 홈페이지 www.facebook.com/oplaya

명품 스테이크와 해산물
엘 토로 El Toro

거대한 소가 그려진 간판부터 범상치 않다. 아가디르에서 꽤 유명한 레스토랑으로, 스테이크는 물론 명품 해산물 요리도 맛볼 수 있다. 종류도 다양하여 스페인의 파에야, 이탈리아의 해물 리소토, 그리스의 해물 파스타를 맛보는 듯한 착각을 느낀다. 대서양에서 잡아 올린 대형 바닷가재구이와 랑고스티노(큰 새우)튀김도 여행자들에게 좋은 평가를 받는다. 레스토랑이 보유한 맥주와 와인 리스트도 일품. 시설과 서비스 모두 수준급 이상이기에 가격대는 높은 편. 아가디르의 일몰과 야경을 감상하면서 즐기는 다이닝은 최고의 시간을 약속할 것이다.

Data 지도 213p-E
가는 법 아가디르 해변 가운데 지점
주소 No 7 Front de Mer Agadir | Sea front, Agadir 80000 전화 6264-69374
운영시간 11:00~24:00
가격 음료 15디르함~, 샐러드 50디르함~, 햄버거 75디르함~, 스테이크 120디르함~
홈페이지 restaurant-eltoroagadir.com

낮과 밤, 언제 찾아도 낭만적인
주르 에 누잇 Jour et Nuit

아가디르 해변과 대서양의 수평선이 한눈에 보이는 도로변에 위치한 레스토랑. 레스토랑이지만 카페에 더 가깝다. 클래식한 인테리어의 실내와 파라솔이 가득한 야외 테이블로 구성되어 있다. 규칙은 아니지만 식사는 주로 실내에서, 커피는 야외 테이블에서 마신다. 오전에서 저녁 전까지는 누스누스 커피와 민트 티를 마시는 여행자가 많고, 어둠이 내리면 저녁을 먹기 위해 방문하는 여행자가 늘어난다. 모로코 음식과 해산물 요리가 주메뉴. 스파게티, 피자, 오믈렛 등의 서양식 요리도 주문할 수 있다.

Data 지도 212p-B
가는 법 아가디르 해변 가운데 지점
주소 Boulevard Tawada, Agadir 80000 전화 6667-73400
운영시간 07:00~03:00
가격 음료 12디르함~, 음식 70디르함~

한적한 식사를 즐기려면
르 맥스웰 레스토랑 Le Maxwell Restaurant

시끌벅적한 해변보다 조용한 곳에서의 식사를 원한다면 르 맥스웰 레스토랑이 좋은 선택. 아가디르 해변을 등지고 10분 정도 걸으면 교차로가 나온다. 해변에서 한두 블록 정도만 벗어났을 뿐인데 조용한 분위기 속에서 식사를 즐길 수 있다. 피자와 햄버거, 파스타 등을 주문할 수 있으며, 모로코 음식도 준비되어 있다. 어두운 조명의 실내 테이블과 환한 야외 테이블로 나뉘는데, 테이블이 많아 웨이팅의 염려는 없다. 주변에 기념품 가게와 상점이 많아 식사 후 느긋하게 둘러보는 것도 좋다.

Data 지도 213p-I 가는 법 아가디르 해변 가운데 지점에서 도보 10분 주소 Complexe Touristique de Tamlalt, Agadir 전화 5288-40580 운영시간 09:00~02:00 가격 음료 10디르함~, 음식 40디르함~

분위기 있는 카페
라 투르 데 바벨 La Tour de Babel

신시가지에서 현지인들에게 제법 유명한 카페. 누스누스를 비롯해 에티오피아, 케냐 등의 고급 원두로 내린 품질 좋은 커피를 마셔볼 수 있다. 조용한 분위기 속에서 여유를 즐길 수 있어 현지인들에게 유독 인기가 많다. 카페지만 타진과 쿠스쿠스 등의 모로코 음식을 주문할 수도 있으니 참고할 것. 하절기에 야외 테이블은 매우 더운 편. 에어컨 시설이 완벽하게 가동되는 실내를 추천한다. 베르베르 문화 박물관 바로 앞에 있어 관람 후 커피 한잔을 즐겨도 좋다.

Data 지도 213p-F
가는 법 신시가지 하산 5세
모스크에서 도보 10분
주소 Boulevard Hassan II, Agadir 80000
전화 5288-22300
운영시간 07:00~22:00
가격 음료 10디르함~, 음식 50디르함~

마리나 아가디르 최고의 만찬
카사 미아 Casa Mia

아가디르 항구 초입에 위치한 정통 지중해식 레스토랑. 화려한 외관과 깔끔한 인테리어, 수준 높은 서비스를 선사하는 아가디르의 고품격 레스토랑 가운데 하나다. 스페인어 상호가 말해주듯 지중해식 요리를 주로 맛볼 수 있다. 파에야와 부야베스, 해물 파스타 등 유럽 휴양지에서 맛볼 법한 음식이 준비되어 있다. 또 저녁에는 아마추어 음악가들의 멋진 공연이 펼쳐지기도 하는데 때로는 조용한 음악으로 낭만적인 분위기를 선사하고, 때로는 신나는 음악으로 손님들의 흥을 돋운다. 최고급 와인 리스트를 보유하고 있고, 세계의 다양한 맥주도 준비되어 있다. 오후 늦게 문을 여는 편. 해변이 한눈에 보이는 괜찮은 자리를 선점하고 싶다면 조금 서두르는 것이 좋다.

Data 지도 212p-A 가는 법 마리나 아가디르 초입 주소 Boulevard Mohammed V, Carré Eden, Agadir 전화 5299-00900 운영시간 15:00~01:30 가격 음료 15디르함~, 음식 70디르함~

SLEEP

깔끔한 중저가 숙소
호텔 레지던스 리합 Hotel Residence Rihab

아가디르 해변과 신시가지 사이에 위치한 중저가 호텔. 차로 이동하기에는 해변과 신시가지로의 접근이 훌륭한 편이지만 걸어서 다니기엔 다소 불편하다. 하지만 비교적 저렴한 가격이 불편함을 잊게 한다. 총 3층 건물에 49개의 객실을 보유하고 있으며 테라스가 딸려 있다. 로비와 복도에서 무료 와이파이가 빠른 편이지만 객실은 느린 곳도 있다. 대형 야외 수영장을 보유하고 있고 로비 바로 옆에는 레스토랑이 있다. 40디르함의 요금을 받는 조식은 크루아상 하나에 삶은 달걀, 그리고 커피와 오렌지 주스뿐인 메뉴라 추천하지 않는다. 4층에는 바가 있어 칵테일과 맥주 등을 즐길 수 있다.

Data 지도 213p-l
가는 법 아가디르 해변 중심에서 도보 20분, 버스 터미널에서 차로 10분 **주소** Secteur Balneaire et Touristique, Cite Founty Lot No G15, Agadir **전화** 5282-11239 **요금** 250디르함~

현대적 숙소의 교과서
오메가 호텔 Omega Hotel

아가디르 해변과 신시가지 사이에 위치한 3성급 호텔. 총 5층짜리 건물에 무려 96개의 객실이 있다. 객실은 컴포트 싱글룸, 트윈룸, 트리플룸, 스위트룸, 패밀리룸 등 다양하게 준비되어 있다. 현대적인 시설의 로비와 복도, 객실, 레스토랑이 눈에 띈다. 전 객실 위성 TV가 설치되어 있고, 무료 와이파이 서비스가 제공된다. 유아용 침대가 무료로 제공되며 추가 요금을 내면 간이 침대, 탁아 서비스, 어린이 돌보미 서비스, 세탁 서비스를 받을 수 있다.

Data 지도 213p-l
가는 법 아가디르 해변 중심에서 도보 20분, 버스 터미널에서 차로 10분
주소 Boulevard du 20 Aout, Agadir 80000
전화 5282-29829
요금 200디르함~

가족 여행객에게 안성맞춤
골든 비치 아파트 호텔 Golden Beach Apart Hotel

아가디르 해변 중간 지점에 위치한 아파트형 호텔. 하얀색의 4층 건물은 멀리서 보면 도시의 아파트나 빌라를 보는 듯하다. 총 59개의 객실은 객실 타입에 따라 일반룸, 스위트룸, 주니어 스위트룸, 패밀리룸, 아파트먼트룸 등으로 나뉜다. 객실은 모두 현대적인 시설이며 내부 장식과 소품은 모로코 스타일이 많다. 커튼과 찻잔, 주전자, 이불 무늬 등이 이곳이 모로코임을 알려준다. 특히 가족 여행객에게 특화된 리조트라고 할 수 있다. 메인 수영장은 물론 어린이 수영장과 간이 주방, 소파침대 등의 시설이 눈길을 끈다. 해변에서 걸어서 5분 내외면 접근할 수 있는 것도 이점.

Data 지도 213p-I **가는 법** 아가디르 해변 중간 지점 에서 도보 5분
주소 Secteur C Z, Touristique, Founty Sonaba, Agadir **전화** 5282-11243 **요금** 650디르함~

커플 여행자라면
라 스위트 호텔 부티크 La Suite Hotel Boutique

부티크 호텔의 특성을 극대화한 숙소. 해변에서 신시가지 쪽으로 한 블록 들어간 도로변에 있다. 객실의 전망과 타입에 따라 럭셔리 스위트룸, 스탠더드 스위트룸, 슈피리어 스위트룸, 시니어 스위트룸으로 나뉜다. 어느 객실을 선택하든 우아한 분위기 속에서 하룻밤을 보낼 수 있다. 많은 여행자들의 압도적인 평점이 이곳의 인기와 만족도를 증명한다. 낭만적인 분위기 덕분에 유독 커플들에게 큰 인기. 야외 수영장과 무료 와이파이, 무료 주차, 객실 미니바가 제공된다. 또 추가 요금을 내면 호텔 내에 위치한 나이트클럽, 렌터카 서비스, 점심 도시락, 공항 셔틀 등의 서비스를 받을 수 있다.

Data 지도 213p-I **가는 법** 아가디르 해변 중간 지점에서 도보 10분
주소 Founty Zone Touristique, Agadir 80000 **전화** 5282-32378 **요금** 400디르함~

완벽한 휴양이란 이런 것

아틀라스 아마딜 비치 호텔 Atlas Amadil Beach Hotel

아가디르 해변 중간에 자리한 대규모 4성급 호텔. 329개의 객실, 호텔 전용 비치, 3개의 레스토랑, 실내 수영장과 야외 수영장, 나이트클럽, 24시간 운영되는 피트니스센터 등을 보유한 매머드급 규모의 호텔이라고 할 수 있다. 객실은 모두 바다 전망과 반대편 야외 수영장 전망으로 이루어져 있으며, 싱글룸, 더블룸, 주니어 스위트룸, 패밀리룸 등으로 구분된다. 야외 수영장의 아찔한 물 미끄럼틀은 워터파크 못지않은 위용을 자랑한다. 아틀라스 아마딜 비치 호텔에서의 하룻밤. 아가디르에서 누릴 수 있는 완벽한 휴양의 모든 것을 갖추고 있다고 해도 과언이 아니다.

Data 지도 213p-H 가는 법 아가디르 해변 중간 지점 주소 Chemin Des Dunes, Agadir 80000 전화 5290-80116 요금 650 디르함~ 홈페이지 atlas-amadil-beach.hotels-agadir.com/ko

올인클루시브 시스템

엘티아이 아가디르 비치 클럽 LTI Agadir Beach Club

해변 중간 즈음, 명당에 자리한 고급 리조트 가운데 하나다. 3층짜리 건물에 430개의 객실이 빼곡하게 들어서 있다. 싱글룸, 스위트룸, 패밀리룸 등 다양한 타입으로 나뉘며, 모든 객실은 테라스와 암막 커튼, 완벽한 방음 시설을 갖추고 있다. 전용 해변, 야외 수영장, 피트니스센터, 야외 테니스 코트, 나이트클럽, 회의실 등도 보유하고 있다. 특히 식음료를 무제한으로 마실 수 있는 올인클루시브 객실도 이용할 수 있는 것이 눈길을 끈다. 튀르키예식 하맘을 체험할 수 있는 스파 시설도 일품인데, 전신 마사지, 트리트먼트 서비스, 보디 스크럽 등을 받을 수 있다.

Data 지도 212p-E 가는 법 아가디르 해변 중간 지점 주소 B.P. 310, Agadir 80000 전화 5288-44343 요금 800디르함~ 홈페이지 www.ltiagadirbeachclub.com

일생에 한 번쯤은 호사를
클럽메드 아가디르 Clubmed Agadir

클럽메드 리조트의 아가디르 지점. 클럽메드는 프랑스에 본사를 두고 세계 약 75개 지역에 지점이 있는 세계적인 리조트 체인이다. 아가디르는 유럽인들에게 큰 사랑을 받아 일찌감치 클럽메드 지점이 들어섰다. 40년이 넘어 클래식한 느낌을 받을 수 있지만 수차례 리노베이션이 되어 수준급 시설을 유지하고 있다. 374개의 객실이 준비되어 있으며 다양한 타입으로 나뉜다. 모로코에서 누릴 수 있는 최고의 호사를 경험할 수 있는 리조트로, 신혼여행과 같은 특별한 이벤트에 방문하는 것을 추천한다. 특급 레스토랑과 야외 수영장, 피트니스센터, 바, 라운지 등을 보유하고 있으며 무료 주차와 무료 와이파이 서비스를 받을 수 있다. 식사와 음료가 포함된 올인클루시브 서비스가 기본. 특히 모로코 스타일로 꾸며진 야외 분수와 주변 건물 외관이 일품. 마치 마라케시의 바히아 궁전에 온 듯한 착각을 느끼게 한다.

Data 지도 213p-E
가는 법 아가디르 해변 중간 지점
주소 Rte de L'Oued Sous, Agadir 80000
전화 5288-29500
요금 2,500디르함~
홈페이지 www.clubmed.co.uk/r/Agadir/y

아름다운 정원이 있는
클럽 마르마라 레스 자딘스 드 아가디르 Club Marmara Les Jardins d'Agadir

4성급 리조트로 총 399개의 객실이 준비되어 있다. 아가디르 해변에 근접한 숱한 리조트 가운데 하나지만, 이곳이 유독 눈길을 사로잡는 이유는 멋진 정원을 보유하고 있기 때문. 흰색 건물과 초록색 지붕은 모로코 건물 스타일을 접목했고, 객실 건물 사이에는 잘 꾸며진 열대 정원이 있다. 깔끔하게 잘 관리된 야외 수영장도 일품. 전용 레스토랑, 바, 라운지, 스파, 테니스 코트, 피트니스 센터 등의 시설도 보유하고 있다. 전 객실이 금연 구역으로 지정되어 있어 쾌적한 휴식을 취할 수 있다.

Data 지도 213p-I
가는 법 아가디르 해변 중간 지점
주소 Rue Oued Souss Secteur Agadir, Agadir 80000
전화 5283-88989
요금 900디르함~

완벽한 휴식을 원한다면
로열 데카메론 타푸크트 비치 리조트 Royal Decameron Tafoukt Beach Resort

해변 근처의 고급 리조트 가운데 하나. 4층 건물에 214개의 객실이 준비되어 있다. 주변의 다른 고급 리조트와 마찬가지로 전용 해변이 있고 2개의 레스토랑, 나이트클럽, 카지노를 보유하고 있다. 객실은 대부분 대서양이 한눈에 보이는 바다 전망이며 테라스가 딸린 것이 특징. 식사와 음료가 무제한으로 포함된 올인클루시브 형태로 투숙할 수 있으며, 렌터카 여행자를 위한 무료 주차가 허용된다. 호텔 모든 구역에서 무료 와이파이가 제공되고 어린아이를 동반한 여행자들은 무료 키즈클럽을 이용할 수 있다. 윈드서핑과 스노클링, 자전거 대여, 골프 등 아가디르에서 즐길 수 있는 각종 프로그램도 신청할 수 있다.

Data 지도 212p-E **가는 법** 아가디르 해변 중간 지점 **주소** Boulevard du 20 Aout, Agadir 80000 **전화** 5288-40123 **요금** 1,200디르함~

합리적인 가격
켄지 유로파 호텔 Kenzi Europa Hotel

아가디르 대부분의 호텔과 리조트가 그렇듯 켄지 유로파 호텔 역시 해변 중심에 자리한다. 아가디르의 중저가 숙소는 대체로 해변에서 멀찌감치 떨어진 곳에 있어 접근성이 떨어진다. 해변 주변의 리조트에서 묵자니 호화롭고 비싼 호텔이 대부분이다. 켄지 유로파 호텔은 4성급 호텔이지만 주머니 사정이 좋지 않은 배낭여행자들이 묵어갈 만한 합리적인 숙소다. 실제로 평도 좋고, 시설과 서비스 또한 수준급. 7층 건물에 236개의 객실을 보유하고 있으며 싱글룸과 더블룸, 트리플룸으로 나뉜다. 객실은 모로코풍이 아닌 현대적인 분위기. 워터파크와 스파, 테니스 코트, 전용 해변 파라솔을 이용할 수 있다.

Data 지도 213p-E **가는 법** 아가디르 해변 중간 지점 **주소** Boulevard 20 Aout B P 808, 아가디르, 80000 **전화** 5288-21212 **요금** 750디르함~

Morocco by Area
07

페스
FES

모로코 중북부 산기슭에 자리한 도시. 천 년이 넘은 마라케시보다 더 오랜 역사를 간직하고 있다. 미로를 닮은 골목들이 안겨주는 정적인 풍경은 모로코의 대표적 이미지 가운데 하나다. 9,000개가 넘는 골목과 천연 가죽 염색 공정을 볼 수 있는 테너리를 보기 위해 수많은 여행자가 이 작은 도시를 찾는다. 내로라하는 세계적인 사진가들은 입을 모아 가장 모로코다운 도시로 극찬했다. 이곳 메디나를 걷다 보면 절로 깨닫게 될 것이다.

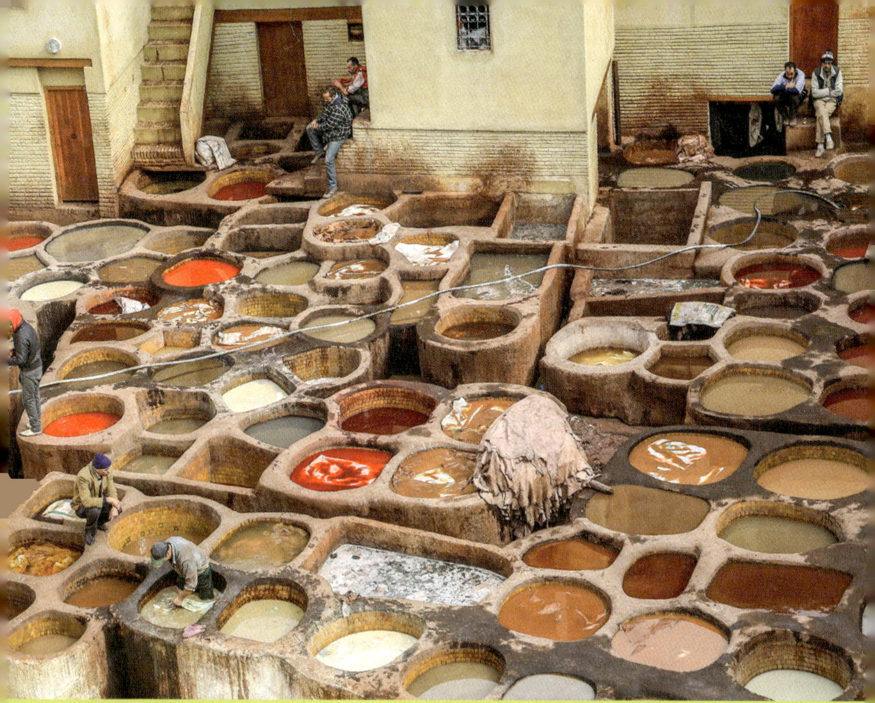

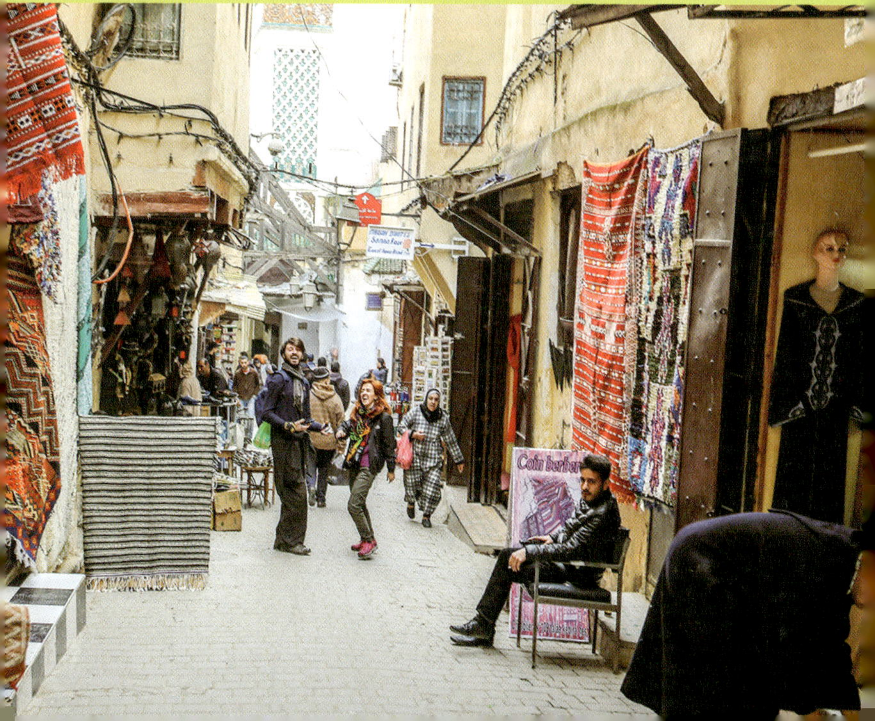
Coin

페스

Fes
PREVIEW

페스는 마라케시와 함께 모로코 여행의 또 다른 축으로 통한다. 모로코 중북부 내륙에 위치하여 보통 셰프샤우엔을 여행한 이들이 이곳에서 만나 서로 반대편으로 흩어진다. 신시가지와 구시가지가 차로 약 10분 거리. 볼거리의 95%가 몰려 있는 메디나 일대는 아침부터 분주하다. 블루게이트에서 시작되는 두 갈림길의 메인 도로를 기준으로 동선을 짜면 된다.

SEE

메디나가 시작되는 블루게이트에서 좌측이나 우측 길로 크게 한 바퀴 돌아 다시 블루게이트까지 오는 루트로 둘러보면 된다. 2개의 메인 도로를 중심으로 거미줄처럼 뻗어 있는 골목을 누벼보는 것도 좋다. 복잡한 메디나에서 길을 잃어보는 것이 페스를 제대로 여행하는 방법이기도 하다. 가죽 염색 작업장인 테너리 Tannery를 볼 수 있는 전망대는 곳곳에 있지만 미로를 방불케 하는 메디나 골목에서 찾기란 어렵다. 중간에 만나는 호객꾼을 따라가는 것도 하나의 방법. 10디르함 정도만 쥐어주면 테너리 입구까지 안내해줄 것이다.

EAT

메디나가 시작되는 블루게이트 주변에 레스토랑이 밀집해 있다. 대부분 모로코 음식 전문점으로 가격은 저렴한 편. 중심 도로를 기준으로 드문드문 레스토랑과 카페가 있긴 하지만 블루게이트 주변에 압도적으로 많다. 현지인들이 주로 사 먹는 즉석 햄버거, 도넛 등도 양이 많아 한 끼 식사로 충분하고 가격까지 저렴하다. 블루게이트 인근의 라 카스바 데 페스 레스토랑에서는 맥주를 판다. 게다가 이곳 테라스에서 내려다보는 블루게이트의 전망도 좋으니 참고할 것.

BUY

페스 메디나의 두 갈래 중심도로를 기준으로 각종 상점이 빼곡하게 들어서 있다. 모로코 여느 재래시장에서 주로 볼 수 있는 아르간 오일 전문점, 질레바와 바부슈 매장, 아라비아 그릇 전문점 등을 쉽게 찾을 수 있다. 하지만 페스에 왔다면 가죽 관련 제품에 관심을 두자. 세계적인 천연 가죽작업장을 보유한 곳답게 질 좋은 가죽으로 만든 가방, 벨트, 지갑, 재킷 등의 매장이 많다. 특히 테너리 부근에 가죽 매장이 많은데, 흥정만 잘하면 좋은 아이템을 얻을 수 있다.

SLEEP

메디나 골목 사이사이로 리아드 형식의 호텔이 곳곳에 있다. 호텔의 시설과 서비스에 따라 가격대는 천차만별. 꽤 저렴한 도미토리부터 깔끔하고 우아한 1인실까지 다양한 숙소가 있다. 이왕이면 페스에서는 아랍 분위기가 물씬 풍기는 리아드 호텔에서 묵는 것을 추천한다. 모로코식 아침 식사와 테라스에서의 전망은 또 다른 보너스가 된다. 현대적 분위기의 호텔은 메디나 바깥쪽을 찾는 것이 좋다.

Fes
GET AROUND

 어떻게 갈까?

1. 버스
여행자들이 페스로 이동하는 가장 일반적인 방법. 기차도 운행하지만 동선상 버스를 타는 것이 편리하다. 카사블랑카, 라바트, 마라케시, 탕헤르, 셰프샤우엔의 CTM 버스 터미널에서 페스 신시가지까지 운행하는 노선이 있다. 또 국영 버스 회사인 수프라투어Supratours 등 여러 버스 회사가 페스와 모로코의 여러 도시를 연결한다. 페스 버스 터미널은 메디나에서 차로 10분 정도 떨어져 있다.

2. 기차
카사블랑카의 카사포트역, 카사보야지스역, 라바트, 탕헤르, 마라케시 등에서 페스와 바로 연결되는 기차 노선이 있다. 하지만 셰프샤우엔은 기차 노선이 없고, 마라케시는 시간대가 좋지 않고 편수가 적다. 페스 기차역 역시 신시가지에 자리한다.

3. 비행기
카사블랑카, 라바트, 마라케시, 탕헤르 등에서 페스 사이스 공항까지 국내선을 이용할 수 있다. 마라케시나 카사블랑카, 탕헤르에서 버스나 기차로 이동할 경우 6~10시간 내외가 걸리는데, 비행기를 타면 많은 시간을 절약할 수 있다.

페스 사이스 공항(FEZ)에서 시내로 가기
페스 사이스 공항은 도심 기준 남쪽으로 12km 지점에 있다. 차로는 약 20분 정도 거리. 사이스 공항에서 이동할 때는 택시를 타는 것이 일반적이다. 페스의 프티 택시는 빨간색으로 공항을 나서면 쉽게 볼 수 있다. 모로코 어디나 택시를 탈 때는 흥정하기 나름. 보통 공항에서 페스 메디나까지 100디르함 전후로 흥정할 수 있다.

어떻게 다닐까?

1. 택시
페스에 도착했다면 볼거리가 몰려 있는 메디나로 이동해야 한다. 페스 공항이나 CTM 버스 터미널, 기차역 등이 모두 신시가지 혹은 외곽에 있는데, 메디나로 이동할 때 보통 택시에 타게 된다. 메디나에서는 택시 탈 일이 없는 편. 페스에서는 도시에 들어오고 나갈 때만 택시를 타면 된다. 메디나와 신시가지 사이는 30디르함 전후로 흥정할 수 있다.

2. 도보
볼거리의 대부분이 몰려 있는 페스 메디나에서 유일한 이동 수단. 비좁은 길을 사람은 물론 당나귀와 같은 가축도 함께 이용하는 것이 특징이다. 블루게이트에서부터 시작되는 두 갈래 길을 따라 동선을 짜면 된다. 두 갈래 길을 기준으로 수많은 골목이 얽혀 있는데 길을 잃어도 겁먹지는 말자. 시끌벅적한 소리를 따라 걷다 보면 어느새 중심 도로로 빠져나와 있을 테니.

Info

페스 사이스 공항 Fes-Saïss Airport
Data 주소 Aéroport Fes Saïss Oulad Tayeb, Maroc, Fes 30000
전화 5228-74366 홈페이지 www.onda.ma

페스 CTM 버스 터미널 Fes CTM Bus Terminal
Data 주소 Fès-Boulemane, Fes
전화 6538-89621 홈페이지 www.ctm.ma

페스 기차역 Fes Railway Station
Data 주소 Fes Railway Station, Fes
전화 6798-56618 홈페이지 www.oncf.ma

긴급 전화번호
경찰 190 / 안내 160 / 화재 150

*국제전화
모로코의 국가 번호는 212, 페스의 지역 번호는 535. 모로코에서 한국으로 전화할 경우 '국제전화 식별 번호 00+82+0을 뺀 지역 번호와 상대방 번호를 누르면 된다.

Fes
ONE FINE DAY

페스의 주요 명소가 몰려 있는 메디나를 중심으로 동선을 짜면 된다. 블루게이트를 시작으로 중심 도로를 따라 크게 한 바퀴 도는 것이 일반적이다. 테너리 가죽 염색 작업장, 카라윈 대학, 메디나 골목 등을 둘러보게 된다.

페스 여행의 시작,
블루게이트 도착

도보 5분

세계 최초의 대학,
카라윈 대학 방문

도보 10분

미로와 같은 페스
메디나 골목 탐방

도보 20분

메디나 바깥 동네 탐방

도보 10분

블루게이트에서 식사

도보 20분

가죽 염색 작업장,
테너리 관람

도보 15분

메디나 리아드
호텔에서 티 타임

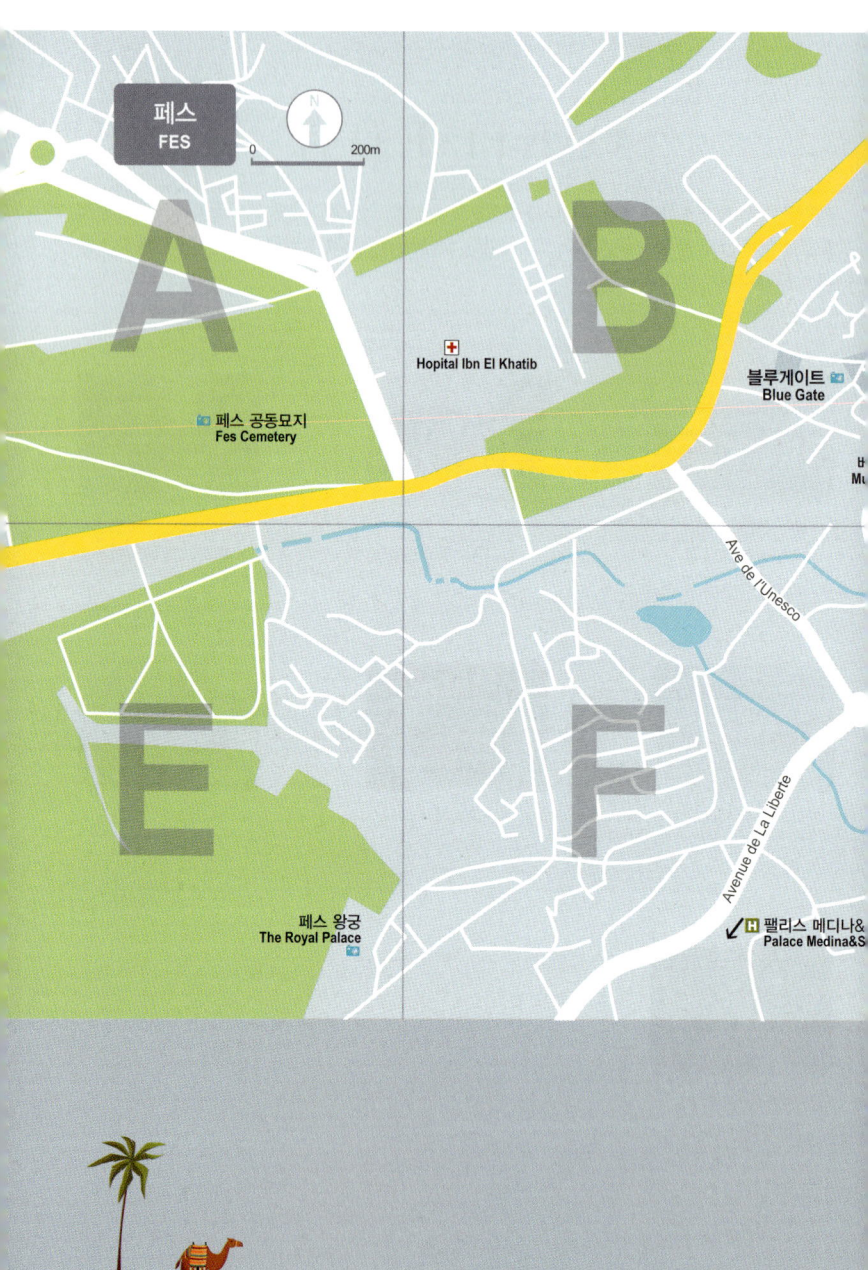

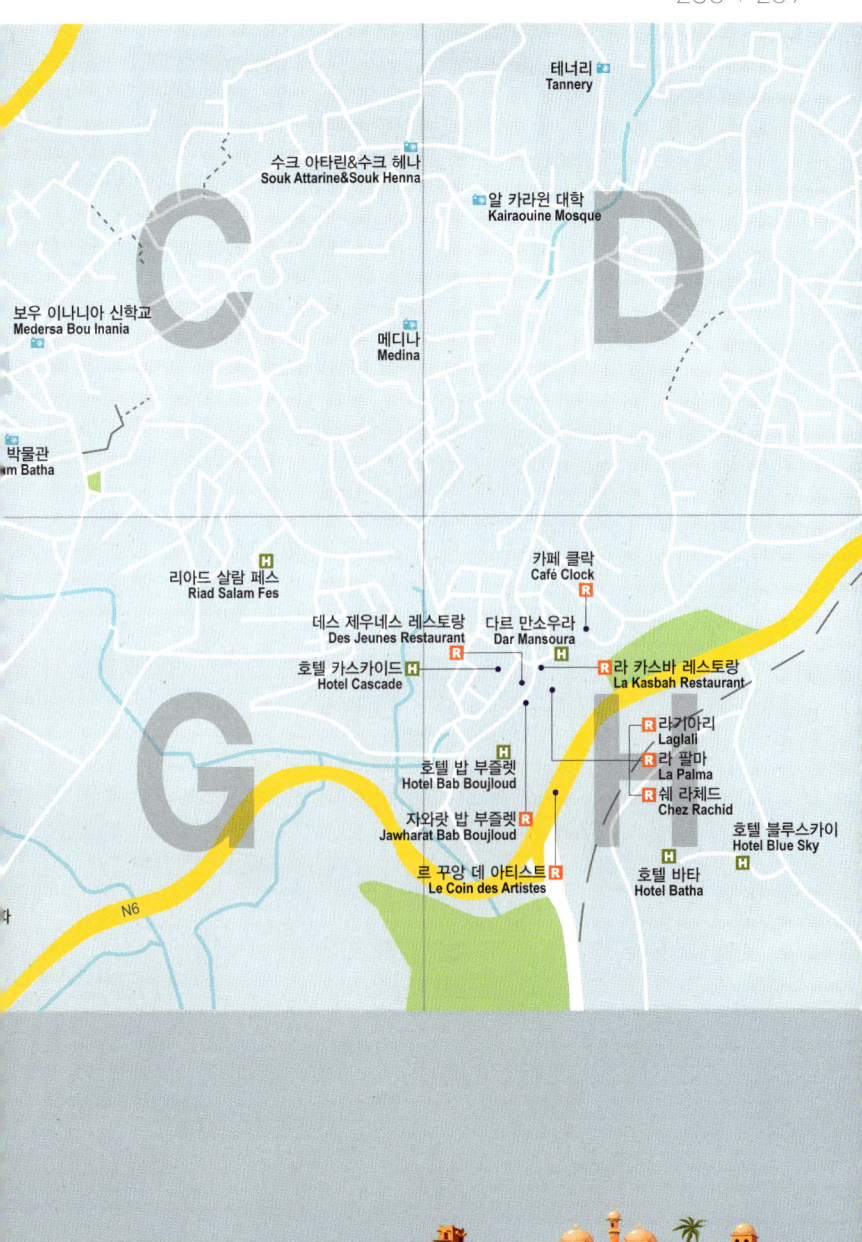

💬 |Talk|
고대 도시 페스 이야기

페스는 모로코에서 가장 오래된 도시다. 천 년이 넘은 마라케시보다 더 오래 버틴 도시라는 것만 보더라도 오랜 역사를 대충 짐작해볼 수 있다. 페스는 6세기 후반, 이드리스 1세가 이곳에 터를 잡았다. 이후 왕권을 물려받은 이드리스 2세가 페스강 서쪽에 도시를 건설하면서 규모도 훨씬 커졌다. 여러 왕조를 거치면서 수도가 다른 지역으로 바뀌었지만 페스는 발전을 계속한다. 13세기 페스-자디드(새로운 페스)라는 신도시가 확장하면서 페스와 통합, 현지어로 페스 알바리(오래된 페스)란 이름의 도시권이 형성됐다. 지금의 모습은 페스가 가장 융성했던 메린 왕조 시대에 완성됐다고 볼 수 있다.

9,000개가 넘는 골목을 자랑하는 페스 메디나. 이곳이 지금까지 버텨온 배경에는 그들의 생존 전략이 숨어 있다. 미로와 같은 골목을 만들어 외세의 침략에 대비했다. 이런 지형을 처음 접한 외부의 적들은 게릴라식으로 대항하는 모로칸들에게 속수무책으로 당하기 일쑤였다. 이러한 배경으로 페스는 오랜 세월을 버텨올 수 있었고, 오늘날 유네스코 세계문화유산으로 지정될 수 있었다. 페스 메디나는 모로코인들에게 자존심과도 같다. 오랜 세월을 버텨온 페스 메디나에는 그

들의 지혜와 문화가 곳곳에 스며 있다. 그중 테너리의 가죽 염색 작업장과 카펫 상점이 대표적. 페스를 여행하기 전 이러한 배경을 어느 정도 알고 본다면 여행길이 더욱 풍성해질 것이다.

페스 메디나가 시작되는 장소
블루게이트 Blue Gate(Bab Bou Jeloud) | 밥 부즐렛

블루게이트는 페스를 상징하는 대문으로 메디나와 신시가지를 연결한다. 현지인들에게는 밥 부즐렛Bab Bou Jeloud으로 불리지만 여행자들 사이에서는 블루게이트Blue Gate란 고유 명사로 자리매김했다. 블루게이트 외관에 새겨진 푸른색과 초록색의 문양 때문. 안쪽은 이슬람을 상징하는 초록색이, 바깥쪽은 페스의 신문화를 상징하는 짙은 푸른색이 칠해져 있다. 페스 메디나의 중심 도로가 시작되는 곳으로 온종일 사람들로 북적인다. 블루게이트 앞에서 잠시 멈춰 서면 호객하는 상인에게 십중팔구 붙잡히고 말 것이다. 블루게이트 안쪽은 레스토랑 상인이, 바깥쪽은 택시 기사들이 거머리처럼 달라붙는다. 블루게이트 앞에서는 서둘러 사진을 찍고 이동하는 것을 추천한다. 또 한 가지 알아둘 것이 있다. 일반적으로 페스역이나 CTM 버스 터미널에서 택시에 올라 메디나로 올 때 이곳을 목적지로 정하는데, 의외로 '블루게이트'라는 지명을 모르는 기사가 많다. 반드시 '밥 부즐렛'이라고 말하자.

Data 지도 238p-B
가는 법 페스역, 페스 CTM 버스 터미널에서 택시 10분
주소 Blue Gate, Fes

> **Tip** **블루게이트를 멋지게 보는 방법**
> 블루게이트를 보다 높은 곳에서 내려다보고 싶다면 인근에 있는 레스토랑, 라 카스바 데 페스 레스토랑La Kasbah de Fes Restaurant을 찾아보자. 이곳 테라스 테이블에서 식사를 즐기며 내려다보는 블루게이트는 최고의 전망을 약속한다. 낮에 보는 모습도 일품이지만 야간에 내려다보는 모습 또한 멋지다. 페스 메디나에서 맥주를 파는 몇 안 되는 곳인 만큼 여행자에게 늘 인기 있는 곳.

페스 여행의 9할 이상
메디나 Medina

현지어로 페스 알 바리Fes Al-Bali로도 불린다. 흙벽돌로 쌓은 성곽으로 둘러싸인 메디나는 페스 여행의 대부분을 차지한다. 블루게이트와 3개의 테너리 가죽 염색 작업장, 카라윈 대학, 9,000개가 넘는 골목 등이 모두 이곳에 몰려 있기 때문이다. 메디나 외부에서 흙벽을 바라보고 있으면 교과서적인 모로코 구시가지에 가깝다는 것을 알 수 있다. 모로코 다른 도시의 메디나와 마찬가지로 이곳 역시 차량이 들어올 수 없다. 천 년이 넘은 구시가지를 그대로 보존할 수 있었던 것은 이러한 이유가 숨어 있다. 메디나에는 블루게이트에서 시작하는 2개의 큰 보행자 도로가 있고, 이 도로를 중심으로 크고 작은 9,000여 개의 골목이 거미줄처럼 뻗어 있다. 큰 도로에는 가죽 제품과 수공예품, 생필품 가게가 다닥다닥 붙어 있고, 작은 카페와 레스토랑도 드문드문 자리한다. 골목에는 리아드 전통 호텔과 게스트하우스가 있어 초행자라면 자신의 숙소 위치를 완벽하게 숙지하고 오는 것을 추천한다. 메디나의 하이라이트는 단연 좁고 복잡한 골목들. 지도가 있어도 눈 깜짝할 사이에 길을 잃기 쉽다. 스마트폰의 구글 지도 앱도 이곳에서는 무용지물. 충분히 시간을 가지고 느긋하게 둘러보는 것이 최선이다. 미로 같은 골목을 걷다 보면 고대 모로코로 시간 여행을 온 듯한 느낌을 받을 수 있을 것이다.

Data **지도** 239p-C **가는 법** 페스역, 페스 CTM 버스 터미널에서 택시 10분 **주소** Medina, Fes

오랜 신학교를 찾다
보우 이나니아 신학교 Medersa Bou Inania | 마드라사 부이나니아

페스 메디나의 블루게이트 인근에 위치한 오래된 신학교. 페스는 천 년이 넘은 마라케시보다 더 오래된 도시답게 예부터 학문이 발달했다. 세계 최초의 대학교로 불리는 알 카라윈 대학과 마찬가지로 마드라사 보우 이나니아 역시 오래된 신학교로 통한다. 마드라사Medrasa로 불리는 학교에서는 이슬람 교리부터 율법, 천문학, 철학 등을 가르쳤다. 보우 이나니아 신학교는 12세기 중반에 세워졌으며, 당시 이슬람 사원의 기능도 겸했다. 메디나 메인 골목과 바로 마주하고 있는데, 대문을 통과하면 시끌벅적한 메디나와 달리 매우 조용한 마당과 만나게 된다. 아라베스크 문양의 바닥과 외관을 보면 입장료가 전혀 아깝지 않을 것이다.

Data 지도 239p-C 가는 법 블루게이트에서 도보 5분 주소 Rue Talaa Sghira, Fes 운영시간 09:00~18:00 요금 입장료 20디르함~

위엄의 극치
페스 왕궁 The Royal Palace

페스 메디나 서남쪽 외곽에 위치한 알마크젠 왕궁을 가리킨다. 중세 시대 모로코의 수도였던 페스 왕궁의 진수를 확인할 수 있지만, 안타깝게도 내부 입장은 불가능하다. 국왕이 자주 방문하기 때문에 일반인들에게는 개방하지 않는다. 여행자는 보통 페스 왕궁의 한쪽 면만 감상한다. 전체적으로 전형적인 이슬람 양식으로 건축한 것이 특징. 이슬람 특유의 초록색 지붕과 아라베스크 문양, 아치형 대문을 확인할 수 있다. 반대편으로 펼쳐지는 대형 광장은 현지인들의 소중한 휴식처가 된다. 왕궁 정문을 배경으로 사진을 찍을 수 있지만 주변의 군인은 찍을 수 없으니 주의하자.

Data 지도 238p-E
가는 법 블루게이트에서 차로 10분
주소 Avenue Omar Ibnou Khattab, Fes 30004

세계 최초의 대학교
알 카라윈 대학 Kairaouine Mosque

페스 메디나 깊숙한 곳에 자리한 고대 대학교다. 당시 세계 각지에서 이슬람학, 언어학, 천문학 등을 공부하기 위해 이곳에 모였고, 학위를 수여한 최초의 대학이다. 현재 우리가 쓰고 있는 아라비아 숫자가 바로 알 카라윈 대학을 거쳐 유럽과 신대륙에 전파된 것. 이곳을 설립한 인물은 모로코의 위대한 여성으로 칭송받는 파티마 알 피흐리Fatima Al Fihri이다. 알 카라윈 대학은 아랍과 유럽을 잇는 학문적 가교 구실을 충실히 해냈다. 대학의 규모가 커짐에 따라 문법, 수학, 화학, 역사, 지리 등의 학문이 추가로 신설됐고, 학교는 더욱 명성을 확고히 하게 된다. 특히 이곳의 도서관은 이집트 알렉산드리아 도서관과 함께 한때 세계 지식의 창고였다. 14세기 이곳의 도서관은 3만 권이 넘는 장서가 소장되어 있었기 때문. 세계 학문의 역사에 빠지지 않는 곳인 만큼 방문 자체에 의의를 두는 것이 좋다. 뿐만 아니라 흰색 벽에 녹색 지붕을 가진 외관을 배경으로 이국적인 사진도 찍을 수 있다.

Data 지도 239p-D
가는 법 블루게이트에서 도보 20분
주소 Fes Medina, Fes 30000, Fes
전화 6648-17088
운영시간 09:00~16:30
요금 입장료 20디르함~

명품 가죽이 탄생하는 장소
테너리 Tannery

페스에서 가장 유명한 가죽 염색 작업장. 가장 큰 메인 테너리 하나와 소규모 테너리 2개가 있다. 여행자들이 주로 방문하는 곳은 초우아라Chouara로 불리는 대형 메인 테너리. 수작업으로 진행되는 가죽 가공 공정은 마치 한 편의 다큐멘터리를 보는 것 같다. 형형색색 물감이 든 염색통마다 긴 장화를 신은 인부들이 들어가 있는 모습이 보이는데, 그들이 가죽을 정성스레 밟는 동안 다양한 색깔의 명품 가죽이 탄생한다. 가죽들은 흰색의 석회물 통에 넣었다가 다양한 색의 통으로 이동하게 된다. 이때 초록색, 빨간색, 갈색 등의 가죽이 탄생하는데, 사프란이 들어가는 노란색 가죽이 가장 비싸다. 멋진 풍광을 한눈에 담으려면 최대한 높은 건물로 향해야 한다. 가이드를 가장한 호객꾼이 많은 편. 테너리 건물 테라스 입장은 무료지만 호객꾼을 따라가는 것도 좋은 방법이다. 미로와 같은 페스 메디나에서 테너리를 한 번에 찾기란 매우 어렵기 때문. 그들에게 10~30디르함 정도의 팁을 주면 곧바로 찾을 수 있으니 일종의 입장료라고 생각할 수 있다. 테라스로 향하는 중간에 가죽 제품 상점이 즐비하다. 가죽 제품을 구매하려면 이곳에서 흥정하는 것이 좋다.

Data 지도 239p-D 가는 법 블루게이트에서 도보 15~20분 주소 Blida Street Fez Medina, Fes 30070(Chouara) 운영시간 09:00~20:00

> **Tip** **테너리는 악취가 심하다?**
> 전통 가죽 염색 과정은 심한 악취가 동반된다. 가죽에 염색 원료가 잘 스며들게 하려고 가축의 배설물을 이용하기 때문. 이때 신선한 민트 잎을 코끝에 대면 견딜 만하다. 보통 주변 가죽 상점 상인들이 민트 잎을 주지만 스카프나 마스크를 준비하는 것도 좋다.

이국적인 풍광
페스 공동묘지 Fes Cemetery

페스 메디나를 둘러싼 공동묘지는 페스의 잘 알려지지 않은 출사 명소이다. 블루게이트를 뒤로하고 메디나를 벗어나면 어마어마한 규모의 공동묘지와 마주하게 된다. 가운데 큰 도로를 기준으로 양쪽으로 묘지가 펼쳐져 있는데, 새하얀 묘비가 끝없이 펼쳐지는 모습이 상당히 이국적이다. 가운데 도로를 따라 쭉 걸어가면 이곳 일대를 한눈에 내려다볼 수 있는 언덕이 나온다. 이곳에 서면 정면에 새하얀 묘지가 펼쳐지고 저 멀리 메디나가 내려다보인다. 탁 트인 풍경은 페스 최고의 기억을 선사할지도 모른다. 운이 좋으면 공동묘지에서 펼쳐지는 모로코식 장례식을 볼 수도 있다. 남자 위주로 치러지는 모로코 장례식은 꽤 인상적이다.

Data 지도 238p-A 가는 법 블루게이트에서 도보 5~10분 주소 Fes Cemetery, Fes

> **Tip 메디나 바깥 마을 둘러보기**
>
> 페스 메디나 안쪽이 질렸다면 바깥쪽으로 나가보자. 블루게이트를 뒤로하면 페스 공동묘지가 나오고, 묘지를 뒤로하고 계속 북동쪽으로 걸으면 작은 마을이 나타난다. 겉보기에도 허름해 보이고 특별한 볼거리는 없지만 모로코 시골의 모습을 엿볼 수 있다. 운이 좋다면 3일 주기로 들어서는 시장도 볼 수 있다. 아무래도 관광지가 아닌지라 인물 사진 촬영은 자제하는 것이 좋고 낮에 방문하는 것을 추천한다.

|Theme|
미로 같은 페스 골목에서 길을 잃다

9,000개가 넘는 골목, 쉽게 상상이 되는가? 페스 메디나 이야기다. 라바트, 메크네스, 에사우이라, 카사블랑카, 탕헤르 등의 도시에도 메디나가 있지만, 페스 메디나의 골목과는 비교가 안 된다. 또한 미로를 방불케 하는 마라케시 메디나의 골목조차 페스보다는 한 수 아래로 느껴진다. 페스 메디나의 조붓한 골목을 따라 천천히 들어가 보자. 좁은 길은 끝없이 이어지고 길인 것 같던 골목은 일반 가정집 대문으로 막혀 있다. 다시 골목을 거슬러 나와 다른 길로 접어들었더니 이번에는 흙벽이 가로막는다. 가로막고 있는 쓰레기 더미 위에 앉은 길고양이 두 마리가 우리를 비웃는 듯하다. 페스 메디나의 골목은 현존하는 세계 최고의 미로라고 해도 손색없다. 지도는 차치하고 스마트폰의 지도 앱으로도 정확한 표시가 어렵다. 이러한 배경 때문에 혹자는 페스를 두고 이렇게 말한다. "페스를 제대로 여행하는 방법은 메디나에서 길을 잃어보는 것"이라고.

길을 잃었다고 해서 큰 걱정은 하지 말자. 골목 어디서나 현지인을 쉽게 만날 수 있기 때문에 큰길이 어느 방향인지 친절하게 알려주는 경우가 많다. 또 골목을 헤매다 보면 자연스레 중심 대로로 빠져나올 가능성 또한 크다. 어둠이 내리면 중심 도로의 상점 대부분이 문을 닫고, 거리의 행인도 확연히 줄어든다. 페스 메디나는 치안이 좋은 편이지만 그래도 조심해서 나쁠 것은 없다. 이왕이면 메디나 골목은 해가 중천에 뜬 대낮에 둘러보는 것이 여러모로 좋다.

고대 유물과의 만남
배사 박물관 Museum Batha

블루게이트 바로 근처에 위치한 전통 공예 박물관. 메디나 기준, 황토색 성벽 바깥에 있다. 건물 자체는 크지 않지만 꽤 아름다운 공예품들을 소장하고 있다. 페스의 도기, 베르베르족의 전통 의상, 악기, 무기 등이 전시되어 있다. 잘 꾸며진 정원과 아라베스크 문양의 타일 등의 내부 장식만 보더라도 입장료가 아깝지 않을 정도. 오래된 궁전 건물을 개조했기 때문에 이국적인 사진이 약속된다. 여행자들의 평판 봐도 유물보다는 정원과 내부 장식에 대한 이야기가 압도적. 하지만 평소 공예에 관심이 많다면 전시된 작품도 흥미로울 것이다.

Data 지도 239p-C
가는 법 블루게이트에서 도보 3분
주소 5, Place Batha Oued Fejjaline, Fes
전화 5356-37800
운영시간 09:00~17:00
요금 입장료 20디르함~

향신료 천국
수크 아타린&수크 헤나 Souk Attarine&Souk Henna

카라윈 대학교 근처에 형성된 대규모 향신료&염료 시장을 가리킨다. 페스의 여느 시장통과 비슷해 보이지만, 예부터 명품 향신료를 많이 취급한 곳이다. 수크 아타린 일대는 쿠민, 타메리크, 카르다몸 등의 이색 재료가 풍기는 냄새로 가득하고, 수크 헤나 일대는 다양한 염색 재료, 액세서리 매장이 가득하다. 흥정만 잘하면 모로코 전통 헤나도 저렴하게 해볼 수 있다.

Data 지도 239p-C 가는 법 블루게이트에서 도보 20분 운영시간 09:00~19:00

| 페스 근교 |

모로코의 스위스
이프란 Ifrane

페스 남쪽에 위치한 작은 도시로, 모로코의 부촌이 모여 있다. 아틀라스산맥 중부에 걸쳐 있어 4월까지 눈이 내리는 경우가 많은 이프란의 특징은 뾰족뾰족한 알프스풍 건물이 많다는 것. 덕분에 '모로코의 스위스'라는 별명도 붙었다. 모로코에서 유명한 사립 학교인 알 아카와인 대학교과 사자바위 등이 주요 관람 포인트. 메르주가에서 페스 혹은 카사블랑카에서 페스를 오가는 길목에 있기 때문에 여행자들은 잠시 들러서 구경한다. 이프란에는 분위기 있는 카페가 많아 차 한잔을 즐겨도 좋다.

Data 가는 법 페스에서 차로 1시간 20분

4대 메디나 가운데 하나
메크네스 Meknes

메크네스는 페스 서쪽으로, 차로 약 1시간 10분 거리에 있는 도시. 모로코 북부의 고대 도시 가운데 하나로 메크네스타필랄레트Meknès-Tafilalet 지방의 중심이다. 페스, 라바트, 마라케시와 함께 '모로코 4대 메디나'를 보유한 도시로 서양 여행자들에게는 큰 사랑을 받고 있다. 유럽과 이슬람 양식을 혼합한 마그레브Maghreb(북아프리카 전통) 건축물이 많다. 메디나와 라흐딤 광장, 물라이 이스마일 묘지 등을 주로 볼 수 있다. 카사블랑카와 페스 사이에 있기 때문에 중간 거점으로 들르기 좋다.

Data 가는 법 페스에서 차로 1시간 10분

저렴한 한 끼
자와랏 밥 부즐렛 Jawharat Bab Boujloud

페스 메디나 안쪽, 블루게이트를 통과하면 우측에 바로 보이는 모로칸 음식점. 여행자들은 타진과 쿠스쿠스 등 모로코 음식과 누스누스 커피, 민트 티 등의 차를 주로 주문한다. 아저씨가 주문과 계산을 담당하고 아주머니가 요리, 그리고 젊은이가 서빙을 하는데 단란한 가족처럼 보인다. 레스토랑 내부에는 모로칸 음악이 흘러 페스 메디나의 풍경과 딱 들어맞는 느낌이다. 야외 테이블에 앉으면 북적이는 페스 블루게이트 일대의 풍경을 감상하며 식사를 즐길 수 있다. 치킨 타진과 채소 타진, 생선 타진 등 음식 재료에 따라 다양한 타진을 맛볼 수 있다. 기본 메뉴로 올라오는 절인 올리브, 식전 빵도 일품. 싱싱한 오렌지를 즉석에서 갈아주는 오렌지 주스도 인기다.

 지도 239p-H
가는 법 블루게이트에서 바로 **주소** 16 Ave Farhat Hachad, Fes 30030 **전화** 5356-38449 **운영시간** 09:00~23:00 **가격** 음료 10디르함~, 음식 40디르함~

핫 플레이스에서의 식사
데스 제우네스 레스토랑 Des Jeunes Restaurant

자와랏 밥 부즐렛 레스토랑과 마찬가지로 페스 메디나 안쪽에 위치하며, 블루게이트를 뒤로하고 좌측에 있다. 자와랏 밥 부즐렛 레스토랑과 마주 보고 있는 위치. 페스의 대표적 명소 블루게이트 앞에 있는 이점 때문에 호객이 없어도 많은 여행자가 자연스럽게 찾는 레스토랑이다. 모로코 전통 요리가 준비되어 있고, 커피나 차 메뉴도 갖추고 있다. 테이블이 많기 때문에 웨이팅 없이도 바로 음식을 주문할 수 있는 편이다. 유명한 맛집은 아니지만, 음식의 맛은 기본 이상. 블루게이트를 바라보며 식사를 할 수 있다는 것만으로도 최고의 선택이 된다.

 지도 239p-H
가는 법 블루게이트에서 바로 **주소** Place de la Poste, Fes 30030
운영시간 09:00~23:00 **가격** 음료 10디르함~, 음식 40디르함~

최고의 전망
라 카스바 레스토랑 La Kasbah Restaurant

블루게이트 인근에 있는 레스토랑으로, 아침 일찍부터 밤늦은 시각까지 영업한다. 모로코 정통 음식부터 지중해 요리, 중동 요리 등을 두루 주문할 수 있는 것이 특징. 레스토랑은 복층 구조에 테라스까지 구비하고 있다. 블루게이트가 한눈에 내려다보이는 테라스 자리는 경쟁이 치열한 편. 밑에서 테라스에 자리가 있는지 눈으로 확인할 수 있으니 보고 올라가는 것도 방법이다. 인근의 여느 모로칸 레스토랑과 마찬가지로 음식 맛은 비슷하다. 이곳이 유독 여행자들 사이에서 인기 있는 이유는 맥주를 주문할 수 있기 때문. 애주가에게 이곳은 사막의 오아시스와도 같다. 특히 노을 질 무렵 블루게이트를 내려다보며 테라스에서 맥주 한 잔과 함께 즐기는 저녁은 매우 특별하다.

Data 지도 239p-H
가는 법 블루게이트에서 도보 1분 **주소** Bab Boujloud, Fes 30030 **전화** 5357-41533 **운영시간** 10:00~22:00 **가격** 음료 10디르함~, 음식 50디르함~, 맥주 20디르함~

중동 음식 전문
라기아리 Laglali

페스 메디나가 시작되는 블루게이트 주변에는 수준 높은 음식점이 발에 채일 정도로 많다. 중동 음식 전문점 라기아리 역시 그중 하나. 타진과 쿠스쿠스 등의 모로코 요리를 비롯해 샤와르마, 쾨프테, 케밥과 같은 중동 음식도 맛볼 수 있다. 라기아리 간판의 1928년부터 문을 열었다는 글귀가 유독 눈길을 끈다. 클래식한 분위기와 맛 좋은 음식이 레스토랑의 오랜 역사를 증명하는 듯하다. 야외 테이블에 앉아 식사하다 보면 길고양이들이 제법 모인다. 음식을 주는 것은 자유지만 종업원이 금세 나타나 "슙~슙~" 소리를 내며 쫓아버릴지도 모른다.

Data 지도 239p-H **가는 법** 블루게이트에서 도보 2분 **주소** N40 Serrajine Boujloud Fes 30030 **전화** 6410-96741 **운영시간** 07:00~23:00 **가격** 음료 10디르함~, 음식 40디르함~

합리적인 가격과 분위기
라 팔마 La Palma

블루게이트 앞에서 여행자들이 주로 방문하는 음식점 가운데 하나다. 페스의 레스토랑 절반 이상은 블루게이트 근처에 밀집되어 여행자들이 찾는 곳도 이들 레스토랑으로 한정된다. 모로코 음식과 해산물 요리를 주문할 수 있으며 맛은 인근 레스토랑과 비슷한 수준. 서비스와 가격, 그리고 분위기 등을 두루 종합해보면 비교적 저렴한 가격에 썩 괜찮은 한 끼 식사를 즐길 수 있다. 누스누스와 오렌지 주스, 민트 티만 주문해도 된다. 무엇보다 블루게이트 바로 앞이라는 점이 장점.

Data 지도 239p-H
가는 법 블루게이트에서 바로
주소 Bab Boujloud, Fes 30030
전화 6809-29097
운영시간 11:00~23:00
가격 음료 10디르함~,
음식 40디르함~

지중해식 요리 전문점
르 꾸앙 데 아티스트 Le Coin des Artistes

블루게이트 외곽, 메디나 바깥쪽에 자리한 서양식 레스토랑. 모로코 음식이 질렸다면 썩 괜찮은 대안이다. 피자와 파스타, 리소토, 해산물 요리 등을 주문할 수 있는데, 다녀간 여행자들 대부분이 호평했을 정도로 맛이 괜찮다. 음식과 함께 맥주를 주문할 수 있는 것도 눈길을 끈다. 음식과 서비스도 일품이지만 이곳의 자랑은 분위기다. 라이브 음악을 들을 수 있는 저녁이 되면 자유로운 히피 분위기를 느낄 수 있는 레스토랑으로 변모한다.

Data 지도 239p-H
가는 법 블루게이트에서 도보 1분
주소 32 Rue Isisco Boujloud, Fes 30000
전화 5356-38487
운영시간 08:00~22:00
가격 음료 15디르함~,
음식 60디르함~

분위기 최고, 맛도 최고
카페 클락 Café Clock

페스에서 제법 유명세를 탄 카페이자 레스토랑. 세계 여행자들의 높은 지지를 받는 여행 정보 사이트 트립어드바이저가 선정한 페스 최고의 카페라고 할 수 있다. 압도적인 호평만 보더라도 이곳의 위상을 알 수 있는데, 음식 맛도 좋고 분위기마저 일품이라 더더욱 입소문을 타게 되었다. 간판이 워낙 커서 초행자라도 입구를 쉽게 찾을 수 있다. 타진과 쿠스쿠스도 있지만 다양한 퓨전 요리가 많은 것이 눈길을 끈다. 낙타 버거와 같은 이색 메뉴도 준비되어 있으니 도전해보자.

Data 지도 239p-H
가는 법 블루게이트에서 도보 5분
주소 7 Derb Magana, Fes
전화 3563-7855, 5256-37855
운영시간 09:00~21:00
가격 음료 10디르함~, 음식 40디르함~
홈페이지 fez.cafeclock.com

정통 모로칸 요리를 만나다
쉐 라체드 Chez Rachid

블루게이트 근처에 위치한 정통 모로코 요리 전문점. 레스토랑의 규모는 작지만 알찬 음식과 만족도 높은 서비스로 입소문을 탔다. 얼핏 보면 주변 레스토랑의 타진과 쿠스쿠스와 비슷해 보이지만 서양식 말린 자두, 견과류 등이 들어 요리가 더욱 풍성해보인다. 함께 주문하는 오렌지 주스, 레몬 주스, 민트 티 등의 차도 일품. 유동 인구가 많은 메디나 중앙 도로변에 자리하고 있기 때문에 소지품 간수에 유의하는 것이 좋다.

Data 지도 239p-H
가는 법 블루게이트에서 도보 3분
주소 Talaa Seghuira, Fes
전화 6625-77987
운영시간 10:00~22:00
전화 6625-77987
가격 음료 10디르함~, 음식 40디르함~

페스 최고의 호사
팰리스 메디나&스파 Palace Medina&Spa

차로 10분 거리의 페스 메디나 바깥쪽 신시가지 초입에 위치한 5성급 호텔. 모로코 여느 도시와 마찬가지로, 좋은 호텔을 찾는다면 메디나 외곽을 찾을 수밖에 없다. 오랜 문화유산인 메디나 안은 비좁은 골목과 가옥이 밀집되어 있어 초특급 호텔이 들어올 환경이 못 되기 때문. 팰리스 메디나&스파는 페스 최고 수준의 리조트형 호텔이다. 5층 건물에 146개의 객실이 준비되어 있으며 3개의 레스토랑과 야외 수영장, 나이트클럽, 풀서비스 스파 등을 보유하고 있다. 객실은 싱글룸, 트윈룸, 스위트룸, 로열 스위트룸 등으로 나뉜다. 푸른 수영장과 가장자리에 늘어선 주황색 파라솔과 선베드는 지중해의 여느 휴양지 못지않은 분위기를 선사한다. 페스에서 관광과 휴양을 모두 잡고 싶다면 이곳은 훌륭한 선택지가 될 것이다.

Data 지도 238p-F
가는 법 블루게이트에서 차로 10분
주소 Boulevard Allal El Fassi, Fes 30000
전화 5290-80104
요금 900디르함~

고품격 전통 호텔
리아드 살람 페스 Riad Salam Fes

단언컨대 페스 최고의 전통 호텔이라고 부를 만하다. 대문을 통과하자마자 리아드 특유의 분위기에 화려한 장식과 샹들리에, 수영장이 여행자의 두 눈을 압도한다. 메디나 안에 위치하면서 전통과 청결함, 화려함을 모두 만족시키는 호텔은 결코 찾기 쉽지 않을 것이다. 대문만 열고 나가면 메디나 골목이 나오고, 블루게이트도 걸어서 10분 안에 갈 수 있다. 호텔 전역에 무료 와이파이를 사용할 수 있고 모로코 전통 조식 또한 일품. 테라스에 오르면 탁 트인 페스 메디나 전망을 한눈에 내려다볼 수 있다. 현대식 엘리베이터가 설치되어 있어 짐도 쉽게 운반할 수 있다. 워낙에 화려한 장식이 많아 마치 왕궁에서 하룻밤을 보내는 것 같은 느낌이 절로 들 것이다.

Data 지도 239p-G
가는 법 블루게이트에서 도보 10분
주소 18, Derb Bennis Douh Ziat-Batha, Fes
전화 5356-38988
요금 1,700디르함~

리아드 호텔의 교과서
다르 만소우라 Dar Mansoura

페스 메디나 내부에 자리한 3성급 호텔. 블루게이트에서도 도보 2분이면 갈 수 있을 정도로 메디나와 신시가지로의 접근성이 좋다. 블루게이트를 뒤로하고 왼쪽 중심 도로로 꺾은 다음, 50m 정도 걷다가 좌측 골목으로 향하면 된다. 닭 시장이 있는 골목 즈음에 있다. 정통 모로코 리아드 호텔로 직사각형 형태의 구조와 아랍 스타일이 물씬 풍기는 객실, 이국적인 테라스 등은 가히 일품이라고 할 수 있다. 총 5개의 객실을 보유하고 있으며 개인룸과 도미토리룸으로 구분된다. 각 객실에는 전용 화장실이 딸려 있고 에어컨, 소파베드 등이 비치되어 있다. 무료 와이파이가 제공되며 투숙객이 원하면 유료로 저녁 식사도 할 수 있다. 이곳의 하이라이트는 1층 로비. 직사각형의 벽면에 붙은 각종 아랍 장식들이 눈길을 사로잡는데, 로비에서 올려다보는 장면과 2층에서 내려다보는 장면 모두 훌륭하다. 모로코식과 서양식이 결합된 아침 식사도 엄지손가락을 추켜세울 만하다. 메디나와 블루게이트가 한눈에 보이는 테라스에서 민트 티 한잔을 마시며 망중한을 즐겨도 좋다. 숙소 직원에게 1인 2유로 혹은 20디르함 정도만 주면 페스 테너리 관광을 신청할 수 있다. 또 사하라 사막 투어, 마라케시, 셰프샤우엔 투어 프로그램도 연결해준다. 메디나 재래시장의 닭 시장과 가까워 새벽에 좀 시끄러운 편. 대신 일찍 일어나게 되니 알람은 따로 필요 없을 것이다.

Data 지도 239p-H 가는 법 블루게이트에서 도보 5분 주소 4, Derb Mansoura Talaa Kebira, Fes 전화 5357-40016 요금 300디르함~

페스 최적의 위치
호텔 밥 부즐렛 Hotel Bab Boujloud

메디나 바로 바깥, 블루게이트 옆에 자리한 호텔. 블루게이트 옆에 붙어 있기 때문에 페스 어디로 가든 최고의 접근성을 약속한다. 트윈룸, 더블룸, 트리플룸이 준비되어 있으며 객실은 현대적인 디자인으로 꾸며졌다. 무료 와이파이와 위성 TV, 개인 욕실이 완벽하게 갖춰져 있으며 매일 아침 유럽식 조식이 준비된다. 또 블루게이트와 메디나 초입 풍경을 내려다볼 수 있는 테라스도 일품. 이곳에서 모로코 전통 요리나 차 한잔을 맛볼 수도 있다. 페스 테너리, 시티 투어 등의 프로그램과 연결해주기도 한다. 결제는 오로지 현금만 가능하다.

Data 지도 239p-H
가는 법 블루게이트에서 바로
주소 49 Derb Moulay Arbi, Place Bab Boujloud, Fes
전화 5356-33118
요금 400디르함~

우아한 하룻밤
호텔 블루스카이 Hotel Blue Sky

메디나 바깥쪽에 위치한 3성급 호텔. 1박에 600디르함에 육박하는 가격을 보면 모로코 물가 대비 제법 높은 편이라고 할 수 있다. 하지만 그만큼 시설이 훌륭하고 대접받는다는 느낌을 확실하게 받을 수 있다. 14개의 객실이 준비되어 있으며 더블룸, 트윈룸, 트리플룸, 스위트룸으로 나뉜다. 무료 와이파이와 유럽

Data 지도 239p-H
가는 법 블루게이트에서 도보 5분
주소 Rue Sidi El Khiyat, Fes
전화 5356-38354
요금 600디르함~

식 아침 식사, 전용 레스토랑, 하우스키핑 서비스를 받을 수 있다. 또 페스 테너리와 주요 명소의 정보를 쉽게 얻을 수 있고, 원한다면 투어 회사와 직접 연결해주기도 한다. 투어에 참여할 경우 호텔로 픽업을 온다. 객실마다 분위기만큼은 정말 일품. 레이스 달린 침대와 은은한 빛을 내뿜는 샹들리에, 아라베스크 문양의 탁자와 소파는 최고의 하룻밤을 선물한다.

클래식함과 화려함의 만남
호텔 바타 Hotel Batha

페스 메디나 바로 바깥에 위치한 대규모 호텔. 4층 건물에 62개의 객실을 보유하고 있으며 싱글룸과 더블룸, 트리플룸, 아파트형 객실로 구분된다. 아랍풍의 대규모 정원과 화려한 메인 로비는 중세 모로코의 여느 저택이나 궁전을 찾은 듯한 느낌을 준다. 투숙객이라면 누구나 사용할 수 있는 전용 야외 수영장도 일품. 지어진 지 35년이 지나 외관은 클래식한 느낌을 주지만 수차례 리노베이션을 통해 수준급 룸 컨디션을 유지하고 있다. 다른 것은 차치하고 이곳의 대규모 정원은 모로코 여느 명소 못지않은 분위기를 선사한다. 정원 가장자리에 있는 테이블에 앉아 커피 한잔을 즐겨보는 것도 좋다.

Data 지도 239p-H
가는 법 블루게이트에서 도보 3분
주소 Ave de La Liberte, Fes 30000 전화 5357-41077
요금 350디르함~

배낭여행자에게 최적
호텔 카스카이드 Hotel Cascade

블루게이트가 한눈에 보이는 메디나 안쪽에 위치한 저가형 호텔. 싱글룸과 더블룸, 트리플룸, 패밀리룸이 준비되어 있으며 객실마다 전용 욕실이 딸려 있다. 특히 커플 여행자들에게 인기 있는 숙소다. 비용이 비교적 저렴하고 안전하기 때문에 배낭여행자들도 선호하는 편. 테라스와 정원이 일품이며 무료 와이파이와 환전 서비스 등을 받을 수 있다. 하루 3유로의 비용을 내면 주차장을 이용할 수 있고, 유료로 공항 셔틀버스와 페스 외곽 명소로의 셔틀 서비스를 신청할 수 있다.

Data 지도 239p-H
가는 법 블루게이트에서 도보 1분
주소 26 rue Serrajine, Fes
전화 6630-00617
요금 200디르함~

Morocco by Area

08

셰프샤우엔
CHEFCHAOEUN

모로코 중북부 리프산 중턱에 있는 도시. 건물도 골목도 온통 파란색으로 칠해진 것이 특징. '모로코의 산토리니'로 불리며 유명세를 타고 있다. 본래 유럽에서 북아프리카까지 밀려난 유대인들이 쫓겨서 이곳에 온 뒤 도시 전체를 푸른색으로 물들인 것이 그 기원이다. 이스라엘이 독립하면서 유대인은 모두 물러갔고, 현재 모로칸이 남아서 전통을 계승하고 있다. 페스나 마라케시에 비하면 역사는 그리 길지 않지만 특유의 동화 같은 풍경이 여행자들의 시선을 사로잡는다.

Chefchaoeun
PREVIEW

셰프샤우엔은 페스와 마찬가지로 세계적인 사진가들이 동경하는 도시다. 온통 푸른 도시와 길고양이, 그리고 모로칸을 배경 삼아 사진집을 내려는 이들이 매년 셰프샤우엔을 찾을 정도로 유명세를 탔다. 셰프샤우엔 메디나는 비교적 작아 한두 시간 정도면 느긋느긋 걸어서 메디나 곳곳을 둘러볼 수 있다. 메디나 광장을 중심으로 동선을 짜는 것이 좋다. 마을을 한눈에 내려다볼 수 있는 셰프샤우엔 전망대에 올라보는 것도 추천한다.

SEE

셰프샤우엔 메디나는 매우 작은 편이기 때문에 특정 명소에 간다는 생각보다는 느긋느긋 발길 닿는 대로 둘러보는 마음을 가져야 한다. 메디나 광장을 중심으로 동선을 짜면 되는데 특별한 방향은 없다. 셰프샤우엔의 조붓한 골목을 따라 걷다 보면 자신도 모르는 사이에 다시 광장으로 오거나 메디나 바깥쪽으로 나와 있을 것이다. 셰프샤우엔 전망대는 언제 올라도 멋지지만 이왕이면 더욱 멋진 장면이 약속되는 노을 질 무렵에 오르는 것이 좋다. 보통 3일 주기로 셰프샤우엔 골목을 따라 열리는 재래시장도 눈길을 끈다.

EAT

메디나 광장 주변으로 레스토랑이 밀집해 있다. 광장 주변에 위치한 레스토랑은 지나는 여행자를 호객하는 것이 특징. 맛은 모두 비슷비슷한 편이다. 대부분 저렴한 가격에 모로코 음식을 즐길 수 있고, 피자와 파스타 같은 서양식은 모로코 음식보다 가격이 비싼 편이다. 중앙 광장 외에 메디나 골목 사이사이에도 레스토랑이 드문드문 자리하고, 메디나 바깥쪽 신시가지 지역에도 꽤 많은 레스토랑을 찾아볼 수 있다.

BUY

셰프샤우엔 광장 입구 주변과 골목 사이사이에 여행자를 상대로 한 기념품 전문점이 즐비하다. 주로 취급하는 물건은 액세서리, 아르간 오일, 아라비안 그릇, 모로코 전통복 질레바. 간혹 셰프샤우엔의 골목을 배경으로 그린 그림을 파는 공방도 눈에 띈다. 페스가 가까워서 그런지 고급 가죽 제품을 잔뜩 진열해놓은 매장도 보인다. 어딜 가나 흥정은 필수.

SLEEP

메디나 광장 초입과 메디나 골목마다 리아드 호텔이 자리하고 있다. 초행자라면 미로와 같은 골목 때문에 자신이 예약한 숙소를 찾기가 쉽지 않다. 반드시 사전에 숙지하는 것을 추천한다. 약간의 팁을 주고 동네 청년이나 아이들에게 길을 물어보는 것도 하나의 방법. 메디나 안쪽으로는 리아드 호텔이 많고, 메디나 바깥쪽으로는 현대적인 호텔이 많은 편이다.

Chefchaoeun
GET AROUND

 **어떻게 갈까?**

1. 버스
셰프샤우엔으로 향하는 가장 일반적인 교통수단이다. 셰프샤우엔은 모로코 내륙의 산 중턱에 자리한 작은 마을이기 때문에 공항도 없고 기차역도 없다. 시계 방향 혹은 반시계 방향, 동선에 따라 탕헤르에서 셰프샤우엔을 들른 뒤 페스로 향하는 여행자와 페스에서 이곳을 들러 탕헤르나 카사블랑카로 가는 여행자로 나뉜다. 인근 도시인 페스나 탕헤르, 테투안 등에서 이곳과 연결되는 CTM 버스나 일반 버스가 많은 편이다. 구불구불한 산길을 천천히 운행하는 경우가 많기 때문에 이른 시각의 티켓을 사는 것이 현명하다.

2. 비행기
셰프샤우엔은 작은 마을이라 공항이 따로 없다. 그래도 카사블랑카나 마라케시에서 최단 시간에 셰프샤우엔으로 향하려면 인근 도시의 공항을 이용하는 방법이 있다. 탕헤르나 테투안, 혹은 페스의 공항을 이용한 다음 버스로 셰프샤우엔까지 이동하는 것이 효율적이다.

어떻게 다닐까?

1. 택시
셰프샤우엔에서 택시를 타는 경우는 매우 드물다. 외곽에 자리한 버스 터미널에서 메디나 사이를 오갈 때 정도만 탄다고 볼 수 있다. 셰프샤우엔 마을 일대를 운행하는 택시는 일반적으로 파란색이다. 메디나와 버스 터미널 간 요금은 보통 10~15디르함 정도에 흥정하면 된다. 버스 터미널 입구와 메디나 외곽에서 정차하고 있는 택시를 쉽게 발견할 수 있다.

2. 도보
메디나에서의 유일한 이동 수단이다. 셰프샤우엔 메디나는 오르막길이 많고 골목이 복잡하기 때문에 자전거나 오토바이도 타기 어렵다. 메디나 광장을 중심으로 골목이 거미줄처럼 형성되어 있지만 규모가 작은 편이라 원하는 방향으로 동선을 짜면 된다.

Info

셰프샤우엔 CTM 버스 터미널
Chefchaoeun CTM Bus Terminal
Data 주소 Gare Routière, Chefchaoeun
전화 0800-0900-30 홈페이지 www.ctm.ma

긴급 전화번호
경찰 190 / 안내 160 / 화재 150

*국제전화
모로코의 국가 번호는 212, 셰프샤우엔의 지역 번호는 5398. 모로코에서 한국으로 전화할 경우 '국제전화 식별 번호 00+82+0을 뺀 지역 번호와 상대방 번호를 누르면 된다.

Chefchaoeun
ONE FINE DAY

셰프샤우엔의 주요 명소가 집중된 메디나를 중심으로 둘러보면 된다. 메디나 광장을 시작으로 골목을 따라 천천히 도는 것이 보통. 메디나 바깥으로는 신시가지 일대 탐방과 셰프샤우엔 전망대에 오르는 것을 추천한다.

셰프샤우엔 여행의 시작, 메디나 광장 둘러보기

→ 도보 5분

동서남북 온통 파란색의 향연, 셰프샤우엔 골목 탐방

→ 도보 15분

사람 냄새 가득한 셰프샤우엔 재래시장 방문

↓ 도보 5분

파랑 마을을 한눈에, 셰프샤우엔 전망대 오르기

← 도보 25분

알카사바 공원에서 휴식

← 도보 15분

메디나 바깥 신시가지 엿보기, 모하메드 5세 광장 구경

MOROCCO BY AREA 08
셰프샤우엔

SEE

셰프샤우엔의 중심
메디나 Medina

셰프샤우엔은 마을 전체가 명소이기 때문에 특별한 장소를 찾는 것은 의미가 없다. 셰프샤우엔 메디나를 여행하는 가장 좋은 방법은 수많은 골목과 계단을 천천히 걸어보는 것이다. 거리와 집들, 계단까지 온통 푸른색 물결을 이뤄 마치 마을 전체가 파란색 물감에 풍덩 빠졌다 나온 듯하다. 그러니 셰프샤우엔에서는 어느 골목, 어느 집, 어느 장면을 찍어도 그대로 그림이 된다. 파란색 물감으로 칠해진 건물마다 매달린 형형색색의 화분은 아름다움에 정점을 찍는다. 게다가 골목에서 마주치는 고고한 자태의 길고양이는 최고의 피사체가 된다. 모로코의 길고양이는 사람을 두려워하지 않기 때문에 여행자의 귀여움을 독차지하기도 한다. 추천 코스는 메디나 광장에서 시작해 다시 메디나 광장으로 돌아오는 시계 방향 루트. 다른 도시에 비해 이곳 사람들은 사진 촬영에 관대한 편이지만 노인과 아낙네 사진은 언제나 주의해야 한다.

Data 지도 266p 가는 법 셰프샤우엔 CTM 버스 터미널에서 택시 5분 주소 Medina, Chefchaoeun

> **Tip** **셰프샤우엔 골목에서 사진 찍기**
> 앞서 언급했듯 셰프샤우엔 골목은 모로코 여행 최고의 배경이 되는 장면이 즐비하다. 메디나에서 만나는 여느 골목이나 벽을 배경으로 대충 셔터만 눌러도 인생 사진이 된다. 추천하는 골목은 메디나 광장 기준으로 위쪽 동네. 질레바를 입고 오르막길을 올라가는 아저씨의 뒷모습이나 골목 사이를 뛰어다니는 아이들을 찍어보자. 배경이 기본 이상이기 때문에 프로 사진가 못지않은 사진을 찍을 수 있다. 또 화분이 양쪽으로 매달린 골목 사이에 서서 기념사진을 찍어보는 것도 좋다. 어쩌면 사하라에서 찍은 사진보다 더 만족할지도 모른다.

여행자들로 북적북적
메디나 광장 Medina Square

셰프샤우엔 여행이 시작되는 곳이라고 할 수 있다. 마라케시나 페스와 같은 모로코 다른 도시의 메디나처럼 황토색 성벽이 광장 앞에 우뚝 서 있고 뒤로는 험준한 산들이 병풍처럼 둘러싸고 있다. 메디나 광장을 중심으로 셰프샤우엔에서 수준이 높은 편인 레스토랑과 카페, 호텔이 밀집해 있다. 아직 숙소를 구하지 못한 여행자라면 광장 주변에서 찾는 것도 좋은 방법이다. 셰프샤우엔 현지인과 여행자들이 입을 모아 추천하는 유명 맛집과 카페들도 이곳에 모여 있는데, 대부분 비슷한 수준의 음식점들이니 부담 없이 아무 곳이나 들어가도 좋다. 광장 초입과 뒤쪽 골목이 시작되는 지점에는 각종 기념품 숍이 밀집해 있다. 셰프샤우엔 마그네틱, 열쇠고리, 각종 액세서리, 아라비안 그릇 등 모로코 관련 기념품이 많으니 참고하자.

Data 지도 266p
가는 법 셰프샤우엔 CTM 버스 터미널에서 택시 7분
주소 Medina, Chefchaoeun

> **Tip 모로코 레스토랑의 호객**
>
> 셰프샤우엔 메디나 광장 일대를 걷다 보면 주변 레스토랑과 카페 직원들의 어마어마한 호객을 경험하게 된다. 이는 셰프샤우엔뿐만 아니라 페스, 마라케시, 탕헤르 등의 메디나에서도 쉽게 겪게 된다. 단지 입구의 메뉴만 살펴보고 들어가지도 않았는데 전용 테이블을 세팅하는 것은 예사고, 들고 있던 외투나 가방을 대신 들어주면서 자연스럽게 안으로 이끄는 경우도 많다. 그러다 보니 소극적인 여행자들은 음식점을 고르는 것 자체가 스트레스로 다가오기도 한다. 이래저래 모로코에서만 겪을 수 있는 재미있는 풍경들. 당기지도 않는 메뉴를 억지로 먹기 싫다면 단호히 '노No'를 외치자. 거절이 어렵다면 그들이 좋아하는 말인 '인샬라(신의 뜻대로)'를 웃으며 말해보자.

저렴한 물건이 가득
셰프샤우엔 재래시장 Chefchaoeun Souk

약 3일에 한 번 셰프샤우엔 메디나 광장을 기준으로 주요 골목에 들어서는 시장. 우리나라의 전통 삼일장, 오일장과 비슷하다고 볼 수 있다. 좌판을 펼친 상인과 그 사이를 분주히 오가는 여행자들로 가뜩이나 조붓한 길이 더 북적거리게 된다. 저렴한 물건이 많은데, 그중 여행자의 마음을 사로잡는 것은 단연 먹거리다. 큼지막한 오렌지 1kg이 단돈 4디르함(약 500원), 체리나 딸기 1kg이 10디르함(약 1,200원) 정도니 말 다했다. 또 파인애플, 도넛, 각종 꼬치 등의 먹거리도 믿기 어려울 정도로 저렴한 가격에 만나볼 수 있다. 비교적 사진 촬영이 수월한 셰프샤우엔이지만 시장 상인들은 다르다. 보수적인 시장 상인의 인물 사진은 늘 조심해야 한다. 여행자와 시장 상인 간에 불필요한 언쟁을 유발할 소지가 다분하다.

Data 지도 266p 가는 법 메디나 광장에서 도보 5~10분 주소 Medina, Chefchaoeun

오랜 흙벽을 뒤로한 쉼터
알카사바 정원 Jardin Alcazaba | 자댕 알카사바

셰프샤우엔 메디나 광장 뒤쪽, 메디나 바깥쪽 입구 근처에 자리한 작은 공원. 메디나 카스바 흙벽을 배경으로 기념사진을 찍을 수 있고 공원에서 지친 다리를 달래도 좋다. 인근에 호텔과 레스토랑, 카페, 기념품 숍이 즐비하기 때문에 유동 인구 또한 많은 편. 가끔은 공원에 앉아 지나는 현지인들만 바라봐도 멋진 여행이 되는 법이다. 공원과 놀이터가 적당히 버무려진 모습. 그래서인지 어린 자녀를 데리고 이곳을 찾는 현지인도 많다. 흙벽에 은은한 조명이 들어오는 야간에도 훌륭한 출사 명소가 된다.

Data 지도 266p 가는 법 메디나 광장에서 도보 2분 주소 Medina, Chefchaoeun

파란 마을을 한눈에
셰프샤우엔 전망대 Chefchaoeun Observatory | 셰프샤우엔 옵저버토리

마을 자체가 작기 때문에 셰프샤우엔에서는 지도가 필요 없다. 큰길을 따라 우측 오르막길로 내려오면 마을의 중심인 메디나 광장이 나오고, 반대편 오르막길로 향하면 전망대로 이어지는 다리가 나온다. 다리 끝에서 시작되는 약 15~20분 정도의 산길을 오르면 셰프샤우엔 전망대에 도착하게 된다. 전망대 한쪽에는 작은 사원이 있고 반대쪽으로는 눈부신 셰프샤우엔 전경이 한눈에 들어온다. 전망대에서 내려다본 셰프샤우엔은 얼핏 보면 거대한 '파란색 덩어리'와 같다. 셰프샤우엔에서 가장 멋진 사진을 찍을 수 있기에 수많은 여행자가 이곳에 오른다. 쾌적하게 관람하려면 오전에 오르는 것이 좋지만 보다 멋진 사진을 찍고 싶다면 노을 질 무렵에 올라보는 것을 추천한다. 마을을 바라보며 등지고 앉아 머리 위로 오른손을 든 다음 '브이'를 만들고 기념사진을 찍는 것이 이곳에 오면 반드시 해야 할 것 가운데 하나다. 단언컨대 인생 사진이 될 것이다. 다국적 여행자들은 모두 약속이라도 한 듯 저마다 이러한 사진을 연출하며 즐거워한다. 산길이 제법 험하기 때문에 슬리퍼보다는 운동화, 트레킹화를 신는 것이 좋다. 또 오르막 중간 즈음에 민가가 한두 채 있으므로 이들을 위해 고성방가는 삼가야 한다. 집과 인물 사진을 찍는 것도 최대한 자제하자.

Data 지도 266p 가는 법 메디나 광장에서 도보 20분 주소 Chefchaoeun Observatory, Chefchaoeun

> **Tip** **카스카데스 디악쇼르 투어** *Cascades d'Akchour*
>
> 셰프샤우엔 전망대에 오르면 주변의 험준한 산세에 깊은 인상을 받게 된다. 이러한 대자연을 좀 더 경험하고 싶다면 근교에 자리한 카스카데스 디악쇼르 국립 공원에 들러보자. 여름이라면 험준한 산과 계곡, 시원한 폭포를 배경으로 피서를 즐길 수 있고, 겨울이라면 북아프리카의 설경을 감상할 수 있다. 셰프샤우엔에 있는 여행 사무소를 통해 예약할 수 있으며, 여행자를 모아 당일치기로 다녀오는 것도 일반적이다.

|Theme|
셰프샤우엔 이야기

셰프샤우엔은 모로코를 대표하는 도시인 마라케시, 페스, 라바트, 탕헤르보다 현지인들에게는 인지도가 떨어지는 도시다. 하지만 특유의 푸른 분위기 때문에 세계적으로 입소문이 나게 되었다. '모로코의 산토리니'라는 별명을 얻은 뒤 매일 구름 떼처럼 여행자를 불러모으고 있다. 이는 우리나라 여행자들에게도 마찬가지다. 특히 여성 여행자들에게 높은 지지를 받고 있으며 '사진 좀 찍는' 여행자들도 이곳 방문을 필수로 여긴다. 어쩌면 지금은 여행자들 사이에서 가장 인기 있는 신흥 도시일지도 모른다.

이렇게 높은 인기를 얻고 있는 셰프샤우엔은 어떻게 탄생했을까. 자세히 살펴보면 안타까운 배경이 숨어 있다. 마을이 온통 파란색으로 물들게 된 배경은 옛 스페인의 레콩키스타Reconquista 정책과 맞물린다. 이는 6세기부터 15세기 후반까지 스페인 귀족들이 국토 회복 운동을 벌이면서 이슬람교도를 노골적으로 박해한 정책을 말한다. 그렇게 유럽에서 쫓겨나다시피 한 유대인들은 현재의 모로코 셰프샤우엔 일대에 정착했고, 그들만의 마을을 꾸리게 되었다. 그들은 박해에 대항하는 의미로 마을 전체를 푸른색으로 물들였다. 당시 가장 싼 페인트 염료가 파란색이었기 때문이라는 이야기도 전해진다. 추후 이스라엘이 독립에 성공하면서 이곳의 유대인들은 대부분 물러갔고, 현재 모로칸이 남아 그들의 전통을 이어가고 있다. 옛 의미는 퇴색해 상업적인 느낌이 역력하지만 동화 속에서나 나올 법한 배경은 타의 추종을 불허한다. 이런 배경을 알고 본다면 더 재미있는 여행이 될 것이다.

💬 | Talk |
하시시? 인물 사진?
셰프샤우엔에서 주의해야 할 것들

동화 속 세상에 초대된 것만 같은 셰프샤우엔에서는 메디나 일대를 느긋느긋 걷는 것만으로도 기분 좋은 여행을 보낼 수 있다. 하지만 이렇게 아름다운 곳에서도 주의해야 할 것이 몇 가지 있다. 그중에서 여행자들이 가장 조심해야 할 것은 바로 '마약'이다. 메디나 일대를 천천히 돌아다니다 보면 모로칸 청년들이 은밀하게 다가오는 경우가 많다. 바로 '하시시Hashish'라고 불리는 마약을 사도록 권유하는 것. 하시시는 마리화나의 일종으로 우리나라와 모로코에서 모두 불법 마약으로 분류된다. 특히 혼자나 여럿이 여행하는 남성 여행자들을 상대로 이런 일이 비일비재한데, 호기심으로 경험했다가 큰코다치는 경우가 있으니 조심할 것. 일반적으로 남성 여행자

에게 흔하게 접근하지만 여성 여행자도 예외는 아니다. 이런 난감한 상황을 피할 자신이 없다면 밤늦은 시각이나 으슥한 골목을 혼자 여행하는 것은 삼가도록 하자.

또 일반적으로 사진 촬영이 쉬운 도시라지만 노인이나 아낙네, 상인의 근접 인물 사진 역시 주의해야 한다. 보수적인 현지인들이 많기 때문. 심한 경우에는 불쾌한 욕설을 듣게 되고, 기분 좋은 여행에서 기분이 상할지도 모른다. 그저 카메라만 봐도 싫은 티를 역력히 내며 시비를 거는 노인들을 만날 수도 있는데 그럴 때면 서둘러 빠져나오는 것이 좋다. 여행지에서 불필요한 언쟁은 각종 사건 사고를 불러오는 법이다.

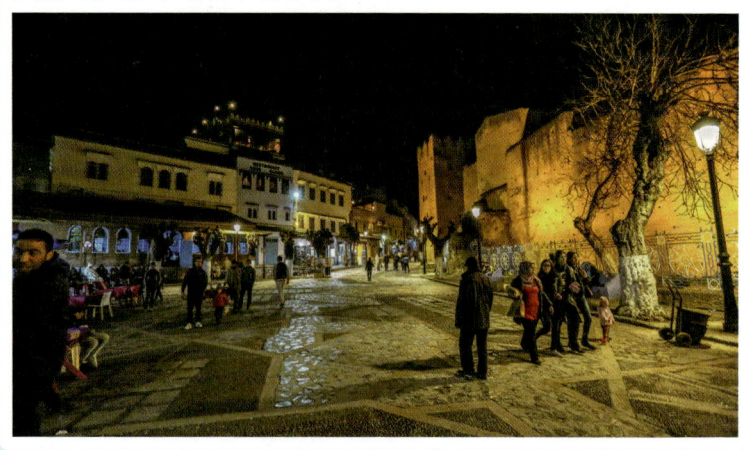

신시가지의 중심
모하메드 5세 광장 Mohamed V Square

셰프샤우엔 메디나 풍경에 지루해졌다면 메디나 바깥으로 나서 보자. 메디나를 뒤로하고 신시가지 방향으로 걸으면 꽤 널찍한 광장과 마주하게 된다. 눈썰미가 좋은 여행자라면 버스 터미널에서 메디나로 향하면서 이곳을 봤을 것이다. 셰프샤우엔 신시가지의 중심으로, 교통의 요지이기도 하다. 광장 중앙에는 잘 꾸며진 공원과 분수가 보이고 주변에는 아랍식 건축 기술로 만들어진 아치형 조형물이 있다. 광장 주변으로는 시장, 레스토랑, 호텔, 은행, 카페, 여행 사무소 등이 있고 유동 인구도 상당한 편이다. 모하메드 5세 광장은 여행자는 물론 현지인들에게도 소중한 휴식 공간으로 사용된다. 광장 주변에 눈길을 사로잡는 벽화가 있으니 기념사진을 찍어보자.

Data 지도 266p
가는 법 메디나 광장에서 차로 5분, 도보 15분 주소 Mohamed V Square, Chefchaoeun

현지인들의 젖줄
셰프샤우엔 분수 Fontaine de Chefchaouen | 폰테인 데 셰프샤우엔

여행자들에게는 '셰프샤우엔 분수'로 잘 알려졌지만, 우리가 흔히 알고 있는 분수의 모습과는 거리가 멀다. 셰프샤우엔 메디나에서 만날 수 있는 가장 큰 수돗가에 가깝다고 할 수 있다. 지금은 현대 시설이 들어와 수도가 잘 발달해 있지만 예전에는 현지인들의 식수를 책임진 젖줄이었다. 물론 지금도 이곳에서 물을 받아서 쓰는 현지인도 많다. 파란색으로 칠해진 수돗가 외벽 자체도 이국적이지만, 이곳에서 물을 받는 현지인을 배경으로 멋진 사진을 찍을 수 있다. 현지인들은 물을 바로 마시기도 하지만 여행자는 배탈의 우려가 있으니 되도록 마시지 않는 것이 좋다. 선택은 여행자의 몫.

Data 가는 법 메디나 광장에서 도보 10분, 광장 곳곳에 위치
주소 Chefchaoeun Observatory, Chefchaoeun

EAT

깔끔한 인테리어
트윈스 레스토랑 Twins Restaurant

메디나 남쪽 하산 2세 도로변에 위치한 레스토랑. 도로변을 걷다 보면 이곳의 간판을 쉽게 발견할 수 있다. 요리사 복장을 한 익살스러운 표정의 셰프 캐리커처는 멀리서도 눈에 띨 정도. 좌측에 메뉴판과 가격이 큼지막하게 붙어 있어 미리 주문할 음식을 정하고 들어갈 수 있다. 타진과 쿠스쿠스, 모로칸 샐러드, 해산물 요리가 주메뉴. 피자와 파니니, 햄버거, 샌드위치, 오믈렛 등의 서양 요리도 준비되어 있다. 요거트와 아이스크림으로 만든 디저트도 일품. 깔끔한 인테리어와 조명으로 여행자들이 선호하는 편이다. 카페를 겸하는 모로코의 여느 레스토랑과 달리 야외 테이블은 없다. 그래서 식사를 위한 여행자들만 찾는 편이다.

Data 지도 266p
가는 법 메디나 광장에서 도보 5분
주소 Avenu Hassan II, Chefchaouen
전화 53989-82349
운영시간 12:00~00:00
가격 음료 10디르함~, 음식 50디르함~

서양 음식이 먹고 싶다면
만달라 Mandala

셰프샤우엔에서 여행자와 현지인 모두에게 유명한 서양식 레스토랑. 메디나 광장 초입에서 시작되는 하산 2세 도로의 내리막길을 따라 내려가면 좌측에서 찾을 수 있다. 피자와 파스타, 파니니, 리소토 등 이탈리안 요리와 파에야, 해산물 요리 등 지중해 요리를 주로 주문할 수 있다. 채식주의자들을 위한 샐러드 요리도 준비되어 있다. 테이블 개수가 적어 저녁에는 약간의 웨이팅도 발생하는 편이다. 눈길을 끄는 점은 테이크아웃과 배달이 된다는 것. 손님이 많으면 포장해서 인근 알카사르 공원이나 메디나 광장 혹은 숙소에서 먹어도 된다.

Data 지도 266p 가는 법 메디나 광장에서 도보 2분 주소 Avenu Hassan II, Chefchaouen
전화 5398-82808 운영시간 12:00~24:00 가격 음료 10디르함~, 음식 50디르함~

메디나 광장 추천 맛집
모리스코 레스토랑 Morisco Restaurant

셰프샤우엔의 중심인 메디나 광장 주변에는 수준급 레스토랑이 즐비하다. 모리스코 레스토랑도 그 중 하나. 모로코 요리와 지중해식 요리, 채식 요리 등을 맛볼 수 있으며, 소고기 스테이크와 같은 고급 요리도 준비되어 있다. 낮에는 주로 쿠스쿠스나 민트 티를 마시는 카페 역할을 하니 꼭 식사하지 않아도 된다. 가격이 저렴하면서 모로코 시골 특유의 시끌벅적한 분위기를 '제대로' 느낄 수 있어 여행자들에게 큰 호응을 받는다. 메디나 광장과 분수, 카스바 일대가 한눈에 보이는 테이블에 앉아 커피 한잔을 마시는 것도 좋다.

Data 지도 266p 가는 법 메디나 광장 주변 주소 Place Outa Hamam, Chefchaouen 91000 전화 6611-86427 운영시간 08:00~01:00 가격 음료 10디르함~, 음식 40디르함~

정통 모로코 음식 전문점
소피아 카페 레스토랑 Sofia Café Restaurant

세계적인 여행 정보 사이트 트립어드바이저에서도 인정한 맛집. 화려하지는 않지만 저렴한 음식과 푸근한 분위기가 일품이다. 마치 모로코의 여느 시골 가정집에 초대된 듯한 느낌도 받을 수 있다. 식사 시간이 아님에도 테이블을 가득 채운 여행자가 이곳의 인기를 증명하는 듯하다. 타진, 쿠스쿠스, 모로코 수프, 모로코 샌드위치 등을 맛볼 수 있고 차 한잔을 즐길 수도 있다. 여행자들이 추천하는 메뉴는 쿠스쿠스. 메디나 광장에 붙어 있기 때문에 점심이든 저녁이든 언제 찾아도 멋진 분위기를 보장한다.

Data 지도 266p 가는 법 메디나 광장 주변 주소 Place Outa Hammam Khadarine Escalier Roumani, Chefchaouen 전화 6712-86649 운영시간 13:00~22:30 가격 음료 10디르함~, 음식 40디르함~

파란 감성 물씬
신밧드 Sindibad

메디나 광장 인근에 자리한 모로코 음식 전문점. 셰프샤우엔의 여느 건물처럼 파란색 외벽에 아라베스크 문양이 조화롭게 어우러진 인테리어가 유독 눈길을 끈다. 마치 아라비아 동화 〈신밧드〉의 배경이 되는 건물에서 식사하는 기분이 들 것이다. 음식 맛은 모로코에서 만날 수 있는 여느 레스토랑과 비슷하지만, 레스토랑 분위기가 기본 이상은 하기에 멋진 출사 공간이 된다. 주로 주문하는 음식은 타진과 쿠스쿠스. 낮에 들르는 여행자들은 민트 티와 누스누스 커피만 주문하곤 한다. 메디나 일대를 한눈에 내려다볼 수 있는 테라스 자리를 선점하려면 서두르는 것이 좋다.

Data 지도 266p
가는 법 메디나 광장에서 도보 3분
주소 Rue Ibn Askar, Chefchaouen 91000
전화 5399-89183
운영시간 09:00~01:00
가격 음료 10디르함~, 음식 50디르함~

에디터 추천 맛집
벨디 바수르 레스토랑 Beldi Bah Ssour Restaurant

여행자와 현지인이 입을 모아 추천하는 모로코 전통 레스토랑. 메디나 광장에서 골목으로 들어가는 초입에 자리한다. 특히 일본인 여행자들 사이에서 큰 유명세를 탄 곳이기도 하다. 숙소에서 만난 여행자나 길에서 만난 현지인에게 추천 음식점을 물어보면 먼저 거론되는 곳들 가운데 하나라고 할 수 있다. 여기에 필자가 감히 한마디 보태자면 셰프샤우엔에서 가장 맛있었던 음식점이었다고 고백한다. 타진과 쿠스쿠스, 모로코 수프 등 전통 요리가 많지만 해산물 요리와 쾨프타 등도 준비되어 있다. 게다가 저렴하기까지 하다. 가정집을 개조했기에 다양한 공간에서 식사를 즐길 수 있는 것이 특징. '한 번도 못 간 여행자는 있어도, 한 번만 간 여행자는 없다'라는 말이 어울릴 법한 음식점이다.

Data 지도 266p 가는 법 메디나 광장에서 도보 3분 주소 No 5 Rue El Kharrazin, Chefchaouen 91000 전화 6602-61128
운영시간 11:30~22:30 가격 음료 10디르함~, 음식 50디르함~
홈페이지 www.facebook.com/restaurant.bab.ssour

썩 괜찮은 전망
알라딘 레스토랑 Aladdin Restaurant

메디나 일대에서 제법 유명하지만 호불호가 나뉘는 편. 주변의 레스토랑과 마찬가지로 모로코 요리를 주로 취급하며 지중해 요리와 중동 요리도 주문할 수 있다. 은은한 조명과 붉은 식탁보가 깔린 실내는 '알라딘'이라는 이름에 걸맞은 분위기를 선사한다. 또 알라딘을 연상케 하는 복장의 웨이터와 함께 사진을 찍는 재미도 있다. 메디나 광장 일대를 한눈에 내려다볼 수 있는 테라스 자리는 이곳의 자랑. 특히 멋진 분위기가 약속되는 일몰 시각부터 야간까지는 빈자리를 찾기 어려울 정도다. 사람이 많이 몰리는 야간에는 음식 서빙도 많이 늦는 편. 멋진 풍경을 볼 수 있는 곳인 만큼 너그러운 마음으로 이해해주자.

Data 지도 266p 가는 법 메디나 광장에서 도보 2분 주소 17 Rue Targi, Chefchaouen 91000 전화 5399-89071 운영시간 12:00~23:00 가격 음료 10디르함~, 음식 60디르함~

저렴한 가격
하지 카페 레스토랑 Hadjji Café Restaurant

셰프샤우엔에서 좀 유명하다 싶은 레스토랑은 대부분 메디나 광장과 하산 2세 도로 주변에 몰려 있다. 메디나 광장 끄트머리에 위치한 하지 카페 레스토랑도 그중 하나. 얼핏 보면 허름하지만 음식 내공은 하루아침에 만들어진 것이 아니다. 게다가 저렴하기까지 하니 가난한 배낭여행자들에게는 최고의 음식점이다. 레스토랑과 카페를 겸한다. 비가 오는 날이면 야외에 천막이 쳐진다. 비에 젖은 카스바 황토색 건물의 몽환적인 모습을 차 한잔과 함께 즐길 수 있다.

Data 지도 266p 가는 법 메디나 광장 주변 주소 Place Outa Hamman, Chefchaouen 운영시간 11:00~22:00 가격 음료 10디르함~, 음식 40디르함~

작지만 강하다
티스세말 레스토랑 Tissemlal Restaurant

메디나 광장 근처 골목에 위치한 레스토랑. 규모는 작지만 입소문을 통해 여행자들이 찾아오는 곳이다. 리아드를 개조해서 만든 카사 하산 호텔Casa Hassan Hotel 건물에 자리하는데, 호텔에 투숙하지 않아도 음식을 맛볼 수도 있다. 음식 맛도 좋지만 서비스가 일품. 유쾌한 종업원은 여행자들에게 농담도 곧잘 걸어온다. 규모가 작아서 그런지 확실히 대접받는다는 느낌을 받을 수 있다. 타진과 쿠스쿠스, 해산물 요리, 스테이크 등이 주메뉴. 여행자들의 재방문율이 매우 높은 레스토랑인 것만 봐도 이곳의 위상을 짐작할 수 있다.

Data 지도 266p 가는 법 메디나 광장에서 도보 5분 주소 22 Rue Targui Medina, Chefchaouen 전화 5399-86153 운영시간 07:00~00:00 가격 음료 10디르함~, 음식 50디르함~

메디나 골목 맛집
아싸다 레스토랑 Assaada Restaurant

셰프샤우엔의 레스토랑은 메디나 광장에 주로 몰려 있지만, 복잡한 메디나 골목에도 괜찮은 음식점이 드문드문 있다. 아싸다 레스토랑도 그중 하나인데, 비좁은 골목의 민가 사이에 덩그러니 자리하고 있다. 모로코 음식과 지중해 해산물 음식 등을 주로 취급하며, 함께 주문하는 오렌지 주스와 아보카도 주스, 레몬 주스 등도 일품이다. 메디나 광장이 아닌 깊숙한 골목에 있기 때문에 조용한 분위기 속에서 식사를 즐길 수 있다.

Data 지도 266p 가는 법 메디나 광장에서 도보 7분 주소 Rue Abi khancha, Chefchaouen 전화 6195-69778 운영시간 10:00~23:30 가격 음료 10디르함~, 음식 40디르함~

최적의 위치
모우니르 레스토랑 Mounir Restaurant

메디나 광장 인근에 자리한 모로칸 음식점. 이른 아침부터 밤늦은 시각까지 문을 열기 때문에 삼시 세끼 모두 먹을 수 있다. 인근 레스토랑과 마찬가지로 카페를 겸하기 때문에 식사 시간이 아니더라도 누스누스 커피나 민트 티도 주문할 수 있다. 아침으로는 케이크, 샌드위치 등과 커피, 오렌지 주스를 가볍게 맛볼 수 있고, 점심과 저녁으로는 타진, 쿠스쿠스, 모로코식 꼬치구이, 해산물 요리 등을 배불리 먹을 수 있다. 특히 감자튀김과 약간의 밥, 그리고 채소와 고기를 알맞게 끼워 노릇노릇하게 잘 구운 꼬치 요리는 없던 입맛도 돋운다. 맥주 한잔이 간절하지만 아쉽게도 콜라로 만족해야 한다.

Data 지도 266p 가는 법 메디나 광장 주변 주소 Mounir Food place auta hammam No 7, Chefchaouen 전화 5399-87584 운영시간 08:00~00:00 가격 음료 10디르함~, 음식 50디르함~

셰프샤우엔 최고의 호사
리나 리아드&스파 Lina Ryad&Spa

모로코의 동화 마을에서 인생 최고의 하룻밤을 보내고 싶은 여행자를 위한 5성급 호텔이다. 17개의 객실이 준비되어 있으며, 시설과 서비스 모두 최고급을 지향하고 있다. 객실과 부대시설도 일품이지만 이곳의 자랑은 스파다. 풀 서비스와 트리트먼트 프로그램을 받을 수 있는 스파 시설은 낯선 타국에서 쌓인 심신의 피로를 말끔히 씻어준다. 아랍 왕족들이 비밀리에 모여 즐기는 스파가 있다면 아마도 이런 느낌일 것이다. 객실에는 모로코 유명 디자이너들이 참여한 가구와 고급 침구가 비치되어 있다. 셰프샤우엔 메디나 골목과 광장 일대가 한눈에 내려다보이는 테라스와 오롯이 휴식을 즐길 수 있는 실내 수영장도 일품. 셰프샤우엔에서 비싼 축에 속하지만 투자한 만큼 놀라운 휴식을 경험할 수 있다.

Data 지도 266p
가는 법 메디나 광장에서 도보 10분 주소 Avenue Hassan I, Quartier Andalous, Ancienne Medina, Chefchaouen 전화 6450-69903 요금 1,500디르함~

커플과 가족이 머물기 좋은 숙소
리아드 아실라 Riad Assilah

전통 리아드를 개조해 만든 숙소. 메디나 광장, 그리고 골목과 바로 붙어 있기 때문에 접근성이 매우 좋다. 리노베이션을 통해 다소 낙후됐던 룸 컨디션을 한층 끌어올렸다. 싱글룸과 더블룸, 트리플룸이 준비되어 있으며 전용 레스토랑, 테라스도 갖추고 있다. 유료로 주차장과 셔틀버스를 이용할 수 있고 숙소 어디서나 무료 와이파이를 즐길 수 있다. 모로코식과 서양식이 결합된 조식도 일품. 아랍 분위기를 제대로 느낄 수 있는 리아드에서의 하룻밤, 사랑하는 연인 혹은 가족과 함께라면 낭만과 추억은 배가 될 것이다.

Data 지도 266p
가는 법 메디나 광장에서 도보 1분 주소 19, Rue Imam Chadli, Souika, Medina, Chefchaouen 91000 전화 5398-83000 요금 600디르함~

우아함의 끝판왕
다르 만지아나 Dar Maziana

동화 같은 셰프샤우엔에 가장 어울릴 법한 숙소는 어디일까. 모로코다운 분위기 속에 낭만까지 잡을 수 있는 그런 숙소는 없을까. 셰프샤우엔 메디나 깊숙한 곳에 자리한 다르 만지아나는 그런 여행자들이 생각하는 이상적인 숙소라고 할 수 있다. 싱글룸과 트윈룸, 트리플룸 등 혼자 온 여행자부터 커플이나 가족 여행자들까지 두루 수용할 수 있는 다양한 객실이 준비되어 있다. 저마다의 특성을 살린 객실은 모두 다른 분위기를 선사하는 것이 특징. 2~3층에 있는 여러 객실을 둘러보면 호텔 객실 투어를 한다는 느낌이 들 만큼 매력적이다. 분위기 있는 아라비아식 카펫과 탁자, 하늘하늘한 레이스가 달린 침대, 은은한 조명은 상당히 낭만적이다. 메디나 일대를 한눈에 내려다볼 수 있는 테라스와 모로코 전통 조식도 일품. 무료 와이파이가 제공되지만 방에 위성 TV는 없다. 다르 만지아나는 메디나 깊숙한 곳에 있기 때문에 초행자라면 길을 찾기 어려울 수 있다. 캐리어나 무거운 배낭을 메고 헤매고 있으면 마을 꼬맹이들이나 청년들이 알아서 달라붙을 것이다. 마을 주민에게 물어봐도 흔쾌히 알려준다. 친절하게 길을 알려줬다면 약간의 팁을 주는 센스를 잊지 말자. 다르 만지아나는 셰프샤우엔에서 가장 인기 있는 숙소 중 하나이기 때문에 비수기라도 미리 예약하는 것이 좋다.

Data 지도 266p 가는 법 메디나 광장에서 도보 15분 주소 Derb Zaghdoud, Chefchaouen 전화 5399-87806 요금 650디르함~

셰프샤우엔 최고급 숙소
호텔 파라도르 Hotel Parador

메디나 광장 초입에 위치한 4성급 호텔. 화려한 외관과 삼엄한 경비, 겉모습만 봐도 고급 호텔임을 쉽게 짐작할 수 있다. 스페인 고급 호텔 파라도르Parador의 이름을 딴 것만 봐도 알 수 있는 대목. 3층 건물에 총 55개의 객실을 보유하고 있으며 싱글룸, 더블룸, 트리플룸, 스위트룸으로 세분화했다. 2개의 레스토랑과 야외 수영장, 라운지, 공용 테라스 등이 있으며, 특히 테라스에서 셰프샤우엔 반대쪽으로 펼쳐지는 산간 마을의 풍경을 한눈에 내려다볼 수 있는 것이 눈길을 끈다. 조식은 불포함이며 별도의 요금을 낼 경우 뷔페식으로 아침을 먹을 수 있다.

Data 지도 266p 가는 법 메디나 광장에서 도보 2분 주소 Place El Makhzin, Chefchaouen 91000 전화 5399-86324 요금 400디르함~

아기자기한 숙소의 초대
카사 미구엘 Casa Miguel

메디나 골목에서 만날 수 있는 호텔로 조용한 휴식이 보장된다. 온통 푸른 색채의 민가 사이에 조화롭게 자리하고 있기 때문에 현지인의 집으로 들어가는 기분도 든다. 싱글룸, 더블룸, 트리플룸, 스위트룸 등 10개의 객실을 보유하고 있다. 전용 레스토랑이 있고 셀프 주차가 가능하며 메디나 일대를 조망할 수 있는 테라스도 눈길을 끈다. 매일 하우스키핑 서비스를 받을 수 있고 무료 세면도구가 제공된다. 로비로 들어서면 한가운데에 알록달록한 색채의 의자와 테이블이 먼저 눈에 띄는데, 이곳에서 다양한 국적의 여행자들이 모여 이야기꽃을 피운다.

Data 지도 266p 가는 법 메디나 광장에서 도보 15분 주소 Rue el Hafiane, Quartier dif Andaluz, Chefchaouen 91000 전화 6046-58743 요금 400디르함~

군더더기 없는 숙소
다르 한난 호텔 리아드 Dar Hannan Hotel Riad

메디나 골목에 위치한 3성급 호텔로 리아드 형태를 띠고 있다. 총 객실이 6개인 소규모로 운영되고 있기에 가족적인 분위기 속에서 방해받지 않는 휴식을 즐길 수 있다. 메디나 광장이 아닌 골목에 있어 더더욱 조용하다. 싱글룸과 더블룸, 트리플룸 등이 준비되어 있으며 시내 전망이 약간 더 비싼 편이다. 대부분 금연룸이며 흡연은 테라스와 같은 지정된 장소에서만 가능하다. 전용 욕실이 모두 딸려 있고 무료 와이파이, 세탁 시설을 이용할 수 있다. 리셉션에서 도시 정보를 쉽게 얻을 수 있으며, 투숙객이 원할 경우 셰프샤우엔 투어 프로그램과도 연결해준다.

Data 지도 266p 가는 법 메디나 광장에서 도보 7분 주소 Kiklana 11(Bab Souk), Chefchaouen 전화 6141-1871 요금 450디르함~

중저가 호텔의 교과서
다르 무니르 Dar Mounir

셰프샤우엔 메디나 광장 주변에 있는 3.5성급 호텔. 3층짜리 건물에 총 11개의 객실을 보유하고 있다. 인근 메디나의 중저가 호텔 대부분은 아침이 포함되어 있지 않은데, 다르 무니르에서는 레스토랑과 옥상 테라스에서 모로코식 아침을 즐길 수 있다. 싱글룸, 더블룸, 스위트룸 등으로 나뉘며 약간의 요금을 더 내면 추가로 간이 침대를 받을 수 있다. 메디나 광장이 매우 가까우며 호텔 옥상 테라스에서 내려다보는 광장 풍경 또한 멋지다. 테라스에서 차 한잔을 마시며 셰프샤우엔 메디나의 야경을 즐겨보자. 일행이 여러 명일 경우 트리플룸을 잡는 것도 좋은 선택이 될 것이다.

Data 지도 266p 가는 법 메디나 광장에서 도보 2분 주소 Zankat Kadi Alami Hay Souika, Chefchaouen 전화 5399-88253 요금 400디르함~

외부는 모던, 내부는 클래식
호텔 마드리드 Hotel Madrid

셰프샤우엔의 2성급 호텔. 메디나 광장을 뒤로하고 하산 2세 도로를 내려오다 보면 좌측에서 만날 수 있다. 싱글룸, 더블룸, 트리플룸 등 26개의 객실이 골고루 준비되어 있다. 현대적인 건물 외관과 달리 내부는 모로코 전통적인 장식으로 꾸며져 우아한 분위기이다. 4개의 높은 기둥으로 이루어진 포근한 침대와 아랍 전통 문양의 이부자리는 편안한 숙면을 돕는다. 무료 와이파이가 제공되며, 렌터카 여행자라면 하루 20디르함이나 2유로의 요금으로 주차장을 사용할 수 있다. 메디나 광장, 메디나 골목에서 약간 떨어져 있어 조용한 휴식을 취할 수 있는 것이 강점이다.

Data 지도 266p
가는 법 메디나 광장에서 도보 5분
주소 Avenue Hassan II, Chefchaouen
전화 5399-87496
요금 350디르함~

아름다운 전망
호스탈 게르니카 Hostal Guernika

셰프샤우엔 메디나 골목 동북쪽 기슭에 있는 숙소. 저렴한 숙소를 원하는 배낭여행자들에게 알맞은 곳으로 싱글룸과 트윈룸, 도미토리룸으로 나뉜다. 메디나 골목에 있는 숙소 어디나 마찬가지겠지만 이곳의 자랑 역시 탁 트인 테라스다. 테라스에 올라 민트 티 한잔을 즐기면서 셰프샤우엔 메디나 일대를 한눈에 조망할 수 있다. 룸 컨디션은 떨어지는 편이지만 저렴한 가격이 아쉬움을 충분히 보완한다. 다양한 국적의 여행자를 만나 사귈 수 있는 보너스도 주어진다. 분실의 우려가 있으니 여권과 카메라 같은 귀중품은 늘 가지고 다니는 것이 좋다.

Data 지도 266p
가는 법 메디나 광장에서 도보 10분
주소 Onssar 49, Chefchaouen
전화 5399-87434
요금 150디르함~

세계 여행자들의 아지트
호텔 수이카 Hotel Souika

여행자 사이에서 제법 유명한 호텔. 모로코 전통 리아드형 숙소의 호텔이지만 호스텔에 더 가깝다. 싱글룸, 트윈룸, 가족룸이 준비되어 있으며 이층 침대 4개 즉, 8개의 침대가 있는 저렴한 도미토리룸도 보유하고 있다. 리셉션은 1층에 있으며 높은 유리 천장을 통해 자연광이 내리쬐는 로비가 옆에 있다. 기본적으로 리아드 형태의 구조라 건물 자체가 길쭉길쭉한 것이 특징. 테라스에 오르면 셰프샤우엔 메디나 풍경을 한눈에 감상할 수 있다. 테라스에 빨랫줄이 많아 개인 빨래 건조하기에 좋고, 한쪽에 딸린 부엌에서 간단한 취사를 할 수도 있다. 한국에서 라면을 챙겨왔다면 이곳에서 비로소 빛을 발할 수 있다. 아쉬운 점은 공용 화장실을 이용해야 한다는 것과 조식이 불포함인 것. 서양식 아침 식사가 20디르함 정도니 참고할 것.

Data 지도 266p
가는 법 메디나 광장에서 도보 7분
주소 Rue Souika, Chefchaouene 91000
전화 5399-86862
요금 70디르함~

낙후된 시설, 하지만 합리적인 가격
호텔 살람 Hotel Salam

호불호가 극명하게 나뉘는 숙소. 겉보기에도 허름한 입구 때문에 들어서기가 망설여질지도 모른다. 하지만 저렴하게 하룻밤 묵어가기 위한 여행자들에게는 최고의 선택이 될 수 있다. 또 메디나 광장에서 매우 가까워 명소로의 접근성이 우수하다. 클래식한 로비와 푸른색으로 칠해진 내부 장식은 고택을 찾은 느낌도 든다. 조식은 포함되어 있지 않으며 와이파이 환경 또한 좋지 않다. 전체적으로 룸 컨디션도 떨어지는 편. 오로지 '저렴한 가격'을 최우선으로 생각하는 여행자라면 만족할 것이다.

Data 지도 266p
가는 법 메디나 광장에서 도보 5분
주소 39 Avenue Hassan II, Chefchaouen
전화 5399-86239
요금 120디르함~

Morocco by Area

09

탕헤르
TANGER

모로코 최북단에 위치한 도시. 지브롤터 해협과 맞닿아 있어 예부터 유럽과 아프리카 대륙을 잇는 주요 거점이었다. 중세 대항해 시대에는 인근 세우타Ceuta와 함께 주요 보급 항으로 사용됐고, 근현대에는 유럽 열강들이 군침을 흘리는 군사적 요지였다. 이러한 배경 때문에 탕헤르는 다양한 문화가 유입되어, 유럽과 이슬람, 베르베르 등의 문화가 한데 섞여 공존한다. 스페인의 타리파Tarifa까지 배로 1시간이면 갈 수 있어 스페인과 모로코를 오가는 여행자들이 주로 머문다.

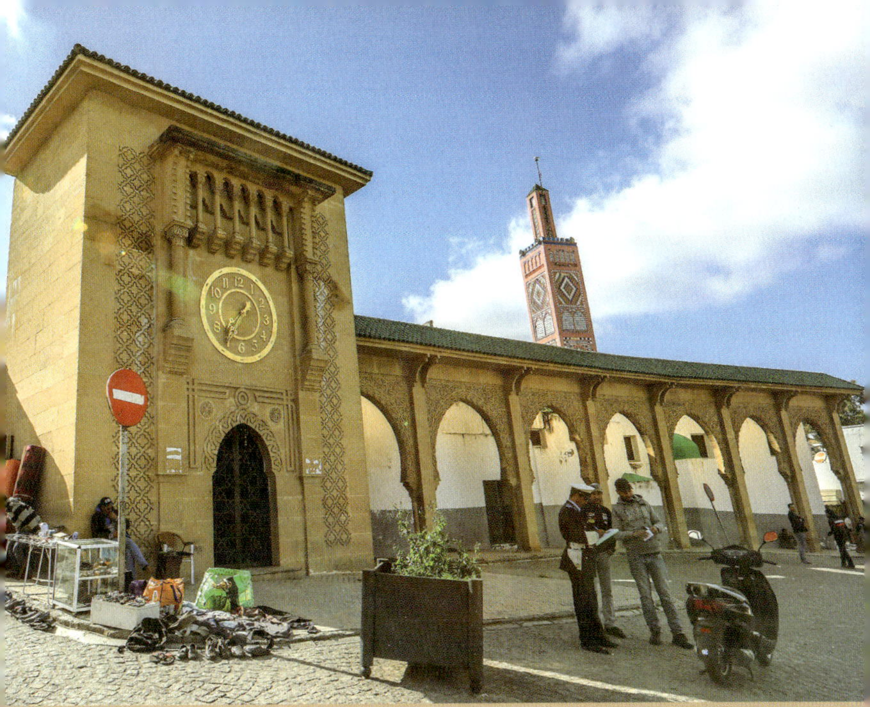

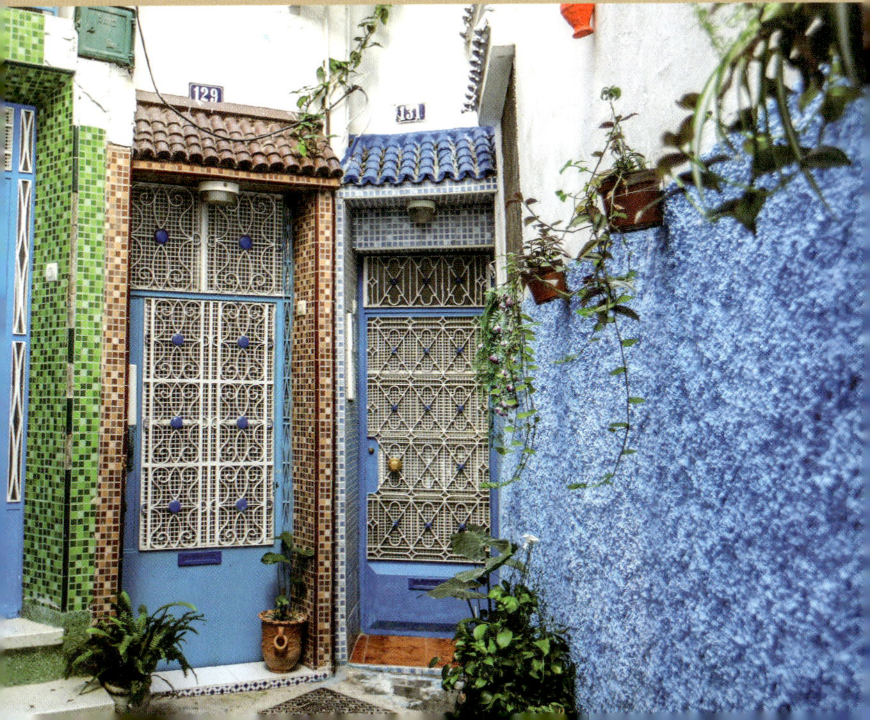
129
131

Tanger
PREVIEW

다양한 문화가 뒤섞인 탕헤르는 모로코스럽지 않은 풍경으로 여행자들의 관심을 끈다. 질레바를 입고 다니는 행인을 보면 분명히 모로코 같은데, 또 한편으로는 유럽 남부의 도시를 찾은 느낌도 든다. 이처럼 특유의 이국적인 풍광 때문에 <본 얼티메이텀>, <007 스펙터> 등 각종 할리우드 영화의 배경으로도 낙점되었다. 탕헤르는 크게 메디나가 있는 구시가지와 신시가지, 그리고 항구 일대로 나뉘는데, 여행자들이 주로 찾는 곳은 메디나 일대다.

SEE

탕헤르 역시 메디나를 중심으로 둘러보자. 메디나는 '1947년 4월 9일 광장'을 중심으로 뻗어 있고, 재래시장과 카스바, 골목들이 주요 관람 포인트. 군데군데 있는 작은 박물관들을 찾는 재미도 쏠쏠하다. 탕헤르 관광의 하이라이트는 제일 높은 곳에 자리한 성채 카스바다. 지브롤터 해협과 탕헤르 항구의 모습을 한눈에 내려다볼 수 있다. 성채 주변에 있는 마을의 골목도 멋진 볼거리를 선사한다.

EAT

1947년 4월 9일 광장 주변으로 수준급 레스토랑이 많다. 광장 주변을 걷고 있으면 호객하는 레스토랑이 많은데 음식은 대부분 비슷한 편. 메디나 골목과 재래시장, 카스바 주변에도 맛집이 드문드문 있다. 모로코 음식이 대부분이지만 유럽과 가깝기 때문에 서양식도 많다. 저렴하게 먹고 싶다면 메디나 골목의 로컬 음식점을, 멋진 분위기 속에 양질의 식사를 즐기고 싶다면 메디나와 카스바, 광장의 고급 레스토랑을 찾으면 된다.

BUY

탕헤르 메디나와 재래시장 사이 골목으로 기념품 전문점, 모로코 전통 의류 가게, 아르간 오일 전문점, 액세서리 가게 등이 있다. 메디나 골목에서 만날 수 있는 기념품 전문점에서 모로코 마그네틱, 열쇠고리, 스노우볼 등의 아이템을 저렴하게 구할 수 있다. 재래시장에서는 딸기와 오렌지, 대추야자와 같은 각종 과일을 저렴하게 살 수 있다. 흥정하기 나름이지만 질레바와 아르간 오일은 마라케시나 페스에 비해 약간 비싼 편. 유로가 통용되는 곳도 많다.

SLEEP

구시가지에는 메디나 골목 사이사이로 호스텔과 호텔이 있다. 길이 다소 복잡하기 때문에 초행자는 지도나 휴대전화 구글 지도 어플 등을 이용해 미리 숙지하고 가는 것을 추천한다. 좀 더 현대적인 시설에서 편한 숙박을 원한다면 구시가지에서 차로 10분 정도 떨어진 탕헤르 기차역이나 버스 터미널 주변의 호텔로 향하자. 신시가지에는 고급 호텔이 즐비하다. 메디나 바로 바깥쪽에도 중저가 호텔이 많다.

Tanger
GET AROUND

 어떻게 갈까?

1. 버스

카사블랑카에서 시작해 반시계 방향으로 이동하는 여행자들은 주로 장거리 버스를 타고 탕헤르에 도착하게 된다. 십중팔구 셰프샤우엔에서 올라온 여행자들일 텐데, 셰프샤우엔에는 기차역이 없기 때문. 신시가지에 CTM 버스를 비롯한 다양한 회사가 함께 사용하는 버스 터미널이 있다. 반대로 탕헤르에서 카사블랑카, 라바트, 페스, 셰프샤우엔, 마라케시 등으로 떠나는 노선도 많다.

2. 기차

탕헤르 신시가지, 버스 터미널 인근에 기차역이 있다. 멀리 마라케시나 카사블랑카, 라바트에서 시계 방향으로 도는 여행자들이 주로 기차를 타고 탕헤르까지 온다. 반대로 탕헤르에서 라바트, 카사블랑카, 마라케시, 페스 등으로 내려가는 여행자도 상당히 많은 편. 스페인 타리파에서 뱃길로 도착한 여행자들이 주로 기차를 타고 모로코 남부로 내려간다. 탕헤르에서 출발하기 때문에 지연의 염려는 없다. 당일치기로 인근의 아실라를 다녀오는 노선 또한 인기다.

3. 비행기

카사블랑카, 라바트, 마라케시 등에서 탕헤르 서쪽의 이븐 바투타 공항까지 국내선을 이용할 수 있다. 또한 런던, 바르셀로나, 마드리드, 리스본 등에서 국제선을 타고 모로코로 들어오는 여행자들도 종종 이곳을 선택한다. 카사블랑카나 마라케시, 페스에서 탕헤르까지 오려면 꽤 많은 시간을 투자해야 하는데, 이럴 때는 국내선을 이용하는 것이 현명할 수도 있다.

탕헤르 이븐 바투타 공항(TNG)에서 시내로 가기

탕헤르 이븐 바투타 공항은 도심 기준 서쪽으로 9km 지점에 있다. 차로는 약 15분 정도 걸리는 거리. 이븐 바투타 공항에서는 택시를 타는 것이 일반적이다. 탕헤르의 프티 택시는 파란색으로, 공항을 나서면 쉽게 볼 수 있다. 탕헤르 역시 공항에서 택시를 탈 때는 흥정하기 나름. 보통 공항에서 탕헤르 메디나까지 150디르함 내외로 흥정할 수 있다. 터무니없는 가격을 부르면 과감히 돌아서자. 공항에 택시는 많다.

어떻게 다닐까?

1. 택시

탕헤르에서 택시를 타는 경우는 신시가지와 메디나 사이를 이동할 때, 그리고 아실라와 같은 근교로 이동할 때로 나뉜다. 차량이 들어갈 수 없는 메디나 내에서는 도보가 유일한 교통수단이다. 기차역과 버스 터미널이 모두 신시가지에 있는데, 메디나에서 택시로 10분 정도가 걸린다. 미터기가 있지만 외국인 여행자들에게는 대놓고 흥정하려 드는 경향이 짙다. 요금은 30디르함 내외로 흥정할 수 있다.

2. 도보

다른 도시와 마찬가지로 탕헤르 역시 메디나 중심의 관광이 대부분. 따라서 비좁은 메디나 골목과 카스바 일대를 둘러보려면 걸어 다니는 것은 선택이 아닌 필수다. 1947년 4월 9일 광장을 기준으로 메디나 재래시장으로 통하는 길을 지나면 카스바로 이어지는 오르막길이 나온다. 광장을 등지고 반대쪽 내리막길로 향하면 메디나 아래쪽 마을과 항구로 이어진다.

Info

탕헤르 이븐 바투타 공항
Tanger Ibn Battouta Airport
Data 주소 Tanger Ibn Battouta Airport, Tanger 전화 5393-93720
홈페이지 www.onda.ma

탕헤르 버스 터미널 Gare Routière de Tanger
Data 주소 Place Al Jamia Al Arabia, Tanger 전화 6558-02005

탕헤르역 Tanger Ville Railway Station
Data 주소 Tanger Ville Railway Station, Tanger 전화 8902-03040
홈페이지 www.oncf.ma

긴급 전화번호

경찰 190 / 안내 160 / 화재 150

*국제전화

모로코의 국가 번호는 212, 탕헤르의 지역 번호는 5393. 모로코에서 한국으로 전화할 경우 '국제전화 식별 번호 00+82+0'을 뺀 지역 번호와 상대방 번호를 누르면 된다.

Tanger
TWO FINE DAYS

탕헤르 메디나의 중심, 1947년 4월 9일 광장을 기준으로 여행을 시작하면 된다. 광장을 시작으로 메디나 재래시장, 골목, 카스바, 그리고 항구 일대와 신시가지를 둘러보는 것을 추천한다. 여유가 많다면 근교 아실라를 다녀오는 것도 좋다.

1일차

탕헤르 여행의 시작,
1947년 4월 9일 광장 방문

→ 도보 5분 →

현지인의 삶을 엿보다,
메디나 재래시장 구경

→ 도보 5분 →

복잡한 미로,
메디나 골목 거닐기

↓ 도보 15분

1세기 전의 공사관 탐방,
미국 공사 박물관 관람

← 도보 10분 ←

존재 자체가 문화유산,
카스바 골목 탐방

← 도보 2분 ←

성채에 오르다,
카스바 산책

2일차

눈부신 벽화 마을,
아실라 관광

→ 차로 1시간 →

1945년 4월 9일
광장에서 노을 감상

지도

- 모로코 클럽 / Morocco Club
- 카스바 / Kasbah
- 살롱 블루 / Salon Bleu
- 메이슨 그릴 카스바 / Maison Grill Kasbah
- 카스바 박물관 / Kasbah Museum
- 다르 리담 / Dar Lidam
- 메디나 / Medina
- 호텔 콘티넨털 / Hotel Continental
- 카페 콜론 / Café Colon
- 하마디 레스토랑 / Hammadi Restaurant
- 메디나 호스텔 / Medina Hostel
- 리프 켑다니 / Rif Kebdani
- 전통 예술 갤러리 / Traditional Art Gallery
- 펜션 아마르 / Pension Amar
- 그랜드 모스크 / Grande Mosquée de Tanger
- 호텔 마람 / Hotel Maram
- 메디나 재래시장 / Medina Souk
- 1947년 4월 9일 광장 / 1947, April 9 Square
- 미국 공사관 박물관 / American Legation Museum
- Route de la Plage Mercala
- Rue de la Kasbah
- Avenue Mohamed VI
- Rue du Portugal

탕헤르 메디나 / Tanger Medina

Tip 탕헤르 해변

탕헤르 주변에는 크고 작은 해변이 여럿 있다. 도심에서 가장 가까운 플라주 무니시팔Plage Municipal과 인근의 플라야 탕헤르Playa Tanger, 플라야 블랑카Playa Blanca 등. 탕헤르 도심을 기준으로 우측에 자리하며 평화로운 지중해 해변을 만날 수 있다. 여름에는 해변에는 형형색색의 파라솔과 선베드가 설치되고 수영을 즐길 수 있다. 아침저녁으로는 선선하기 때문에 해변 산책을 즐겨도 좋다.

SEE

탕헤르 구시가지
메디나 Medina

카사블랑카부터 시작해 탕헤르까지 오는 동안 메디나를 소개하지 않은 지역은 거의 없다. 그만큼 모로코에서 구시가지를 지칭하는 메디나는 도시마다 있는 것이 보통. 주요 명소와 레스토랑, 호텔이 몰려 있는 메디나는 모로코 여행에서도 여행자들과 뗄 수 없는 관계라고 할 수 있다. 탕헤르 메디나 역시 주요 볼거리가 집중되어 있다. '모로코의 메디나'라면 대부분 그렇듯 탕헤르 메디나도 거미줄 같은 골목을 가지고 있다. 다른 도시와는 달리 곳곳에 수준급 벽화가 그려진 것이 특징. 카메라를 들고 골목 사이를 느릿느릿 걸으며 벽화를 찾아다니는 재미 또한 쏠쏠하다. 메디나 일대를 걷고 있으면 오래된 골목과 가옥이 즐비해 마치 중세로 시간여행을 온 듯한 느낌이 절로 든다. 탕헤르 메디나는 파울로 코엘료의 역작 〈연금술사〉의 배경이 된 곳이기도 하다. 소설은 주인공 양치기 산티아고가 탕헤르에서 출발해 이집트의 피라미드로 가는 여정을 그린다. 소설 속의 풍경을 되새겨보며 메디나 골목을 누비는 것도 괜찮은 여행법이라고 할 수 있다. 아직 〈연금술사〉를 읽어보지 못했다면 여행을 마치고 돌아가서 보면 된다. 탕헤르 메디나를 추억하며 읽게 되니 감동은 배가될 것이다. 1947년 4월 9일 광장과 항구를 연결하는 중앙 도로를 기준으로 양쪽으로 나뉘는데, 그리 크지 않으니 양쪽 다 둘러보는 것을 추천한다.

Data 지도 292p-A, 293p-B 가는 법 탕헤르 기차역, 버스 터미널에서 택시 10분 주소 Medina, Tanger

> **Tip** *이븐 바투타*
> *Ibn Battuta*
>
> 탕헤르 출신의 세계적인 모험가. 12세기에 아라비아 반도, 아프리카, 아시아 등을 여행했다. 역사상 가장 위대한 여행가로 평가되고 있는데, 아이러니하게도 그의 생애에 대해 자세히 알려지지는 않았다. 탕헤르 메디나에 그가 잠들어 있다.

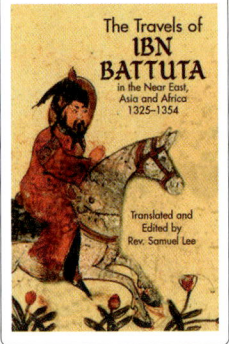

탕헤르의 진정한 중심
1947년 4월 9일 광장 1947, April 9 Square

탕헤르 구시가지 중앙에 대형 광장. 항구를 뒤로하고 오르막길을 올라 메디나를 통과하면 눈앞에 대형 광장이 나타난다. 1947년 4월 9일은 당시 국왕이던 모하메드 5세가 최초로 모로코 독립을 선언한 날이다. 따라서 4월 9일은 모로코인들에게 가장 신성시되는 날이라고도 할 수 있다. 광장 주변으로 레스토랑과 카페가 즐비하며 한 블록 정도 들어가면 메디나 재래시장, 수산물 시장, 금 시장, 기념품 전문점 등이 둘러싸고 있다. 광장 주변에 대형 극장도 있다. 광장 위쪽으로는 1880년에 지어진 스페인식 콘셉시온 인마쿨라다 성당이 있고, 대형 잔디밭이 드문드문 있다. 이 지역은 노숙자와 부랑자가 많이 출몰하는 편이라 주의를 요한다. 탕헤르 구시가지에서 가장 번화한 곳답게 온종일 많은 유동 인구를 보여주며, 거리 공연도 심심찮게 펼쳐진다. 한낮의 평화로운 광장 혹은 야경을 보며 모로코 커피인 누스누스를 즐겨보는 것도 좋다.

Data 지도 292p-A, 293p-C
가는 법 탕헤르 기차역, 버스 터미널에서 택시 15분
주소 1947, April 9 Square, Medina, Tanger

> **Tip 탕헤르의 치안**
> 탕헤르는 모로코 다른 도시에 비해 치안이 좋지 않은 편이다. 1947년 4월 9일 광장 주변으로 무장 경찰이 순찰하지만 소매치기와 날치기 같은 생활형 범죄가 끊이질 않고 있다. 낮에는 괜찮은 편이지만 야간이면 여행자를 노린 노상강도가 출몰하곤 한다. 밤늦은 시각에 으슥한 메디나 골목을 혼자 다니는 것은 삼가자. 사람이 많은 시장통에서는 가방은 앞으로 메고 카메라도 목에 거는 것이 좋다.

MOROCCO BY AREA 09
탕헤르

지브롤터 해협을 한눈에
카스바 Kasbah

탕헤르 메디나에서 제일 높은 곳에 위치한 지역. 메디나가 '올드 타운' 전체를 아우르는 말이라면 카스바는 올드 타운 안의 성채가 있는 구시가지를 뜻한다. 라바트 지역의 카스바와 비슷하다고 보면 된다. 15세기에 지어진 카스바는 대항해 시대와 서구 열강의 땅따먹기가 진행되던 근현대를 거치며 군사적으로 중요한 요새로 쓰였다. 전망 좋은 높은 언덕에 자리해 항구와 지브롤터 해협을 한눈에 내려다볼 수 있는 것이 특징. 그래서 여행자는 물론 젊은 모로코 연인도 데이트 코스로 이곳을 종종 찾는다. 이국적인 사진을 찍고 싶다면 낡고 허물어져 가는 가옥이 빼곡한 후미진 골목을 거닐어보는 것을 추천한다. 실제로 카스바 일대의 민가는 가이드를 동반한 단체 여행자들의 단골 코스다. 좁은 골목을 따라 카스바의 깊숙한 곳으로 들어갈수록 시간이 멈춘 느낌 또한 더해질 것이다. 수많은 여행자가 찾는 명소이지만 야간에는 인적이 뜸한 편. 여행자를 노린 생활형 범죄가 종종 발생하는 편이니 낮에 오르는 것을 추천한다.

Data **지도** 292p-A, 293p-A **가는 법** 탕헤르 기차역, 버스 터미널에서 택시 15분
주소 1947, April 9 Square, Medina, Tanger

이국적인 건물
카스바 박물관 Kasbah Museum

카스바 성채 한쪽에 자리한 고고학 박물관. 탕헤르와 북아프리카의 역사를 짐작해볼 수 있는 다양한 유물이 전시되어 있다. 유물도 인상적이지만 리아드를 개조한 이국적인 건물과 정원 또한 일품. 아라베스크 문양의 타일과 각종 장식 등은 카메라를 절로 들게 할 만큼 매우 정교하다. 더욱 자세한 설명을 원한다면 영어 가이드 투어에 참여해보자.

Data **지도** 292p-A, 293p-A **가는 법** 1947년 4월 9일 광장에서 도보 15분, 카스바 인근 **주소** Place de la Kasbah, Tanger 90030 **전화** 5399-12092 **운영시간** 10:00~18:00 **요금** 입장료 30디르함~

저렴한 현지인 시장
메디나 재래시장 Medina Souk

1947년 4월 9일 광장을 등지고 서면 탕헤르 메디나 안쪽으로 통하는 흰색 성문이 나온다. 문을 통과하면 광장과는 전혀 다른 클래식한 아랍 세상이 펼쳐진다. 조붓한 골목 사이에 히잡을 두른 상인들이 좌판을 펼치고 있고, 빽빽이 들어선 매장에서는 상인들이 여행자를 소리 높여 불러 모은다. 재래시장은 아랍어로 '수크Souk'라고 부르는데, 현지인들에게 수크라고 말해야 바로 알아듣는 편이다. 여행자들은 대부분 저렴한 먹거리를 사기 위해 이곳을 찾는다. 특히 과일이 매우 싼 편. 체리와 바나나, 대추야자, 오렌지, 사과 등 햇빛을 잘 받아 당도 높은 과일이 즐비하다. 잔뜩 사 들고 숙소에 와서 간식으로 먹어도 좋다. 워낙 싸기도 하면서 인심도 좋기 때문에 물건을 더 얹어주기도 한다. 특히 북아프리카에서 '신이 내린 생명의 열매'로 불리는 대추야자를 아직 못 먹어봤다면 도전해보자. 특유의 고소한 맛이 일품. 우리나라에서도 최근 영양만점 건강 간식으로 뜨고 있는데 본토에 왔으니 마음껏 먹어보자.

Data 지도 292p-A, 293p-C 가는 법 1947년 4월 9일 광장에서 도보 1분 주소 Medina, Tanger

> **Tip 모로코에서도 물갈이를 하나요?**
> 해외여행만 나서면 유독 음식에 민감한 여행자들이 있다. 바로 배탈과 설사를 동반하는 일명 '물갈이' 때문. 모처럼 떠난 즐거운 여행을 망치게 되는 물갈이는 여행자에겐 불청객과도 같다. 물갈이란 음식이나 물 때문에 생기는 질병의 일종으로 동남아, 중동, 아프리카, 중남미 지역에서 흔히 발생한다. 세균성 장염이 주원인으로 하루에 3~5회 설사가 지속되면서 두통과 오한을 동반한다. 모로코도 간혹 물갈이 때문에 고생하는 여행자들이 나타난다. 과일은 반드시 깨끗이 씻어서 먹고, 물은 생수를 사 먹는 것이 좋다. 만약을 대비해 지사제와 해열제를 미리 챙겨가도록 하자.

옛 미국 공사관을 둘러보다
미국 공사관 박물관 American Legation Museum | 아메리칸 리게이션 뮤지엄

탕헤르 메디나 골목 안쪽에 자리한 옛 미국 공사관 건물. 오랫동안 미국 공사관으로 쓰이던 건물은 도서관과 박물관으로 재탄생했다. 전통 메디나 건물을 현대적으로 개조한 것이 특징. 매표소를 지나 한 층 올라가면 미국 공사관 업무를 수행하던 반세기 전의 사진 자료와 전시품을 감상할 수 있다. 당시 회의실과 집무실, 오래된 컴퓨터, 지금은 쓰지 않는 플로피 디스켓, 먼지가 켜켜이 쌓인 타자기, 미국에서 모로코로 날아든 엽서 모음 등을 구경할 수 있다. 곳곳에 있는 미국 국기가 이곳이 미국 공사관이었다는 것을 증명하고 있다. 내부 사진 촬영도 OK! 박물관은 크게 실내와 외부 테라스로 구분되는데 테라스 전망은 좋지 않은 편. 박물관이 비좁은 메디나 골목 사이에 있어 초행길이라면 헤맬 수 있다. 방문 전에 가는 법을 미리 숙지하고 움직이는 것을 추천한다. 가방을 맡기고 입장해야 하기 때문에 카메라는 미리 꺼내놓는 것이 좋다.

Data 지도 292p-A, 293p-D 가는 법 1947년 4월 9일 광장에서 도보 7분
주소 Rue d'Amerique, Tanger 전화 5399-35317 운영시간 10:00~17:00 요금 입장료 50디르함~

웅장한 이슬람 건축
그랜드 모스크 Grande Mosquée de Tanger

항구를 뒤로하고 탕헤르 메디나 오르막길로 향하면 초입에 위치한 웅장한 이슬람 사원이 눈에 들어온다. 그랜드 모스크라 불리는 사원으로 탕헤르에서 가장 큰 규모라고 보면 된다. 카사블랑카의 하산 2세 모스크나 아가디르의 모하메드 5세 모스크, 마라케시의 쿠투비아 모스크 등과 달리 탁 트인 공간이 아닌 메디나 한복판에 있는 것이 특징. 자칫 못보고 지나칠 수도 있다. 매일 예배 시간이면 탕헤르 현지인들이 한데 모여드는 광경을 볼 수도 있다. 이슬람교도가 아니라면 내부 입장은 어려운 편. 아쉬운 대로 여행자들은 아랍 스타일의 건물 외관을 배경으로 기념사진을 찍고 광장으로 향한다.

Data 지도 292p-A, 293p-D
가는 법 1947년 4월 9일 광장에서 도보 5분
주소 Rue de la Marine, Tanger

북아프리카 전통을 한눈에
전통 예술 갤러리 Traditional Art Gallery

탕헤르 메디나 내부에 자리한 갤러리. 북아프리카 전통을 한눈에 확인할 수 있는 곳으로 전통 예술 박물관에 가깝다. 모로코에서 만날 수 있는 물건은 모두 모였다고 해도 과언이 아니다. 모로코 전통 액세서리, 카펫, 아라비안 그릇, 질레바와 바부슈 같은 전통복, 아라비안 조명, 가구, 가죽 제품 등을 살펴보고 구매할 수 있다. 전시된 모든 제품이 수공예로 만든 것이기에 물건의 퀄리티는 매우 높은 편. 메디나 인근에서 쉽게 만날 수 있는 기념품 전문점의 조잡한 물건들과는 차원이 다르다. 물건을 구매하지 않고 구경만 해도 좋은 관광이 되니 한 번쯤 들러보는 것을 추천한다.

Data 지도 292p-A, 293p-C 가는 법 1947년 4월 9일 광장에서 도보 5분
주소 79, Rue Nassiria, Tanger 90000 전화 5393-35767
홈페이지 www.traditional-art-gallery.com

> **Tip 탕헤르 도심을 즐기는 멋진 방법, 탕헤르 시티 투어 버스** Tanger City Tour Bus
> 파리나 런던, 뉴욕처럼, 모로코 탕헤르도 최근에 시티 투어 버스 운행을 시작했다. 빨간색 시티 투어 이층 버스에 올라 메디나와 신시가지 일대를 편하게 둘러볼 수 있다. 탕헤르 항구에서 출발해 메디나 일대와 근교 헤라클레스 동굴 등을 찾는다. 영어와 프랑스어, 스페인어 등의 안내 방송이 서비스되는데, 놀랍게도 한국어도 지원한다. 매일 오전 9시부터 오후 6시까지 30분 간격으로 출발한다. 홈페이지(tanger.city-tour.com/en)에서 관련 정보를 검색할 수 있다. 티켓은 48시간 동안 유효하다. 어른 140디르함~.

시티 투어 버스 홈페이지

| 탕헤르 근교 |

아프리카 대륙과의 만남
헤라클레스 동굴 Caves of Hercules

탕헤르 도심 관광에 지루해졌다면 외부로 눈길을 돌려보자. 탕헤르 도심에서 서쪽, 차로 약 15km 정도 달리면 헤라클레스 이름이 붙은 동굴을 찾을 수 있다. 영웅 헤라클레스의 옆얼굴과 닮았다고 해서 붙은 이름. 생각보다 동굴의 규모는 작지만 신비한 장면과 만날 수 있다. 동굴 안에 들어가 대서양을 바라보면 아프리카 대륙을 만날 수 있다. 어두운 동굴 벽면은 검게 보이고, 입구의 뻥 뚫린 지점이 아프리카 대륙의 모습과 매우 흡사하다. 심지어 아프리카 대륙에서 떨어진 섬인 마다가스카르의 모습도 찾을 수 있다. 헤라클레스 동굴은 탕헤르 도심에서 택시를 타고 가거나 6명의 현지인이 함께 타는 합승 택시인 '그랑 택시'를 타고 가는 것이 보통. 탕헤르 버스 터미널 옆에 그랑 택시 정류장이 있다. 그랑 택시는 프티 택시에 비해 훨씬 저렴하지만 비좁게 앉아서 가야 하는 불편함을 감수해야 한다.

Data 지도 292p-D 가는 법 1947년 4월 9일 광장에서 차로 20분
주소 Caves of Hercules, Tanger 운영시간 09:00~20:00

지브롤터 해협과 대서양을 조망하다
캡 스파르텔 Cap Spartel

탕헤르 근교에 자리한 대규모 국립 공원. 탕헤르 도심에서 서쪽으로 15km 떨어져 있으며, 지중해와 대서양이 만나는 지점에 있어 멋진 전망이 약속된다. 여행자들은 캡 스파르텔 일대와 남쪽에 있는 헤라클레스 동굴을 묶어 당일치기로 다녀오는 것이 일반적. 캡 스파르텔에서 끝없이 펼쳐진 대서양의 수평선과 마주하면 가슴이 뻥 뚫리는 느낌에 사로잡힐 것이다. 캡 스파르텔 주변으로는 예부터 모로코 왕족들이 찾아 수영을 즐겼다고 전해지는 해변이 있다. 다시 탕헤르로 돌아가는 택시를 잡기 어렵기 때문에 출발할 때 왕복으로 흥정하는 것이 좋다.

Data 지도 292p-D
가는 법 1947년 4월 9일
광장에서 차로 25분
주소 Cap Spartel, Tanger

| Theme |
탕헤르에서 스페인 타리파로 가는 뱃길

탕헤르는 아프리카 대륙 끄트머리에 위치한 도시라 유럽과 아프리카를 오가는 여행자들이 들르는 관문과도 같다. 스페인 타리파Tarifa까지 뱃길로 1시간 정도 걸리고 저렴하기 때문에 많은 배낭여행자가 이곳에서 페리를 이용한다. 타리파는 파울로 코엘료의 〈연금술사〉가 시작된 장소다. 주인공 산티아고가 남부 스페인에서 피라미드를 보겠다고 결심한 뒤 탕헤르행 배에 오르게 된 것.

그렇다면 타리파행 페리 티켓은 어떻게 끊어야 할까. 우선 인터넷을 통해 미리 예매할 수 있다. 각종 검색 엔진에서 '탕헤르 타리파'만 입력해도 관련 사이트를 많이 발견할 수 있다. 현지에서 바로 구매하려면 항구를 바로 찾아도 되지만 표가 없을지도 모르니 여행자 입장에서는 걱정이 앞서는 것이 사실. 탕헤르 메디나 바깥쪽에 타리파행 페리 티켓을 취급하는 여행사무소가 많으니 걱정하지 말자. 메디나 바깥쪽을 걷고 있으면 호객꾼들이 "타리파? 스페인? 페리?" 이렇게 외치며 접근하기도 하는데, 현지에서 구매할 생각이면 이들을 따라가지 말고 바로 여행사무소를 찾는 것이 현명하다. 탕헤르와 타리파 구간 페리는 에프알에스FRS가 매일 8회, 인터시핑Intershipping이 매일 7회 운항한다. 이들 말고도 다양한 회사의 페리 노선이 있기 때문에 꼼꼼히 따져보고 선택할 수 있다. 요금은 평균 170유로 내외. 8월 성수기에는 요금이 급등하기도 하니 참고할 것. 또 타리파 외에 지브롤터Gibraltar, 알헤시라스Algeciras까지 연결하는 페리도 탈 수 있다. 탕헤르에서 타리파로 건너가는 페리의 갑판에서 바라보는 지중해는 여행의 또 다른 보너스가 될 것이다.

|Theme|
당일치기 아실라 여행

탕헤르까지 왔다면 인근의 아실라도 주목해보자. 아실라는 탕헤르 서쪽의 대서양을 낀 해변 도시로 세계적인 수준의 벽화가 메디나와 만나 이국적인 풍경을 선사한다.

탕헤르에서 서남쪽, 기차나 차로 약 1시간 정도 달리면 대서양을 낀 눈부신 해변 도시와 만나게 된다. 아실라Asliah라는 이름으로 불리며, 작은 규모지만 이곳 역시 메디나가 있다. 이 작은 바닷가 마을이 유명해진 것은 골목마다 그려진 수준 높은 벽화 덕분. 해마다 7월이 되면 아실라 메디나 전역에서 벽화 축제가 열린다. 세계 곳곳의 아티스트와 모로코 아티스트들이 아실라 메디나에 모여 벽화를 그린다. 이러한 배경 때문에 아실라는 '예술의 도시'로도 불린다. 개성 넘치는 벽화가 많아 골목을 누비는 자체가 즐거운 관광이 된다. 기본적으로 메디나 가옥은 흰색이 바탕이다. 그래서인지 그리스의 산토리니나 미코노스, 스페인의 미하스, 네르하 같은 지중해의 여느 해변 도시를 찾은 듯한 느낌도 든다. 아실라 메디나와 대서양을 파노라마로 감상할 수 있는 서쪽 끝, 아실라 성채 전망대도 놓치지 말아야 할 포인트. 메디나 자체가 작기 때문에 대서양 쪽으로 접근하면 발길이 절로 전망대에 닿게 될 것이다. 탕헤르에서 아실라로 가는 방법은 일반적으로 두 가지다. 탕헤르에서 매일 아실라로 떠나는 기차를 타는 방법과 합승 택시인 그랑 택시를 타는 방법이 있다. 여행자들은 편수가 많지 않은 기차보다 저렴하고 기동력이 높은 그랑 택시를 주로 이용하는 편이다. 1인 20디르함 정도의 저렴한 비용과 소요시간 40분 정도만 보더라도 비좁은 좌석의 불편함은 충분히 감수할 만하다.

아실라 주변 가볼 만한 곳

탕헤르에서 당일치기로 멀리 아실라까지 왔는데 메디나만 둘러보고 가기엔 뭔가 부족한 느낌이 든다. 그런 여행자들을 위해 아실라 주변의 가볼 만한 곳을 찾아봤다.

현지인이 추천하는 해변
파라다이스 비치 카프 라함 Paradise Beach Kaf Lahmam

아실라 메디나에서 남쪽으로 8km 정도 달리면 현지인들에게 꽤 유명한 해변을 만날 수 있다. '파라다이스 비치'라는 이름만 들으면 화려한 해변을 떠올리기 쉽지만 다소 소박한 느낌을 선사한다. 오히려 때 묻지 않고 잘 알려지지 않은 해변에 가깝다. 누구에게도 방해받지 않는 휴식을 즐길 수 있다. 해변 주변의 레스토랑에서 대서양에서 갓 잡은 해산물 요리도 맛보자. 낙타에 올라 이곳 일대를 트레킹하는 여행 상품도 있으니 참고할 것.

Data **가는 법** 아실라 메디나에서 차로 20분 **주소** Paradise Beach Kaf Lahmam, Asilah

천상의 휴식
하맘 알 알바 Hammam Al Alba

멀리 다녀오는 것이 귀찮다면 도심에서 즐기는 스파는 어떨까. 아실라 메디나 기준으로 북쪽에 있는 하맘 알 알바는 이 지역 최고의 스파 시설이다. 튀르키예식 스파를 기초로 하며 전신 마사지, 발 마사지, 두피 마사지, 어깨 마사지, 아로마 마사지 등이 준비되어 있다. 시간과 프로그램에 따라 가격은 천차만별. 보통 1~2시간에 걸쳐 마사지를 받게 되는데, 기분 좋은 향기 속에 숙련된 마사지사의 손길에 몸을 맡기면 금세 달콤한 피로감이 몰려든다. 오랜 여행 피로를 푸는 것은 물론 혈액 순환과 피부 미용에도 도움이 된다.

Data **가는 법** 메디나에서 도보 10분 **주소** 35 Lot. Nakhil, Asilah 90050 **전화** 6134-29190 **운영시간** 10:00~13:30, 15:30~19:30 **요금** 300디르함~ **홈페이지** www.hotelalalba.com/index.php/es/hammam/hammam-presentacion

EAT

고급의 진수를 보여주다
하마디 레스토랑 Hammadi Restaurant

정통 모로코 레스토랑으로 '고급'을 추구하는 곳이기 때문에 시설과 서비스는 탕헤르 최고 수준을 유지한다. 중세 모로코풍의 내부 장식, 잘 차려입은 종업원들, 아마추어 음악가들의 라이브 공연 등이 일품이다. 타진과 쿠스쿠스, 치킨 요리, 양고기 요리를 비롯해 다양한 모로코 음식이 준비되어 있다. 와인과 맥주도 주문할 수 있다. 저녁에는 손님이 많은 편이라 서빙이 늦고 웨이팅도 발생하는 편. 하지만 고품격 라이브 밴드의 음악 등 즐길 거리가 많기 때문에 지루할 틈이 없다. 무엇보다 '분위기'를 추구하는 여행자라면 좋은 선택이 될 수 있다.

Data **지도** 292p-A, 293-C **가는 법** 1947년 4월 9일 광장에서 도보 10분 **주소** 2 Rue de la Kasbah, Tanger 90000 **전화** 5399-34514 **운영시간** 11:00~00:00 **가격** 음료 15디르함~, 음식 70디르함~

정통 해산물 요리를 맛보고 싶다면
포풀리어 사브어 데 포이손 Populaire Saveur de Poisson

메디나에 있는 해산물 요리 전문점. 프랑스어로 된 레스토랑 이름을 직역하면 '가장 대중적인 해산물의 맛을 볼 수 있는 레스토랑'이라고 할 수 있다. 각종 여행 정보 사이트에서 평점이 아주 높은 것과 이곳 대문에 트립어드바이저 스티커를 자랑스레 붙여놓은 것을 보면 이곳의 위상을 알 수 있다. 레스토랑 근처에만 가도 생선 굽는 고소한 냄새에 절로 고개를 돌리게 될 것이다. 생선구이와 생선수프, 찜 요리 등 다양한 메뉴가 준비되어 있다. 가격이 약간 비싸지만 양이 푸짐하다. 일행이 많은 경우 이곳을 찾는 것을 추천한다.

Data 지도 292p-A
가는 법 1947년 4월 9일 광장에서 도보 5분 주소 2 Escalier Waller, Tanger 전화 5393-36326
운영시간 13:00~17:00, 19:00~22:30
가격 음료 10디르함~, 음식 70디르함~

분위기 있는 커피 한잔
카페 콜론 Café Colon

1947년 4월 9일 광장을 뒤로하고 메디나 사이의 큰 도로를 따라 내려가면 좌측에 카페를 발견할 수 있다. 아침부터 밤까지 야외 테이블에 수많은 여행자와 현지인이 진을 치고 있기 때문에 쉽게 찾을 수 있다. 음식도 주문할 수 있지만 이곳을 찾는 이들 대부분은 누스누스 커피나 민트 티를 주문한다. 메디나 중앙 도로변에 있기 때문에 주변 풍경을 여유 있게 조망할 수 있다. 따스한 햇볕을 쬐며 즐기는 커피 한잔은 탕헤르에서 즐기는 완벽한 망중한이다. 가끔은 이런 카페에 앉아 지나는 이들을 구경하는 것만으로도 즐거운 여행이 된다.

Data 지도 293p-C 가는 법 1947년 4월 9일 광장에서 도보 3분 주소 Rue de la Kasbah, Tanger
전화 6650-36940 운영시간 06:30~23:30 가격 음료 12디르함~, 음식 50디르함~

저렴한 음식을 원한다면
리프 켑다니 Rif Kebdani

메디나 내부에 위치한 모로코 음식 전문 레스토랑. 콘티넨털 호텔 인근에 있다. 리아드를 개조한 인테리어에 친숙한 분위기, 다소 저렴한 가격, 세계인의 입맛에 맞춘 요리 등으로 탕헤르에서도 제법 유명세를 탔다. 레스토랑 이름이 붙은 켑다니 타진과 쿠스쿠스 등의 현지 음식을 저렴하게 맛볼 수 있다. 함께 주문할 수 있는 오렌지 주스와 민트 티도 일품. 해산물 타진과 양고기 케밥과 같은 메뉴도 손님들이 자주 찾는다. '진짜 모로코의 가정식을 맛보고 싶다면 망설일 필요 없이 리프 켑다니 레스토랑으로 향하자.

Data 지도 292p-A, 293p-D **가는 법** 1947년 4월 9일 광장에서 도보 10분
주소 Rue Dar Baroud Medina, Tanger, Tanger 90000 **전화** 7117-68082 **운영시간** 12:00~23:00
가격 음료 10디르함~, 음식 50디르함~ **홈페이지** www.facebook.com/restaurant.rifkebdani

아늑하고 고급스러운
엘 모로코 클럽 El Morocco Club

탕헤르 카스바 성채 인근에 있는 레스토랑. 단언컨대 탕헤르에서 가장 우아하고 낭만적인 레스토랑이라고 할 수 있다. 칼같이 정돈된 테이블과 깨끗한 테이블보, 그 위에 놓인 투명한 와인 잔, 그리고 천장에 매달린 샹들리에와 잔잔한 모로코 음악은 고급스러움의 끝을 보여준다. 장소가 장소이니만큼 음식의 가격은 비싼 편. 그만큼 직원들의 서비스와 음식 맛은 최고 수준을 보여준다. 기본적으로 클럽인지라 간혹 시끄럽고 흥겨운 음악을 틀어주기도 한다. 와인과 맥주 등 다양한 주류도 준비되어 있다. 또 무료 와이파이가 제공되고, 주차장이 완비되어 있다. 카스바 근처이기 때문에 저녁을 든든하게 먹은 다음 성채 야경을 구경해도 좋다. 가족 혹은 커플이 모로코를 찾은 경우나 특별한 기억을 남기고 싶은 여행자들에게 추천.

Data 지도 293p-A
가는 법 1947년 4월 9일 광장에서 도보 15분 **주소** 1, Rue Kachla-Place duTabor, Tanger 90000
전화 5399-48139 **운영시간** 09:00~17:00, 19:30~00:00
가격 음식 120디르함~
홈페이지 elmoroccoclub.ma

카스바 근처 분위기 있는
메이슨 그릴 카스바 Maison Grill Kasbah

카스바 일대를 느긋느긋 걷고 있으면 지글지글 고기 굽는 냄새가 솔솔 풍기는 야외 레스토랑이 눈에 띈다. 꼬치형 고기 음식부터 모로코 전통 타진과 쿠스쿠스, 해산물 요리 등이 다양하게 준비되어 있다. 고기 메이슨 그릴 카스바 레스토랑은 성채 주변의 큰 도로변에 있어 쉽게 발견할 수 있다. 레스토랑 내부의 바닥과 벽면, 천장은 아라베스크 문양이 가득한 대리석으로 꾸며져 있고, 온종일 분위기 있는 음악이 흐른다. 모로코풍 느낌이 강한 실내에서 식사를 즐겨도 좋고, 카스바 골목 일대를 볼 수 있는 야외 테이블에 앉아도 좋다. 카스바에서 비교적 저렴하게 한 끼 식사를 즐기고 싶다면 메이슨 그릴 카스바를 주목해보자.

Data 지도 292p-A, 293p-A
가는 법 1947년 4월 9일 광장에서 도보 15분
주소 24 Rue Kasbah, Tanger 90030
전화 6825-55372
운영시간 07:00~00:30
가격 음료 15디르함~, 음식 60디르함~

눈부신 바다 전망
다르 리담 Dar Lidam

탕헤르 카스바 박물관 인근을 걷다 보면 백색 건물을 마주하게 되는데, 다르 리담은 그곳에 있는 고품격 레스토랑이다. 깔끔한 외관과 내부 실내 장식, 나비넥타이 정장 차림의 종업원도 눈길을 끌지만 이곳이 인기 있는 이유는 단연 전망이라고 할 수 있다. 탕헤르에서 제일 높은 카스바, 그것도 3층 건물 높이라서 그런지 지브롤터 해협의 모습을 한눈에 내려다볼 수 있다. 일반적으로 여행자들은 타진과 쿠스쿠스 같은 모로코 음식이나 누스누스 커피, 민트 티를 주문한다. 음식 맛은 아래쪽의 중저가 레스토랑과 비슷한 수준. 바다 전망에 대한 값이라고 생각하면 마음이 편해진다.

Data 지도 292p-A, 293p-A **가는 법** 1947년 4월 9일 광장에서 도보 15분 주소 Rue Dakakine Quartier Jnan Kabtane, Tanger 90000 **전화** 5393-32386 운영시간 11:00~23:00 **가격** 음료 15디르함~, 음식 80디르함~

완벽한 경치
살롱 블루 Salon Bleu

탕헤르 카스바 성채 가운데 가장 높은 곳에 있는 레스토랑이자 카페다. 덕분에 지브롤터 해협의 시원한 전망과 반대편 메디나의 이국적인 전망이 보장된다. 흰색 외벽에 파란색 테이블이 놓인 테라스는 시원한 느낌을 선사한다. 해변이나 메디나를 배경으로 멋진 사진을 찍기에도 그만이다. 특히 저물녘 이곳을 찾으면 노을을 배경으로 만찬을 즐길 수 있다. 모로코 전통 특식과 지중해식 요리가 준비되어 있으며, 누스누스 커피, 민트 티 등도 주문할 수 있다. 이곳의 멋진 경치는 이미 세계적으로 입소문이 났다.

Data 지도 293p-A **가는 법** 1947년 4월 9일 광장에서 도보 15분 **주소** Rue de la Kasbah, Tanger 90000 **전화** 6371-33833 **운영시간** 10:00~18:00 **가격** 음료 20디르함~, 음식 40디르함~ 홈페이지 www.facebook.com/salonbleutanger

SLEEP

| 구시가지 호텔 |

탁월한 전망
호텔 콘티넨털 Hotel Continental

19세기 초반에 지어진 건물 자체가 국가 문화유산으로 지정된 것이 특징. 특히 지브롤터 해협이 한눈에 내려다보이는 전망이 일품이다. 모로코 전통 아라베스크 문양의 타일로 꾸며진 라운지와 아치형 레스토랑이 눈에 띈다. 모든 객실은 모로코 전통 리아드 장식을 선보인다. 객실은 더블룸, 트리플룸, 가족룸으로 나뉘며 메디나 전망과 비치 전망으로 구분된다. 메디나 골목은 물론 카스바, 해변, 항구 등의 주요 명소가 가까운 것이 특징. 무료 와이파이와 무료 주차장을 이용할 수 있다.

Data 지도 293p-B **가는 법** 1947년 4월 9일 광장에서 도보 10분
주소 36, Rue Dar Baroud, Tangier 90000 **전화** 5399-31024 **요금** 450디르함~

신시가지에서의 탁월한 선택
다르 오마르 카얌 Dar Omar Khayam

탕헤르 구시가와 신시가 사이에 위치한 3성급 호텔. 버스 터미널과 기차역이 비교적 가까운 거리에 있어 다른 도시로의 이동이 쉽다. 또 아실라와 캡 스파르텔 등 근교 여행을 다녀오기도 수월하다. 25개의 객실은 더블룸, 디럭스 스위트, 트리플룸 등으로 나뉜다. 호텔에 있는 대형 정원에서 아침 식사나 커피 한잔을 즐길 수 있다. 이국적인 분위기의 소품이 많기 때문에 멋진 사진을 찍기에도 좋다. 신시가지에 위치해 호텔 주변에 있는 패스트푸드점과 편의점 등을 이용할 수 있다.

Data 지도 292p-E **가는 법** 1947년 4월 9일 광장에서 도보 20분, 차로 5분
주소 Rue Antaki, Tanger **전화** 6593-50838 **요금** 400디르함~

합리적인 가격과 접근성
호텔 마람 Hotel Maram

메디나에 자리한 3성급 호텔. 메디나와 1947년 4월 9일 광장을 잇는 메인 도로변에 있어 쉽게 찾을 수 있다. 주변에 광장과 메디나, 카스바, 항구 등이 가까워 각 명소로의 동선을 쉽게 짤 수 있는 것이 특징. 14개의 객실이 준비되어 있으며 트래디셔널룸과 더블룸으로 나뉜다. 모든 객실은 금연이며 호텔 전체에서 무료 와이파이를 즐길 수 있다. 딱 중저가 호텔에 걸맞은 시설과 서비스를 보여준다. 메디나 일대를 내려다볼 수 있는 테라스도 일품. 어둠이 내린 메디나를 바라보며 커피 한잔을 즐겨도 좋다.

Data 지도 293p-D 가는 법 1947년 4월 9일 광장에서 도보 5분 주소 Rue de la Marine N°74, Place Souk Dakhel(Petit Socco), Tanger 90000 전화 5399-30209 요금 300디르함~

중저가 숙소의 정석
펜션 아마르 Pension Amar

메디나 메인 도로변 가까운 곳에 위치한 중저가 숙소. 총 19개의 객실이 준비되어 있으며, 전용 레스토랑을 보유하고 있다. 저렴한 가격으로 짐작할 수 있듯 룸 컨디션은 다소 떨어지는 편. 따라서 호불호가 극명하게 나뉜다. 여행지에서의 비용 절감을 최우선으로 고려하는 배낭여행자들에게 추천할 만하다. 인근에 있는 메디나 호스텔을 미처 예약하지 못했다면 좋은 대안이 될 수 있다. 탕헤르의 주요 명소와 가깝고 메디나 한복판에 자리하고 있기 때문에 야간에도 부담 없이 주변을 둘러볼 수 있다.

Data 지도 293p-D
가는 법 1947년 4월 9일 광장에서 도보 5분
주소 1 Rue de Khadi l Petit Socco, Tanger
전화 5399-37127 요금 150디르함~

배낭여행자들의 성소
메디나 호스텔 Medina Hostel

탕헤르 메디나 중심부에 있는 호스텔. 도미토리룸의 가격이 매우 저렴해 모로코로 오는 배낭여행자들이 즐겨 찾는다. 저렴한 만큼 세계 여행자들이 주목하기 때문에 미리 예약하는 것이 좋다. 부킹닷컴, 호스텔월드 등의 세계적인 숙박 채널을 통해 쉽게 예약할 수 있다. 미리 예약만 한 다음 결제는 호스텔에 도착해서 하게 된다. 리아드형 숙소로 4베드 혼성 도미토리룸, 6베드 혼성 도미토리룸, 더블룸이 준비되어 있다. 여행자들이 일반적으로 찾는 도미토리 객실에는 욕실이 딸려 있고, 이층 침대 외에 개인 사물함이 있는데 자물쇠는 따로 준비해야 한다. 테라스의 전망 또한 일품. 가까이로는 탕헤르 메디나가, 멀리는 지브롤터 해협이 한눈에 들어온다. 또 매일 아침 테라스에서 모로코식 빵과 팬케이크, 커피를 먹을 수 있다. 테라스에 자리가 없을 때는 음식을 들고 내려와 1층 로비의 소파에서 먹으면 된다. 다양한 국적의 여행자들이 모이는 곳답게 외국인 친구를 쉽게 사귈 수 있는 것이 특징. 방에서 만난 반가운 친구들과 여행 정보를 공유하는 것은 또 다른 즐거움이다. 초행자라 복잡한 메디나 안쪽에 자리한 호스텔을 못 찾지 않을까 하는 걱정은 접어두자. 메디나 골목 곳곳에 검은색 글씨로 쓰인 'Medina Hostel'을 쉽게 발견할 수 있으니. 그조차도 어려우면 주변 시민들에게 도움을 청해보자. 흔쾌히 길을 알려줄 것이다. 그들의 친절에 감동했다면 약간의 팁을 주는 센스를 보이자.

Data 지도 293p-D 가는 법 1947년 4월 9일 광장에서 도보 10분 주소 Rue Abarroudi, Tanger 전화 5399-39622 요금 150디르함~

| 신시가지 호텔 |

화려함의 끝
모벤픽 호텔 앤드 카지노 말라바타 탕헤르
Mövenpick Hotel&Casino Malabata Tanger

신시가지, 탕헤르 해변 인근에 위치한 특급 호텔. 신시가지의 호텔 가운데서도 꽤 좋은 호텔로 분류되며 말라바타 지역의 중심에 있다. 객실은 앰배서더 스위트룸, 클래식 킹룸 등으로 나뉘며 객실과 도시 전망으로 구분된다. 24시간 룸서비스는 물론 카지노, 피트니스센터, 실외 수영장, 스파 등의 서비스를 이용할 수 있다. 편안하고 화려함을 우선시하는 여행자라면 우선순위에 올려놓고 고민해볼 만하다.

Data **지도** 292p-F **가는 법** 1947년 4월 9일 광장에서 차로 20분, 탕헤르역에서 차로 5분
주소 Avenue Mohamed VI Baie de Tanger, Tangier 90000 **전화** 5393-29300 **요금** 1,000디르함~

화려한 하룻밤
힐튼 가든 인 탕헤르 시티 센터 Hilton Garden Inn Tanger City Center

탕헤르역 건너편에 위치한 특급 호텔. 힐튼 호텔의 탕헤르 지점으로, 탕헤르에서 최고급 수준을 자랑한다. 디럭스룸, 트윈룸, 킹룸 등으로 나뉘며, 도시 전망과 바다 전망으로 다시 세분화된다. 특히 지중해와 저 멀리 메디나 전망이 한눈에 들어오는 바다 전망 객실은 특별한 하룻밤을 선사한다. 더 가든 그릴TheGarden Grille 레스토랑에서는 아침부터 저녁까지 세계의 다양한 음식을 맛볼 수 있다. 전용 수영장과 피트니스클럽, 전용 해변 테라스 등도 보유하고 있다. 탕헤르 해변도 걸어서 1분 거리에 있다. 또 현지인들이 사랑하는 탕헤르 시티 몰Tanger City Mall이 바로 옆에 있어 쇼핑을 즐기기도 좋다.

Data **지도** 292p-F **가는 법** 1947년 4월 9일 광장에서 차로 15분, 탕헤르역에서 도보 5분
주소 Place du Maghreb Arabe, Tangier 90000 **전화** 5393-09500 **요금** 700디르함~

세계적인 중저가 브랜드
호텔 이비스 탕헤르 시티 센터 Hotel Ibis Tanger City Center

신시가지의 중심, 탕헤르 기차역 건너편에 자리하고 있다. 이비스란 브랜드가 증명하듯 쾌적한 시설과 서비스가 약속된다. 스탠더드 트윈룸과 스탠더드 더블룸으로 나뉘며 모든 객실에 위성 TV, 무료 와이파이 서비스가 제공된다. 메인 레스토랑에서는 모로코 음식을 비롯한 다양한 세계 음식을 선보이며, 야외 수영장도 보유하고 있다. 탕헤르 해변과 가깝고 무엇보다 기차역, 버스 터미널이 가까워 다른 도시로의 이동이 쉽다. 탕헤르 이븐 바투타 공항으로의 접근도 쉬운 편. 유일한 단점은 접근성이 다소 떨어져 주요 명소가 집중된 메디나 일대 관광이 어렵다는 것. 최신식 호텔에서의 쾌적한 하룻밤을 우선하는 여행자라면 신시가지의 체인 호텔이 정답이다.

Data 지도 292p-F **가는 법** 1947년 4월 9일 광장에서 차로 15분, 탕헤르역에서 도보 5분
주소 Lotissement Tangier, Offshore Plaza, Tangier 90000 **전화** 5393-28550 **요금** 500디르함~

합리적인 가격
라마다 앙코르 탕헤르 Ramada Encore Tangier

탕헤르 기차역 인근에 위치한 3성급 현대식 호텔. 신시가지에 있기 때문에 시설과 서비스는 믿음직스럽다. 모로코의 어느 도시와 마찬가지로 메디나에서 떨어진 신시가지의 호텔은 최신식 시설과 서비스를 누릴 수 있는 것이 특징. 라마다 앙코르 탕헤르의 경우도 그러하다. 걸어서 3분 거리에 탕헤르 해변이 자리하지만 메디나까지는 차로 10분 이상 소요된다. 앙코르 싱글룸과 앙코르 더블룸이 준비되어 있으며, 매일 유럽식 아침 식사가 제공된다. 해변이 한눈에 내려다보이는 야외 수영장과 테라스도 일품. 신시가지의 현대적인 호텔을 원한다면 좋은 선택지가 될 수 있다.

Data 지도 292p-F **가는 법** 1947년 4월 9일 광장에서 차로 15분, 탕헤르역에서 도보 10분
주소 Lot 1 Baie de Tanger, Tangier 90000 **전화** 5393-41300 **요금** 400디르함~

고품격 호텔의 표본
호텔 세자르 Hotel Cesar

탕헤르 신시가지에 위치한 고품격 호텔. 기차역과 해변이 가까운 것이 특징이다. 현대식의 7층 건물에 총 137개의 객실이 준비되어 있다. 객실 전망과 타입에 따라 더블룸과 스위트룸으로 나뉜다. 2개의 레스토랑이 준비되어 있고, 피트니스센터와 풀 서비스 스파, 실내 수영장, 나이트클럽도 보유하고 있다. 로비 바로 옆의 레스토랑에서 아침과 저녁 식사를 할 수 있는데, 보통 뷔페식으로 준비된다. 치안이 좋은 해변 산책로가 바로 앞에 있어 저녁을 먹은 뒤 느긋하게 산책을 즐기기 좋다.

Data 지도 292p-F 가는 법 1947년 4월 9일 광장에서 차로 15분, 탕헤르 역에서 도보 10분 주소 Avenue Mohammed VI, Tanger 전화 5393-48800 요금 900디르함~ 홈페이지 www.hotelcesarmorocco.com

바로크 양식의 외관
호텔 렘브란트 Hotel Rembrandt

신시가지 중심부에 있는 3성급 호텔. 카스바 광장 근처에 자리하고 있으며 바로크 양식의 외관은 멀리서도 눈길을 사로잡는다. 70개의 객실은 디럭스룸, 스위트룸, 패밀리룸 등으로 나뉜다. 대부분 바다 전망 객실이며 지브롤터 해협과 탕헤르 해변의 모습을 조망할 수 있다. 메인 레스토랑과 2개의 라운지 바를 보유하고 있다. 객실은 깔끔한 현대식으로 꾸며져 있는 것이 특징. 메디나에서는 멀리 떨어져 있지만 저렴한 가격에 쾌적한 휴식이 보장된다. 같은 가격대의 호텔을 메디나에서 찾는다면 룸 컨디션이 확 떨어질 것이다. 탕헤르 주요 명소로의 접근성을 포기하는 대신 깔끔한 객실이 약속된다.

Data 지도 292p-D 가는 법 1947년 4월 9일 광장에서 도보 20분, 차로 5분 주소 Boulevard Mohamed V / Boulevard Pasteur, Tangier 90000 전화 5393-33315 요금 350디르함~

여행 준비 컨설팅

일단 '아프리카' 대륙에 간다는 것이 심리적으로 멀게만 느껴진다. 하지만 차근차근 준비하다 보면 모로코 여행도 어렵지 않다는 것을 알 수 있다. 모로코 여행을 결심한 시기부터 떠나는 날까지의 모든 것을 담았다. 차근차근 따라오기만 하면 된다.

D-80

MISSION 1 설레는 여행 계획하기

1. 여행의 형태를 결정하자

일단 모로코 여행에 앞서 제일 중요한 것은 일정이다. 시간이 넉넉한 여행자라면 2주 이상의 자유여행을, 시간이 촉박한 직장인이라면 패키지 여행을 추천한다. 자유여행과 패키지여행의 장점만을 섞은 세미패키지 여행 상품도 있다. 항공과 이동, 호텔, 식사는 기존 패키지 상품과 같지만 중간중간 자유 시간이 많이 주어지는 것이 특징. 모로코 여행 상품을 판매하는 여행사는 많지 않다. 스페인과 포르투갈에 모로코를 끼워 넣은 상품이 많은데 이 경우 페스, 카사블랑카, 탕헤르 정도만 짧게 보고 빠지기에 모로코를 '제대로' 봤다고 하기 어렵다. '모로코' 자체만 둘러보는 상품으로는 <모로코 홀리데이> 저자와 함께 떠나는 모로코 여행 상품도 있으니 참고하자. 이처럼 모로코 여행의 세부 계획을 짜기에 앞서 여행 타입과 여행 기간, 비용 등을 미리 고려해볼 필요가 있다. 이것이 결정된 다음에 관련 상품을 찾거나 자유 일정을 계획하자.

2. 출발 시기를 정하자

모로코를 여행하기에 가장 좋은 시기는 3~5월, 10~11월이다. 여름에는 폭염이 지속되고 겨울에는 아틀라스산맥 인근에 폭설이 내리고 다소 춥다. 여름에는 햇볕이 강하기 때문에 선크림과 선글라스를 챙겨야 한다. 일교차가 크기 때문에 겉옷을 준비하는 것이 좋다. 북아프리카지만 겨울에는 제법 쌀쌀하기 때문에 따뜻하게 준비해야 한다. 여름에 휴가를 낼 수 있는 직장인이나 방학에만 다녀올 수 있는 학생 등의 여행자는 여름이나 겨울에 찾을 수밖에 없을 것이다. 말 그대로 모로코를 여행하기에 가장 좋은 시기일 뿐 언제 찾아도 멋진 나라임은 틀림없다.

3. 여행 기간을 결정하자

모로코 여행의 가장 중요한 핵심은 여행 기간. 물론 자유여행으로 떠나는 이도 있겠지만 원하는 만큼 시간을 내지 못하는 여행자가 대다수일 것이다. 모로코를 아주 짧게 다녀오자니 항공료 부담이 제법 크다. 모로코는 땅덩이가 어마어마하게 큰 나라다. 모로코의 주요 도시인 카사블랑카, 마라케시, 페스, 탕헤르와 사하라 일대를 둘러보려면 최소 일주일 이상의 시간을 투자해야 한다. 만약 10일 정도의 시간이 있다면 여기에 셰프샤우엔, 라바트 정도를 추가할 수 있다. 2주 이상의 시간이 주어진다면 에사우이라와 아가디르도 방문 목록에 넣을 수 있을 것이다. 적어도 일주일 정도는 다녀오는 것을 추천한다.

D-70

MISSION 2 실감 나는 여행 준비, 항공권과 숙소 예약

1. 항공권 구입하기

우리나라에서 모로코로 가는 직항은 아직 없다. 유럽이나 중동의 경유지를 거쳐 카사블랑카로 들어가는 것이 보통. 일단 거리가 제법 멀기 때문에 경유지를 나누어 검색해도 저렴한 항공권을 찾기 어렵다. 그나마 저렴한 항공을 찾으려면 비수기, 그것도 경유 시간이 매우 긴 편이 많다. 세계 어디나 마찬가지겠지만 항공권은 미리 발권할수록 저렴하다. 모로코 여행을 결심했다면 평소 틈나는 대로 부지런히 항공권 사이트를 둘러보며 발품을 팔아야 한다. 각종 항공사 홈페이지, 여행사 홈페이지, 항공권 비교 검색 사이트나 스마트폰 어플 등 모로코행 항공권을 살 수 있는 루트는 많다. 평소에 틈틈히 아래 사이트를 검색하고, 그조차도 어렵다면 모로코 여행 상품 패키지를 구매하는 것도 하나의 방법이다. 성수기엔 200만 원 정도나 그 이상, 비수기엔 120~140만 원, 그리고 경유 시간이 매우 긴 비수기 항공권은 100만 원대도 간혹 보인다. 경유 횟수와 항공사, 출발일 등에 따라 변동 폭이 큰 편이니 여러 조건에 맞게 부지런히 찾아보는 습관을 들여야 한다.

항공사 및 국내 여행사
에어프랑스 www.airfrance.co.kr
에티하드항공 www.etihad.com
에미레이트항공 www.emirates.com
터키항공 p.turkishairlines.com
스카이스캐너 www.skyscanner.co.kr
인터파크투어항공 air.interpark.com
디자인유럽 www.designeurope.co.kr

2. 숙소 예약하기

모로코의 숙박 형태는 다양하다. 최고급 호텔에서부터 중저가 호텔, 호스텔, 게스트하우스 등으로 구분된다. 호스텔은 1박에 200디르함 내외로 매우 저렴하며, 중저가 호텔은 300~400디르함 내외, 최고급 호텔은 1,000디르함을 호가하거나 그 이상이라고 보면 된다. 가격은 카사블랑카와 라바트가 제일 비싼 편이며, 마라케시, 페스, 탕헤르, 셰프샤우엔, 에사우이라는 다소 저렴하다. 사막 지역의 특수 호텔과 휴양지인 아가디르 호텔 역시 비싼 편에 속한다. 호스텔과 호텔은 대부분 모로코식 아침 식사가 포함되어 있지만 간혹 유료인 경우도 있으니 체크하자. 또한 모로코는 전통 가옥을 숙박업소로 개조한 리아드Riad 호텔이 많다. 주로 각 도시의 메디나(구시가지)에서 볼 수 있으며, 호텔 컨디션에 따라 가격은 천차만별이다. 도미토리룸이 가득한 호스텔형 리아드부터 럭셔리함의 끝을 보여주는 5성급 호텔 리아드까지 다양하다. 호텔 홈페이지에서 직접 예약해도 되지만 다양한 이벤트와 할인율이 높은 호텔 비교 사이트나 어플 등을 이용해서 예약하는 것을 추천한다. 성수기나 라마단 기간에는 숙소 예약이 좀 더 어렵거나 비싸질 수 있음을 염두에 두자.

모로코 숙소 예약 및 참고 사이트
익스피디아 www.expedia.co.kr
호텔스닷컴 kr.hotels.com
아고다 www.agoda.com/ko-kr
부킹닷컴 www.booking.com
호스텔월드 www.korean.hostelworld.com

D-50
MISSION 3 해외여행의 필수, 여권 만들기

1. 어디서 만들까?
서울에서는 외교통상부를 포함한 대부분의 구청에서, 광역시를 비롯한 지방에서는 도청이나 시구청에 설치된 여권과에서 편리하게 발급받을 수 있다. 신청 후 발급까지는 보통 3~7일 정도가 소요된다. 구비 서류를 준비하고 직접 방문해야 하나 질병, 장애 또는 18세 미만의 경우는 대행할 수 있다. 소요 비용은 단수 여권의 경우 2만 원, 복수 여권은 5년 미만 45,000원, 5년 이상(10년)의 경우 53,000원이다.

2. 어떤 서류가 필요할까?
- 여권 발급 신청서 1부(기관 내 구비)
- 여권용 사진 1매(6개월 내 여권용으로 촬영한 것, 전자여권이 아닌 경우 2매)
- 신분증
- 발급 수수료(현금)
- 국외여행허가서, 국외여행허가증명서(25~27세 병역미필자들의 경우)

참고 사이트
외교부 홈페이지 www.passport.go.kr

D-30
MISSION 4 아는 것이 힘, 여행 정보 수집

1. 여행서를 찾아보자
〈모로코 홀리데이〉를 펼친다. 하고 싶은 모로코 여행의 종류에 따라 다양한 정보들을 찾고 표시를 하는 등 공부한다. 모로코 주요 여행지를 중심으로 최신 여행 정보를 담고 있다. 〈론리 플래닛〉의 경우 한글판이 없고 영문판 또한 해외 구입을 해야 한다. 그 외에 〈모로코 홀리데이〉 저자의 모로코 에세이 〈진짜 모로코와 만나는 시간〉 등 몇 종의 도서가 있다. 자신에게 맞는 도서를 골라 여행 준비를 시작해보자.

2. 여행자의 경험을 찾자
모로코 여행의 가장 일반적인 정보 검색은 바로 블로그다. 대부분 여행지가 중복이고 일정이 짧은 단점이 있지만 최신 여행 정보를 얻는 데는 이만한 도구가 또 없다. 다만 가이드북이나 기사보다 전문성이 떨어지는 것은 감수해야 한다.

모로코 관련 대표 여행 사이트
말하바 cafe.naver.com/maroc

3. 현지 사이트 찾기

모로코 현지 여행사에서 운영하는 사이트에는 다양한 여행 상품, 교통, 숙박 등에 관한 정보가 있다. 한글판이 있는 경우도 있고, 그렇지 않은 경우도 있다. 각종 여행 정보를 얻는 데 굉장히 유용하다.

참고 사이트
모로코 관광청 www.visitmorocco.com
모로코 트래블닷컴 www.morocco-travel.com
모로코 철도 정보 www.oncf.ma

D-14

MISSION 5 알뜰살뜰 여행 경비 준비

1. 환전

현금 환전은 주거래 은행이나 지점을 통하면 된다. 사이버 환전 등도 하나의 방법이다. 모로코의 화폐는 국내에서 환전이 불가능하므로 다른 외화로 준비한 뒤 현지에서 다시 환전해야 한다. 일반적으로 달러(USD)나 유로(EURO)화로 바꾸고 모로코에 도착해 디르함(MAD)으로 재환전한다. 달러보다는 유로가 조금 더 유리한 편이다.

2. 신용카드

공항, 호텔이나 레스토랑의 경우 신용카드를 사용할 수 있다. 그러나 일부를 제외하고는 현지인 레스토랑이나 숙소, 재래시장 등에서는 신용카드 사용이 어렵다. 가능하면 현금을 여유 있게 준비하는 것이 좋다. ATM을 통해 현지 은행의 현금을 찾는 것도 하나의 방법. 혹시 모르니 현금 서비스를 받을 수 있는 여분의 카드도 준비하는 것이 좋다.

D-10

MISSION 6 입국 관련 서류 준비하기

1. 여행자 보험

해외여행을 하면서 어떠한 사건 사고와 만날지 모르니 여행자 보험은 반드시 들어두는 것이 좋다. 여행자 보험은 보험료에 따라 실속, 표준, 고급 플랜으로 구분된다. 플랜에 따라 보상 한도가 다르니 잘 살펴보고 선택해야 한다. 선택은 여행자의 몫. 여행자 보험은 여행지에서 불의의 사고로 병원에 가거나 물건을 잃어버렸을 경우 또는 카메라가 파손되었을 경우 등에 매우 유용하다.

D-2

MISSION 7 완벽하게 짐 꾸리기

여행 당일 중요한 것을 놓고 공항에 가는 일이 발생할 수 있다. 그런 일에 대비하기 위해 리스트를 만들어 꼼꼼히 챙기자. 모로코 여행에 있어 반드시 챙겨야 할 물건을 정리했다.

1. 꼭 가져가야 할 준비물

여권 해외여행의 기본이다. 만료일 6개월 이상 여부를 반드시 확인하고 충분치 않으면 미리 갱신하자.

항공권 이티켓의 경우 왕복으로 출력하자. 모로코는 입국 시 출국 티켓을 확인하는 편이다.

여행 경비 신용카드와 현금은 가방에 잘 나눠서 보관해야 분실 시 응급 대응이 편하다. 너무 많은 곳에 숨겨 못 찾는 일이 없도록 몇 개에만 나누고 휴대용 가방에는 현지 도착까지 쓸 수 있는 현금을 준비하자.

의류 및 신발 일교차가 큰 사막 지역을 방문하므로 짧은 소매의 옷과 긴 소매의 옷을 골고루 준비해야 한다. 신발은 트레킹화와 슬리퍼를 모두 챙기는 것이 좋다.

가방 현금을 쓸 일이 많으므로 작은 휴대용 가방을 챙기면 좋다. 책과 카메라, 여권 사본 등을 같이 넣을 정도의 크기면 좋다. 마라케시와 페스 등의 도시에서는 소매치기와 날치기가 출몰하기 때문에 잠금이 잘 되는지 미리 확인하자.

우산 카사블랑카와 라바트, 탕헤르 등 바다를 낀 도시에는 간혹 이슬비가 내린다. 폭우를 동반한 소나기는 흔하지 않지만 흐린 날씨 속 이슬비에 대비해 작은 우산이나 우비 하나 정도를 챙기는 것이 좋다.

화장품 스킨과 로션 등 작은 샘플을 준비하면 유용하다. 현지에서 사서 쓸 생각은 하지 않는 것이 좋다. 불필요한 짐만 늘어날 뿐이다.
세면도구 준비하지 못했다면 전부 돈이다. 샴푸, 비누, 치약, 칫솔, 면도기 등은 여유 있게 준비하는 것이 좋다. 호텔에는 개인 수건이 있지만 호스텔에는 없으니 스포츠 타월과 같이 잘 마르는 수건을 챙기자. 작은 헤어드라이어도 챙기면 유용하다.
비상약품 해외여행에 있어서 상비약은 늘 챙기는 습관을 지녀야 한다. 해열제와 소화제, 지사제, 파스, 밴드 등을 소지하고 있으면 비상 상황 시 유용하게 쓰인다.
생리용품 현지에서도 구입은 가능하다. 하지만 대형 마트를 쉽게 찾기 어려워 가능하면 미리 준비하는 것이 좋다.
휴대전화 숙소나 레스토랑은 와이파이 환경이 좋은 편. 모로코 현지 유심을 구매하면 싼 가격에 썩 괜찮은 속도로 인터넷을 즐길 수 있다. 비상 상황 시 대처는 물론 여행 정보를 검색하려면 휴대전화는 선택이 아닌 필수다.
카메라 본인의 취향에 맞는 사이즈, 사양을 선택하고 배터리와 메모리 카드는 넉넉히 여유분을 챙기는 것이 좋다. 사하라 투어 중에는 배터리 충전을 못 하는 경우가 생길 수 있으니 참고하자.
어댑터 멀티 어댑터를 챙기는 것이 좋다. 110V와 220V를 혼용하며 220V는 우리나라의 콘센트와 크기가 같지만, 간혹 사이즈가 작은 곳이 있다.
가이드북 〈모로코 홀리데이〉는 반드시 챙기자!

2. 가져가면 편리한 준비물

수영복 아가디르와 에사우이라 해변을 방문할 생각이라면 수영복을 준비하는 것이 좋다.
선크림 햇볕이 매우 강하다. 온종일 발라야 할 정도이니 충분히 준비하자.
선글라스 단순 패션 아이템이 아니다. 강한 햇볕으로부터 눈을 보호해야 한다.
머플러 햇볕이 강한 사막에서 유용하게 쓰인다. 가끔 모래바람을 막아주는 데도 쓰인다.
모자 마찬가지로 사막에서 강한 햇볕을 막아준다. 챙이 넓은 모자가 유용하다.
카디건 일교차가 큰 사막에서 아침저녁으로 입기 편하다.
휴대용 선풍기&부채 사막은 물론 하절기의 모로코는 무덥다. 휴대용 선풍기나 부채를 준비하면 꽤 쏠쏠하다.
소형 자물쇠 호스텔 이용 시 유용하다. 열쇠 자물쇠보다는 비밀번호를 입력하는 자물쇠가 편하다.
물티슈 의외로 많은 곳에 사용된다. 여행용 물티슈 한 통 정도 준비하면 좋다.
지퍼백 마르지 않은 빨래, 샴푸나 로션 같은 물건을 담기에 좋다.
볼펜 기내에서 입국신고서나 공항에서 출국신고서를 작성하려면 필요하다. 해외여행을 가면 필기도구는 늘 준비하는 습관을 들이자.
액션캠 낙타 사파리와 사륜구동 랜드크루저 투어, 미로와 같은 메디나 관광에서 역동적인 영상을 찍을 수 있다.
보조배터리 사하라 투어나 장거리 이동 시 보조배터리가 있으면 유용하다. 보조배터리는 반드시 기내에 들고 타야 하는 것을 숙지하자.
빨랫비누&세제 무더운 날이 잦은 모로코를 여행하면서 빨래를 하는 경우도 종종 생길 것이다. 속옷과 수건 등을 빨 때 요긴하게 사용된다.
반짇고리 단추가 떨어지거나 가방이 망가졌을 경우 용이하다.
읽을 거리&음악 모로코는 땅덩이가 크기 때문에 버스나 기차로 이동하는 시간도 길다. 지루하지 않게 읽을 책이나 음악을 미리 준비하자.

> **Tip** 짐을 한 번에 싸면 놓치는 것이 생기게 마련. 미리 가져가야 할 물건 리스트를 적어놓으면 편하다.

D-day

MISSION 8 입국과 출국

1. 인천공항 출국

적어도 2시간 이상 전에 공항에 도착하자. 해당 항공사의 카운터 위치를 미리 확인하자. 성수기거나 면세점을 들러야 하는 경우 또는 모노레일 등으로 탑승동까지 이동해야 하는 경우도 있으니 충분히 감안하고 도착 시간을 정한다.

❶ 해당 항공사의 카운터에서 여권과 출력해온 이티켓을 제시하고 탑승권(보딩패스 Boarding Pass)을 받는다. 원하는 좌석이 있다면 요청할 수 있다. 인터넷으로 좌석 체크가 가능한 항공의 경우 미리 준비하면 편한 자리를 확보할 수 있다.

❷ 짐을 부치는 경우 항공사별로 별도의 무게 제한이 있으니 사전에 미리 확인하자. 일반적으로 외항사의 경우 20kg 정도까지 허용한다. 날카로운 물체(맥가이버 칼 등)나 라이터, 100ml 이상의 액체류는 기내 반입이 불가하니 화물로 부쳐야 한다. 반대로 보조배터리는 반드시 기내에 들고 타야 한다. 수속 후 5분 정도는 카운터 근처에서 기다리는 것이 좋다.

❸ 수속까지 마쳤으면 여권과 탑승권을 잘 챙겨 출국장으로 들어가면 된다. 엑스레이와 몸 검사 시 노트북, 카메라, 휴대폰 등은 따로 꺼내 바구니에 넣어야 한다. 공항 직원의 안내에 따라 모자나 선글라스 등을 벗고 통과하면 된다.

❹ 몸 검사를 마쳤으면 여권과 탑승권을 제시하고 출입국심사를 받는다. 자동출입국심사 서비스로 전용심사대를 통해 신속한 심사를 받을 수도 있으니 참고하자.

❺ 모든 심사가 완료되면 탑승구로 향하자. 탑승권에 표기된 보딩 시간 전에 도착하는 것이 좋다.

2. 카사블랑카 공항 입국

❶ 기내에서 나누어준 출입국 신청서를 작성한다. 두고 내린 짐이 없는지 꼼꼼히 자리 주변을 점검하자.

❷ 여권, 출입국 신청서, 돌아오는 항공권 이티켓 등을 미리 챙겨 출입국 심사대에 줄을 선다. 보통 질문을 하지 않지만 숙소 주소나 여행 목적, 세부 일정 등을 까다롭게 물어보는 직원이 있으니 미리 대비하는 것이 좋다.

❸ 항공편의 짐이 도착하는 레일 번호를 모니터로 확인하고 화물을 기다린다. 화물이 도착하면 공항 밖으로 나가자.

❹ 공항 내 환전소는 입국 심사대 아래층에 있다. 화물 레일 근처에 드문드문 환전소가 있으니 참고하자.

❺ 입국장을 빠져나오면 유심카드를 살 수 있는 부스와 추가 환전소를 찾을 수 있다. 또 한 층 내려가면 모로코 각지로 떠날 수 있는 공항 기차역과 연결된다.

❻ 모로코 여행을 마치고 출국할 때 역시 같은 양식의 출입국 신청서를 작성한다.

〈모로코 출입국 신청서〉

❶ 성
❷ 이름
❸ 중간 이름(없으면 기재하지 않아도 된다)
❹ 생년월일
❺ 국적
❻ 거주 국가
❼ 직업
❽ 여권 번호/여권 발급일
❾ 목적지/출발지
❿ 모로코에서 머무는 동안 묵는 숙소 주소
⓫ 방문 목적

> **Tip** **자동 출입국 심사**
> 만 19세 이상 대한민국 여권 소지자라면 사전 등록 절차 없이 자동 출입국 심사 서비스를 이용할 수 있다. 그러나 만 19세 미만 또는 인적 사항이 변경되었거나 주민등록증을 발급받은 지 30년이 지난 사람은 사전 등록을 해야 한다.
> 사전 등록은 인천공항 제1터미널 출국장 3층 F발권 카운터 앞 등록 센터 및 제2터미널 2층 중앙 정부 종합 행정 센터 쪽 등록 센터에서 할 수 있다. 운영시간은 모두 07:00~19:00까지. 사전 등록 시 여권과 얼굴 사진 준비는 필수다.

> **Tip** **인천 국제공항 터미널을 확인하자!**
> 인천 국제공항의 터미널은 제1터미널과 제2터미널로 나뉘어 운영된다. 두 터미널의 거리가 꽤 떨어져 있는 데다가, 각각 취항 항공사가 다르므로 출발 전 어느 터미널로 가야 하는지 꼭 확인해야 한다. 자칫 터미널을 잘못 찾을 경우 비행기를 놓칠 수도 있다.
> 대한항공, 델타항공, 에어프랑스, KLM네덜란드항공을 이용하는 경우에는 제2터미널로, 그 외 항공사를 이용하는 경우에는 제1터미널로 가야 한다. 터미널 간 이동은 무료 순환버스(5분 간격 운행)를 이용할 수 있다. 제1터미널 3층 중앙 8번 출구, 제2터미널 3층 중앙 4~5번 출구 사이에서 출발하며 15~20분 소요된다.

친절한 홀리데이 씨의 소소한 팁

NO.1

모로코는 남성 중심의 사회

전형적인 이슬람 문화인 모로코는 남성 중심으로 돌아간다. 최근 들어 여성의 사회 활동이 급격히 늘어나는 추세이기는 하지만 아직 사회 곳곳에 남성들의 입김이 센 것이 사실. 결혼한 여자는 히잡을 쓰는 것이 일반적이며, 장례식과 같은 집안의 큰 행사도 남성 중심으로 이루어진다. 카페 문화도 남성 중심인데, 모로코에서 만나는 카페마다 남자들만 북적대는 장면을 쉽게 만날 수 있다.

NO.2

모로코의 권력은 군 〉 관 〉 민 순서

모로코는 왕국이다. 그래서 자연히 군대가 제일 큰 권력을 장악하고 있고, 다음으로 관공서, 그다음이 민간단체라고 할 수 있다. 따라서 모로코를 여행하다 만나는 군인, 부대, 군 관련 건물을 촬영하는 행동은 자제해야 한다. 특히나 모로코 군인, 경찰을 상대로 불미스러운 행동을 하는 것은 매우 위험하다.

NO.3

모로코 도로에서 검문 중인 경찰을 만나면 무조건 스톱!

렌터카 운전자라면 특히 주의해야 할 사항이 있다. 모로코 전역을 다니다 보면 검문하는 경찰을 쉽게 발견할 수 있다. 경찰이 보인다 싶으면 서행하다가 일단 멈춰 서야 한다. 대부분의 경찰은 그냥 손짓으로 지나가라는 사인을 보내지만 그래도 멈춰 서는 것이 기본이다. 모르고 그냥 지나치면 불미스러운 일이 발생할 수 있으니 주의하자.

NO.4

베르베르족 마을은 폐쇄적인 편

아틀라스산맥을 넘어 사하라 지역으로 접근하게 되면 진흙으로 빚은 마을을 쉽게 만날 수 있다. 사하라 일대를 이주하며 생활하던 베르베르족의 후손들이 사는 마을로 대부분 폐쇄적이다. 가뜩이나 모로코에서 인물 사진을 찍는 것을 주의해야 하는데, 이러한 폐쇄적인 마을에서는 더욱 조심할 필요가 있다. 특히 결혼한 여성에게 말을 걸거나 사진을 찍는 행위는 절대 금물. 모로코에 왔으면 모로코의 룰을 따라야 한다.

NO.5

인샬라, 신의 뜻대로

모로코에서 주로 사용하는 표현이 하나 있다. 바로 '인샬라Inch'allah'라는 말인데, 누구나 한 번쯤은 들어봤을 것이다. 인샬라는 '모든 것은 알라신의 뜻'이라는 의미. 모로코에서 언쟁이 발생했거나 머쓱한 상황과 직면했을 경우 '인샬라'라고 말해보자. 우스갯소리로 1디르함짜리 공용 화장실에서 볼일을 보고 나왔는데 잔돈이 없는 경우, 시장통에서 흥정에 성공했을 경우 등 다양한 상황에서 쓰일 수 있는 표현이다. 모로코 사람들도 즐겨 쓰는 표현인 만큼 직접 사용하면 모로코인들의 웃음을 유도해낼 수도 있을 것이다. 그들과 친해지는 하나의 방법이기도 하다. 그렇다고 너무 남용하진 말자.

NO.6

모든 것이 느긋느긋

모로코 사람들은 우리나라 사람과 달리 성격이 급하지 않다. 이는 시장통은 물론 레스토랑, 기차역, 버스 터미널, 공항에서도 쉽게 알 수 있다. 주문한 지 오래인데 음식이 아주 천천히 나오거나 호텔 카운터 체크인 시 일 처리 속도가 상당히 더딘 편이다. 이는 모로코뿐 아니라 아랍 국가 대부분이 해당하는 사항. 모로코에 왔다면 급한 마음은 잠시 내려놓고 느긋느긋 여행을 즐길 필요가 있다.

NO.7

대놓고 팁을 요구하는 사람들

길에 서서 두리번거리거나 지도를 펼치면 도와주겠다며 팁을 요구하는 청년들, 느닷없이 짐을 들어주더니 팁을 달라는 아저씨, 돈을 주면 숙소를 찾아준다는 어린아이들, 노골적으로 거스름돈을 주지 않는 택시 기사. 어쩌면 모로코 여행은 팁과의 전쟁일지도 모른다. 페스와 마라케시, 셰프샤우엔 등에서 종종 겪을 수 있는데, 이들과 엮이기 싫다면 숙소나 레스토랑 위치를 사전에 정확히 알고 움직이는 것이 좋다. 이 또한 여행의 일부이니 너무 스트레스는 받지 말자. 당당하게 "노 땡큐"를 외치면 된다.

NO.8

사막에서 술을 마시고 싶다면 보드카를 준비하자

이슬람 국가인 모로코에서는 술 한잔 즐기기가 쉽지 않다. 여행자를 상대로 하는 고급 호텔이나 일부 레스토랑에서 맛볼 수 있지만 다른 곳에선 거의 불가능하다. 술 한잔 없이 사하라의 밤을 보낼 수 없다면 공항 면세점에서 미리 보드카 한두 병을 사두자. 레몬 주스나 오렌지 주스에 타 먹으면 제법 근사한 칵테일이 완성된다.

여행 전에 배우는 유용한 인사말

모로코는 아랍어가 모국어지만 프랑스어도 널리 통용된다. 오랜 기간 프랑스령이었기 때문. 또한 탕헤르나 모로코 남부에서는 스페인어가 통용되기도 한다. 레스토랑이나 호텔, 기차역, 버스 터미널, 공항에서는 영어를 사용해도 된다. 완벽할 수 없겠지만 기본적인 인사만 알고 떠나도 모로코 사람들과 훨씬 더 가까워질 수 있다.

1. 아랍어

안녕하세요(먼저) السلام عليكم [앗쌀라무 알라이쿰]

안녕하세요(답변) و عليكم السلام [와 알라이쿰 쌀람]

감사합니다 شكرا [슈크란]

안녕히 주무세요 تصبح ان تريد سعيدا [우리이두 안 타나야마 싸이다안]

안녕히 주무셨나요? هل تمنى سعيد في ليلة الامس؟ [할 님타 싸이다안 피이 라일라틸 암씨?]

저는 아랍어를 잘 모릅니다. 영어로 대화해주세요.
انا لا اتكلم العربية السلسة [아나아 라아 움킨 안 아타카라말 아라비야타 쌀라아싸탄]

제 이름은 OO입니다 اسمي OO [이쓰미이 OO]

저는 한국 남자입니다 انا كوري [아나아 쿠우리윤]

저는 한국 여자입니다 انا كورية [아나아 쿠우리야툰]

2. 프랑스어

안녕하세요(아침, 점심) Bonjour [봉주흐]

안녕하세요(저녁) Bonsoir [봉수아]

감사합니다 Merci [메흐씨]

천만에요 De rien [드히앙]

실례합니다 Excusez-moi [엑스뀌제무아]

예 Oui [위] / 아니오 Non [농]

안녕히 가세요 Au revoir [오 흐부아]

다시 만나요 A plus tard [아 쁠뤼 따흐]

미안합니다 Je suis désolé [쥬 쒸 데졸레]

괜찮습니다 ça va [싸바]

저는 OO입니다 Je m'appelle OO [쥬 마뻴 OO]

저는 한국에서 왔어요 Je viens de la Corée [쥬 비앙 드 라 꼬헤]

만나서 반갑습니다 Je suis ravi(e) de vous rencontrer [쥬 쒸 하비 드 부헝꽁트헤]

3. 스페인어

안녕하세요 Hola [올라]

아침 인사 Buenos dias [부에노스 디아스]

점심 인사 Buenas tardes [부에나스 따르데스]

저녁 인사 Buenas noches [부에나스 노체스]

실례합니다 Pardon [뻬르돈]

감사합니다 Gracias [그라시아스]

꼭 알아야 할 모로코 필수 정보

아무리 급해도 이것만은 꼭 알고 갑시다. 한눈에 보는 모로코 기본 상식.

국가명 모로코 왕국 Kingdom of Morocco
수도 라바트 Rabat
면적 446,550km² (한반도의 3.2배)
위치 북아프리카 서쪽 끝
시차 한국보다 8시간 느리다
언어 아랍어, 베르베르어, 프랑스어
민족 이슬람인, 베르베르인
기후 온대 기후. 북부는 지중해성 기후, 중부는 대륙성 기후, 남부는 사막 기후
인구 3,784만 명(2023년 기준)
종교 이슬람교 98.7%, 기독교 1.1%, 유대교 0.2%
통화 모로코 디르함(MAD). 1 디르함은 약 133원(2023년 8월 기준)
전압 110, 220V. 50Hz로 멀티 어댑터를 별도로 준비하면 좋다
전화 국가 번호 212
비자 무비자로 90일까지 체류 가능하다

유용한 전화번호

모로코 대한민국 대사관
운영시간 월~금 08:30~12:30, 13:30~16:30
영사민원실 운영시간
월~금 09:00~12:00, 13:30~16:00
전화 +212(0)5 3775 1767 / 6791 / 1966(3 회선)
긴급연락처(한국인 사건,사고시 / 24 시간) :
+212(0)6 6277 2408

홈페이지
overseas.mofa.go.kr/ma-ko/index.do
- 국가번호 : 212
- 지역번호 : 라바트 537, 카사블랑카 522
- 외국에서 모로코로 전화시 212 → 지역번호 → 전화번호 순, 모로코 내에서 전화시에는 지역번호 앞에 "0"을 추가.

E-mail
공관 대표 : morocco@mofa.go.kr
영사과 대표 : maroc_consulat@mofa.go.kr

외교부 해외 안전 여행 사이트
홈페이지 www.0404.go.kr

대한민국 외교부 영사콜센터
운영시간 24시간
전화 +82-2-3210-0404 (해외에서 이용 시) / 국내 02-3210-0404

INDEX

📷 SEE

1947년 4월 9일 광장	295
그랜드 모스크	298
다데스 협곡	167
라바트 항구	108
마라케시 시장	132
마라케시 역사 박물관	141
마리나 아가디르	218
마조렐 정원	135
메나라 몰	131
메디나 라바트	104
메디나 살레	105
메디나 성벽	194
메르주가	170
메크네스	251
모로코 몰	077
모로코 왕궁	102
모하메드 5세 광장	076, 273
모하메드 5세 모스크	220
모하메드 6세 미술관	109
물라이 하산 광장	195
미국 공사관 박물관	298
바히아 궁전	137
배사 박물관	250
베르베르 문화 박물관	219
벤 요세프 학교	139
보우 이나니아 신학교	245
블루게이트	243
사디안 왕조 묘지	140
사하라 낙타 투어	171
사하라 랜드크루저 투어	174
사하라 베이스캠프	172
셰프샤우엔 메디나	267
셰프샤우엔 메디나 광장	268
셰프샤우엔 분수	273
셰프샤우엔 재래시장	269
셰프샤우엔 전망대	270
수크 아타린&수크 헤나	250
아가디르 역사 박물관	219
아가디르 해변	216
아이트벤하두	165
아틀라스산맥	164
안달루시안 정원	107
알 카라윈 대학	246
알카사바 정원	269
에사우이라 메디나	188
에사우이라 메디나 재래시장	192
에사우이라 박물관	193
에사우이라 시타델	191
에사우이라 해변	190
엘 바디 궁전	136
와르자자트	166
이프란	251
전통 예술 갤러리	299
제마알프나 광장	130
카사블랑카 등대	075
카사블랑카 방파제	075
카사블랑카 올드 메디나	079
카스바	296
카스바 박물관	296
카스바 우다이아	106
카스바 우플라 전망대	222
캡 스파르텔	300
쿠투비아 모스크	138
크로코팍	222
탕헤르 메디나	294
탕헤르 메디나 재래시장	297
테너리	247
토드라 협곡	169
티스키윈 박물관	141
팅히르	168
파라다이스 비치 카페 라맘	303
페스 공동묘지	248
페스 메디나	244
페스 왕궁	245
하맘 알 알바	303
하산 2세 모스크	074
하산 타워	103
헤라클레스 동굴	300

🍴 EAT

다르 리담	308
데스 제우네스 레스토랑	252
라 렌콘트레	198
라 바바로제	084
라 스칼라	083
라 카스바 레스토랑	253
라 테이블 데 마라케시	145

INDEX

라 테이블 바이 마다다	199
라 투르 데 바벨	226
라 팔마	254
라기아리	253
레바니즈 레스토랑	201
레스토랑 다르 무니아	196
레스토랑 카페 데 자르	197
르 그랑드 발콘 두 카페 글래이셔	145
르 꾸앙 데 아티스트	254
르 마라케시	142
르 맥스웰 레스토랑	225
르 살레 데라 플라주	198
리프 켑다니	306
릭의 카페	082
마제스틱 베이커리	112
만달라	274
메이슨 그릴 카스바	307
모리스코 레스토랑	275
모우니르 레스토랑	279
미아메	197
벨디 바수르 레스토랑	276
벨레 아시아	083
브라세리 라 투르	084
살롱 블루	308
서울 가든	080
세뜨 생 레스토랑	143
소피아 카페 레스토랑	275
쉐 라체드	255
쉐 아메드	200
쉐 알리	200
쉐 체그로우니	147
신밧드	276
아시아	081
아싸다 레스토랑	279
아쿠아 카페	146
알라딘 레스토랑	277
야미스	147
엘 모로코 클럽	306
엘 바히아 레스토랑	144
엘 토로	224
오 플라야 레스토랑	224
자와랏 밥 부즐렛	252
주르 에 누잇	225
카사 미아	226
카사 조제	081
카사 조제 타파스	111
카페 드 프랑스	201
카페 콜론	305
카페 클락	255
카페 하린카	112
타진 다르나	143
트윈스 레스토랑	274
티스세말 레스토랑	278
파이레트 펍 레스토랑 라운지 바	223
파티세리 드리스	199
포풀리어 사브어 데 포이손	305
플라주 블루 레스토랑	223
하마디 레스토랑	304
하지 카페 레스토랑	278
호텔 레스토랑 카페 드 프랑스	146

🛏 SLEEP

골든 비치 아파트 호텔	228
그랜드 호텔 타지	152
노마드 팰리스	178
노보텔 카사블랑카 시티 센터	087
다르 만소우라	257
다르 만지아나	281
다르 무니르	283
다르 오마르 카얌	309
다르 한난 호텔 리아드	283
라 스위트 호텔 부티크	228
라마다 앙코르 탕헤르	313
레드 호텔 마라케시	153
로열 데카메론 타푸크트 비치 리조트	231
르 비유 샤또 두 다데스	177
르 피에트리 위르반 호텔	114
리나 리아드&스파	280
리아드 네스마	151
리아드 다르 엘 케비라	113
리아드 라바트 랄카사르	115
리아드 리옹 모가도르	205
리아드 모가도르 메나라 호텔 앤드 스파	148

리아드 뭄타즈 마할	204	
리아드 벨 에사우이라	204	
리아드 살람 페스	256	
리아드 아실라	280	
리아드 알 메디나	203	
리아드 자넷 살람	150	
리아드 칼라	113	
메디나 호스텔	311	
모벤픽 호텔 앤드 카지노 말라바타 탕헤르	312	
모벤픽 호텔 카사블랑카	089	
빌라 가란스	205	
쉐라톤 카사블랑카 호텔 앤드 타워	088	
아틀라스 아마딜 비치 호텔	229	
아틀란틱 우드스탁 호스텔	202	
안달루시아 호텔	149	
엘티아이 아가디르 비치 클럽	229	
영 앤드 해피 호스텔	148	
오노모 호텔 터미너스	116	
오메가 호텔	227	
카사 릴라 앤드 스파	203	
카사 미구엘	282	
카페 두 수드	176	
켄지 유로파 호텔	231	
클라우드 나인 호스텔	202	
클럽 마르마라 레스 자딘스 드 아가디르	230	
클럽메드 아가디르	230	
팰리스 메디나&스파	256	
펜션 아마르	310	
호스탈 게르니카	284	
호텔 데스 우다이아스	115	
호텔 두 센트레	091	
호텔 레지던스 리합	227	
호텔 렘브란트	314	
호텔 로욱스	150	
호텔 마드리드	284	
호텔 마람	310	
호텔 바타	259	
호텔 발리마	116	
호텔 밥 부즐렛	258	
호텔 벨레레	114	
호텔 블루스카이	258	
호텔 비앤비 메디나	117	
호텔 살람	285	
호텔 세자르	314	
호텔 센트럴 팰리스	152	
호텔 소피텔 카사블랑카 투르 블랑쉐	086	
호텔 수이카	285	
호텔 시티엠	151	
호텔 안파 포트	091	
호텔 알 부스탕	090	
호텔 알 왈리드	090	
호텔 위쌈	149	
호텔 이비스 카사블랑카 시티 센터	087	
호텔 이비스 탕헤르 시티 센터	313	
호텔 이슬란	153	
호텔 카람 팰리스	179	
호텔 카스카이드	259	
호텔 캐피톨	117	
호텔 콘티넨탈	309	
호텔 터미너스	089	
호텔 파라도르	282	
힐튼 가든 인 탕헤르 시티 센터	312	

꿈의 여행지로 안내하는 친절한 길잡이

최고의 휴가는 **홀리데이 가이드북 시리즈**와 함께~